헨리 나우웬
1932-1996

Henri J. M. Nouwen

자신의 아픔과 상처, 불안과 염려, 기쁨과 우정을 여과 없이 보여줌으로써 많은 이들에게 영적인 위로와 감동을 준 '상처 입은 치유자'. 누구보다 하나님과의 친밀한 관계를 원했던 그는 하나님을 사랑하는 법과 인간의 마음에 임재하시는 하나님을 발견하고자 애썼다. 매년 책을 펴내면서도 국제적인 강사, 교수, 성직자로서 정신없이 바쁜 행보를 이어갔고, 이러한 그의 삶은 1996년 9월 심장마비로 이 세상을 떠날 때까지 계속되었다.

수많은 강연과 40여 권이 넘는 저서를 통해, 그리고 무엇보다 자신의 삶을 통해 하나님과 직접 교제하는 모범을 보여주었다. 자신의 내면을 들여다보기 위해, 하나님을 사랑하고 그분의 사랑을 받는 법을 배우기 위해, 그래서 그 사랑으로 다른 사람들을 부르기 위해 종종 일터 현장에서 물러났으며, 마침내 안착한 곳은 지체장애자들의 공동체인 라르쉬 데이브레이크였다. 신앙은 그의 생명줄이자 요동하는 세상의 유일한 부동점이었으며, 교회는 아무리 결점이 많아도 여전히 소망과 위로를 주는 피난처였다. 데이브레이크 공동체에서 함께 생활했던 수 모스텔러 수녀는 "당신의 고통을 두려워하지 말라, 관계가 힘들 때는 사랑을 선택하라, 서로 하나 되기 위해 상처 입고 쓰라린 감정 사이를 거닐라, 마음으로부터 서로 용서하라"는 것이 헨리 나우웬의 유산이라고 요약했다. 그의 유산은 지금도 살아 있다.

1932년 네덜란드 네이께르끄에서 태어나 1957년에 사제 서품을 받았다. 1966년부터 노트르담 대학교와 예일 대학교, 하버드 대학교의 강단에 섰으며, 1986년부터 데이브레이크 공동체를 섬겼다. 《탕자의 귀향》《집으로 돌아가는 길》《제네시 일기》《데이브레이크로 가는 길》《두려움을 떠나 사랑의 집으로》《긍휼을 구하는 기도》《분별력》《모금의 영성》등 그의 책 대부분이 국내에 번역, 소개되었다.

옮긴이 최종훈

대학을 졸업하고 지금까지 줄곧 잡지사와 출판사에서 취재, 기획, 번역 등 글 짓는 일을 했다. 여행하고 사진 찍는 일을 일상의 즐겨찾기에 넣어두고 있다. 번역한 책으로는 《천로역정》《예수와 함께한 저녁식사 2》《탕자의 귀향》등이 있다.

The Genesee Diary

마음의 빈자리에 하나님이 찾아오신 날들의 기록
제네시 일기

The Genesee Dairy

Copyright ⓒ 1976, 1995 Henri J. M. Nouwen
All rights reserved.
This Korean Edition Copyright ⓒ 2010 by Poiema, an imprint of Gimm-Young Publishers, Inc., Seoul, Republic of Korea.
This translation published by arrangement with Doubleday Religion, an imprint of The Crown Publishing Group, a division of Random House, Inc. through EYA(Eric Yang Agency), Seoul.

마음의 빈자리에 하나님이 찾아오신 날들의 기록

제네시 일기
The Genesee Diary

헨리 나우웬 | 최종훈 옮김
Henri J. M. Nouwen

포이에마

제네시 일기
헨리 나우웬 지음 | 최종훈 옮김

1판 1쇄 발행 2010. 11. 3. | **1판 5쇄 발행** 2025. 8. 1. | **발행처** 포이에마 | **발행인** 박강휘 | **등록번호** 제300-2006-190호 | **등록일자** 2006. 10. 16. | 서울특별시 종로구 북촌로 63-3 우편번호 03052 | 마케팅부 02)3668-3260, 편집부 02)730-8648, 팩스 02)745-4827

이 책의 한국어판 저작권은 EYA(Eric Yang Agency)를 통한 The Crown Publishing Group의 임프린트인 Doubleday Religion과 독점 계약한 포이에마가 소유합니다. 저작권법에 의하여 한국 내에서 보호를 받는 저작물이므로 무단전재와 무단복제를 금합니다.

값은 뒤표지에 있습니다. ISBN 978-89-93474-42-8 03230 | 이메일 masterpiece@poiema.co.kr | 좋은 독자가 좋은 책을 만듭니다. | 포이에마는 독자 여러분의 의견에 항상 귀를 기울이고 있습니다.

험한 세상의 한복판에서
끊임없는 기도로 소망을 심는,
모든 묵상하는 이들에게
이 책을 드립니다.

추천의 글

내면의 평화와 하나님을 향한 온전한 헌신을 추구하는 한 인간의 특별한 이야기이자, 수도원 생활을 생생하게 그려내는 동시에 영혼의 심연을 탐색해 들어가는 여정을 아름답게 묘사한 책이다. _〈퍼블리셔스 위클리Publishers Weekly〉

독특함이 드러나는 개인의 기록이다. 솜씨 좋은 작가의 벌거벗은 심령이 있는 그대로 드러난다. 영혼의 속살을 헤집는 나우웬의 솔직담백한 자세 덕분에 독자들도 금방 동화되어 영혼의 주인이신 주님께 마음을 활짝 열게 된다. _패트릭 하트Patrick Hart 수사

《제네시 일기》를 읽는 일 자체가 멋진 경험이다. 지은이는 기쁨과 하나님, 그리고 자신에 대해 탁월한 보고서를 내놓는다. 나우웬의 일기

가 그처럼 큰 힘을 내는 건 매혹적인 환상을 해체한 뒤에 더 진실한 형태로 재구성하여 돌려주기 때문이다. _〈크로스 커런츠Cross Currents〉

가혹하리만큼 정직한 이 책은 더할 나위 없이 큰 영감을 준다. 지은이에게는 영감을, 독자들에게는 무심하게 뒤를 좇을 힘을, 흔히들 한물 갔다고 생각하는 예스러운 판단 기준과 기도 방법들에는 새로운 신뢰감을 불어넣는다. 그리고 그 모든 걸 경쾌하고 유익한 이야기와 설명, 에피소드에 담아낸다. _〈아워 선데이 비지터Our Sunday Visitor〉

수도원 생활을 두루 훑어가며 신선한 깨달음을 주는 책 한 권을 고르라면 단연 《제네시 일기》를 꼽아야 한다. 지은이는 일곱 달 동안 '시한부' 트라피스트 수사로 살면서 느끼고 관찰한 점들을 기록했다. 이로써 읽는 이로 하여금 삶의 모든 문제를 해결해줄 수는 없지만 새 힘으로 하나님을 찬양하게 하는 수도사적인 소명의식이 갖는 힘과 은혜를 현실적인 시각으로 바라보게 해준다. 인간의 한계에 대처할 새로운 능력을 제시하고 있으므로 독자들로서는 작가가 순례의 길에서 얻은 깨달음을 고스란히 나눠 가질 수 있다. _〈크리스천 센추리The Christian Century〉

헨리 나우웬의 《제네시 일기》에 관해서라면 '탁월한' 작품이라는 찬사 외에 달리 덧붙일 말이 없다. _〈처치 월드The Church World〉

노동, 기도, 성례전, 원장과 형제들의 중요성 등 수도원 생활을 정리한 나우웬의 글은 현대 트라피스트 수사들의 삶을 묘사한 소중한 기록이다. 지극히 평범한 일에서부터 독특한 관점에 이르기까지 모든 영역을 아우르는 놀랍도록 솔직한 성찰들은 이 책의 수준을 한 차원 높이 끌어올린다. 《제네시 일기》에 대한 반응이 날이 갈수록 뜨거워지는 건 기능적으로 한결 분명한 문장과 고전적이기에 오히려 더 신선하게 다가오는 메시지의 특성 덕분이다. _〈릴리저스 스터디즈 리뷰Religious Studies Review〉

《제네시 일기》는 요 몇 년 새 읽은 글들 가운데 가장, 아니 그 이상으로 유익한 책이었다. 우리의 마음과 생각을 하나님과 구주 예수 앞에 아름답게 들어 올려주기 때문이다. _〈크리스채너티 투데이Christianity Today〉

감사의 글

《제네시 일기》를 출간하기로 결심하기까지 수많은 친구들이 도움을 주었다. 우선 일기를 간추려 글을 만들어내는 데 관심과 시간을 쏟아부어준 엘리 드루리, 루이스 듀프레, 밥 립턴, 무각, 에릭 올슨, 콜린 윌리엄스, 리처드 화이트, 아놀드 울프, 필 제이더에게 고마운 마음을 전한다. 이들의 격려가 없었더라면 이 일기가 아주 가까운 몇몇 친구들끼리 돌려 보는 차원을 넘어 널리 읽힐 수 있으리라고는 꿈에도 생각지 못했을 것이다.

도로시 홀먼에게도 특별한 감사를 표하고 싶다. "이만큼 남을 의식하지 않고 쓴 글은 없다고 봐요. 특별한 목적을 염두고 적은 게 아니므로 더더욱 책으로 묶어낼 가치가 있는 거죠"라고 얘기해준 덕분에 처음으로 출간할 수도 있겠다는 생각이 들었다. 그러나 누군가의 시선을 신경 쓰지 않았던 만큼 문장과 문체가 허술한 게 사실이다. 주의 깊게 원고를 다듬어준 스티븐 리히, 밥 워너, 존 모갑갑에게 머리 숙여 인사를 전한다.

　마지막으로 애써서 편집해준 밥 헬러와 지원업무를 맡아준 팻 머리 켈리, 신디 핼버슨, 캐시 힉스, 클레어 매턴에게도 고마운 뜻을 전한다.

이곳에 머물도록 하신 하나님
참 감사합니다.

The Genesee Diary

차
례

추천의 글 • 6 / 감사의 글 • 9 / 여는 글 • 14

1장 🍃 6월 : 낙원에 들어선 이방인 • 19

2장 🍃 7월 : 그대는 이미 하나님의 영광 • 67

3장 🍃 8월 : 조그만 십자가 표시 아래 • 139

4장 🍃 9월 : 세상을 위한 기도 • 179

5장 🍃 10월 : 날로 담대한 우정 • 213

6장 🍃 11월 : 당신의 나라가 임할 때 나를 기억하소서 • 239

7장 🍃 12월 : 미리 누리는 기쁨 • 273

맺는 글 • 309 / 주註 • 313

여는 글

삶의 닻을 내릴, 내 고요한 자리는 어디인가?

트라피스트 수도원에서 일곱 달을, 그것도 손님이 아니라 수도사로 지내보겠다는 욕심이 하룻밤 사이에 갑자기 발동한 건 아니었다. 몇 년에 걸쳐 꾸준히 탐색한 결과였다. 고독과 내면의 자유, 마음의 평안이 중요하다는 사실을 가르치고 강의하며 거기에 관한 글까지 쓰면서도 스스로는 충동과 환상에 발목을 잡힌 채 비틀거리기 일쑤였다. 도대체 무엇에 몰려서 이 책에서 저 책으로, 여기서 저기로, 이 프로젝트에서 다음 과제로 옮겨 다녔는가? 무얼 근거로 실존하는 모든 걸 다 본 인간처럼 진지하게 '보이지 않는 분의 실재'에 관해 생각하고 이야기했는가? 도대체 무엇이 하나님의 사랑을 전하는 증인이 되라는 부르심을 지겨운 일거리로 변모시켜놓았는가? 틈만 나면 이런 질문들이 마음을 파고들어 불안정한 자아와 맞닥뜨리기를 요구했다. 어쩌면 하나님과 더불어 지내기보다 그분에 대해 이야기하기를 더 좋아했는지 모른다. 기도에 관한 글을 쓰기에 바빠서 기도할 여유가 없었는지 모른다. 주님의 사랑보다 인간의 칭찬에 관심이 많았는지 모른다. 거룩한 언약에 기대어 자유를 누리기보다 언제부턴가 사람들의 기대에 얽매인 죄수 신세로 전락했는지 모른다. 어쩌면… 아주 선명하지는 않지만, 설령 상처를 입는다 하더라도 한 걸음 뒤로 물러나서 그 까다로운 질문들을 받아들여야만 깨달음을 얻을 수 있겠다는 생각이 들었다. 하지만 뒤로 물러선다는 게 말처럼 쉽지는 않았다. 벌써 여러 해 동안 준비해야 할 수업, 강사로 나서야 할 강의, 끝마쳐야 할 글, 만나야 할 사람, 걸어야 할 전화, 답장을 써야 할 편지에 둘러싸인 채 살아온 탓에, 내가 없으면 세상이 제대로 돌아가지 않을 것만 같은 착각에 빠지기 직전까지 갔다.

  나 자신에게 좀 더 가까이 다가가 살펴보니 이상한 패러독스의 거미줄에 걸린 게 분명했다. 할 일이 너무 많다고 투덜거리면서도 막상 일이 없으면 불안했다. 편지하는 게 부담스럽다고 말하면서도 우편함이 텅 비어 있으면 서글픈 생각부터 들었다. 여기저기 강의하러 돌아다니는 걸 힘들어하면서도 정작 불러주는 데가 없으면 실망스러웠다. 책상 위에 아무것도 없으면 얼마나 좋겠냐고 중얼거리면서도 정말 그렇게 될까 봐 두려웠다. 간단히 말해서, 혼자가 되고 싶어 하면서도 홀로 버려질까 무서웠던 것이다. 모순적인 상황에 빠졌음을 실감할수록 그동안 스스로 만들어낸 충동과 환상들을 얼마나 깊이 사랑해왔으며 이제 한 걸음 뒤로 물러나 "하루에도 열두 번씩 긍정적인 느낌과 부정적인 마음이 요동치는 내 작은 세계의 밑바닥을 조용히 흐르는 무언가가 존재하는가? 과연 삶이 닻을 내리고 거기서부터 소망과 용기, 믿음을 추구할 고요한 자리가 있는가?'를 성찰해야 한다는 사실이 더 또렷하게 보이기 시작했다.

한 걸음 물러날 필요가 있다는 생각은 나날이 깊어져갔지만 혼자 힘으로는 절대로 불가능하다는 점도 그만큼 확실해졌다. 일생일대의 중대한 결단과 경험에는 안내자가 필요해 보였다. '오직 한 분이신 하나님'께 가는 길을 혼자 가는 경우는 대단히 드물다. 안내자가 있어야 한다는 데는 의문의 여지가 전혀 없었다. 처음에는 그 의미가 명쾌하지 않았다. 하지만 영적인 탐색에 나서는 길뿐만 아니라 미국의 여러 길들을 돌아다니는 동안 해답이 차츰 온전하게 모습을 드러냈다.

십 년 전쯤, 마이애미에서 토피카로 먼 길을 여행하는 도중에, 혹시 얘기를 나눌 만한 상대가 있나 살펴볼 요량으로 켄터키 주에 있는 겟세마니 트라피스트 수도원에 들렀다. 내가 심리학을 공부했다는 얘길 들은 손님맞이 담당자는 반색을 하며 말했다. "여기 트라피스트 수도원에도 심리학을 전공한 분이 계십니다. 두 분이 만날 수 있도록 주선해보겠습니다." 그리고 얼마 뒤에 존 유드 뱀버거가 응접실로 들어섰다. 보기 드물게 뚜렷한 신념을 가진 인물임을 한눈에 알 수 있었다. 신부는 정성과 흥미뿐만 아니라 분명한 입장과 명확한 시각을 가지고 내 말에 귀를 기울였다. 상당한 시간과 관심을 쏟아주었지만 단 일분도 헛되이 흘려보내지 않았다. 감정과 생각을 마음껏 표현하도록 열어주는 한편, 자신의 느낌과 의견도 서슴없이 제시했다. 선택 가능한 길들을 신중하게 검토할 여유를 주면서도 이러저러한 판단과 결정이 더 낫다는 견해를 밝히는 데 한 점 거리낌이 없었다. 스스로 길을 찾아내도록 맡기면서도 올바른 방향을 알려주는 지도를 감추려 하지 않았다. 대화하는 내내 존 유드는 잘 들어주는 청취자였을 뿐 아니라 안내자였고, 상담가였을 뿐 아니라 지도자였다. 그토록 찾고 찾았던 바로 그런 인물임을 직감할 수 있었다.

 심리학과 신학이 모두 중요한 역할을 했던 존 유드 신부의 개인사는 내 인생 여정과 연관되는 부분이 아주 많아서 우연찮은 그 만남이 하나님의 인도하심 덕분임을 생생하게 느낄 수 있었다. 일반의학과 정신의학 교육을 받았으며, 신학을 공부하고 수도사 훈련을 마쳤고, 해군에서 복무했던 군대생활부터 몸이 아픈 수녀들이나 신입수사들을 돌보는 역할에 이르기까지 광범위한 경험을 했다는 사실이 내 노력과 열망, 환상을 되비쳐 보여주는 것 같았다.

 이처럼 다르고 비슷한 점이 얽혀 흔치 않은 조합을 이루면서 은혜로운 관계의 끈이 생겼다. 영적인 지도가 시작되고 나날이 더 깊어지기에 이른 것이다. 그러므로 여러 차례 겟세마니를 드나들며 존 유드 신부를 '뛰어난 통찰력은 물론이고 대단히 따뜻한 마음까지 갖춘 영혼의 안내자'로 여기게 된 건 지극히 당연한 귀결이었다.

 유럽에 3년간 머무는 통에 만날 기회가 거의 없었을 무렵, 존 유드 신부가 뉴욕 주 북부에 있는 제네시 수도원의 원장으로 선출되었다는 소식을 들었다. 처음 수도원을 찾은 뒤로 언젠가 가까운 장래에 일을 집어치우고, 충동과 환상들을 탐색하며, 존 유드 신부의 지속적인 지도 아래 단기수도사로 살아보는 것도 괜찮겠다는 생각을 하고 있었다. 하지만 아이디어를 실천에 옮기기까지 수없이 주저하고 망설였다. 한동안만 트라피스트 수도사가 돼보고 싶다는 욕구가 얼마나 중뿔난 얘긴지 누구보다 잘 알았기에, 십중팔구 "저희는 안식년을 보내러 온 게 아니고 일생 동안 살려고 여기에 들어온 겁니다"라는 웃음기어린 답변이 돌아오리라고 믿었다. 그러나 뜻밖에도 "안 돼요"라는 말은 없었다. 존 유드는 그 제안을 열린 마음으로 받아주었다. "우리 수도회는 잠시 거쳐가는 걸 허용하지 않지만, 신부님의 뜻을 생각해서 다른 식구들과 예외를 인정할 것인지 한번 상의해보겠습니다."

반년쯤 지난 후에 반가운 소식이 왔다. 투표 결과 허락하는 쪽으로 결정이 났으니 준비가 되는 대로 들어와도 좋다는 것이다. 산더미 같은 업무들을 깔끔하게 처리해버리고 1974년 6월 1일, 마침내 일곱 달에 걸친 수도사 생활에 들어가기 위해 뉴욕 주 로체스터로 날아갔다. 그리고 6월 2일, 오순절부터 이 책에 정리되어 실린 글들을 쓰기 시작했다.

1

6월
—
낙원에 들어선 이방인

순수, 그리고 정화에 대해 생각했다.
돌멩이는 맛있는 건포도와 꼭 닮았지만
반드시 없애버려야 할 불순물이었다.
소소한 죄들을 의식하지 못하는 나지만,
누군가 주의 깊게 지켜보다가 건포도 알갱이들 틈에서
돌멩이 떨어지는 소리가 들리는 즉시
기계를 멈춰줄 거라고
생각하면 적잖이 위로가 된다.
그것이 참다운 보살핌이다.

The Genesee Diary

6월 2일, 주일.

    이곳에 머물도록 하신 하나님께 감사드린다. 어젯밤 로체스터 공항에서 월터를 만나 그의 차를 타고 어둠이 깃드는 제네시 계곡을 지나 트라피스트 수도원으로 들어오는 내내 사무치도록 고마웠다. 일생에서 일곱 달이라는 기간을 뚝 잘라서 두 해 전에 처음 보았을 때부터 깊은 감명을 주었던 서른 명의 수도사들과 함께하기로 한 건 다시 생각해도 잘한 일이었다.
    차를 몰고 수도원 건물에 들어설 무렵에는 타는 듯 붉던 하늘에 짙은 어둠이 내려앉고 있었다. 월터는 수도사들의 숙소가 줄지어 들어선 좁은 복도 중간쯤에 있는 방을 보여주었다. 앞으로 머물 내 보금자리였다. 고요하고 적막했다. 존 유드 원장은 월터 편에 환영인사를 담은 카드를 보내주었다. 책상 위엔 부원장 스티븐 신부가 남긴 따뜻한 메모가 있었다. 아침식사는 새벽 3시부터 5시까지라고 했다. 어둠을 뚫고 예배실을 찾아 기도를 드렸다.

감사할 조건이 수두룩하다. 하나님이 손수 내 마음을 돌려주시고 거룩한 사랑으로 자유롭게 풀어주시길 기도해야 할 이유가 산더미 같다. 일곱 달. 너무 짧고, 너무 한시적이고, 너무 실험적이라는 느낌뿐이다. 하지만 오늘은 오순절. 크리스마스까지는 아직 멀다.

'수도실'로 돌아와 짐을 풀었다. 싸들고 온 책들의 면면이 놀랍다. 스페인어 성경, 십자가의 성 요한이 쓴 작품들, 미국사, 흔한 잡초들에 관한 서적, 《선과 오토바이 정비기술 Zen and the Art of Motorcycle Maintenance》이란 소설…. 이런 책을 고른 건 어쩌면 트라피스트 수도원 생활이 지루할지도 모른다는 무의식적인 두려움의 표현인지도 모른다.

6월 3일. 월요일

수도원에서 은둔 수행 중인 일라이어스 형제를 만났다. 지난번에 와서 교분을 쌓은 요리 담당 크리스천 수사가 숲길을 직접 안내해 이 대단한 인물을 소개해주었다. 20분 남짓 이야기를 나눴을 따름이지만 일라이어스는 실질적으로 귀 기울여야 할 이야기를 모두 들려주었다.

툭하면 험상궂게 돌변하는 날씨도 더 깊이 하나님을 갈망하게 해준다는 점에서 얼마나 "유-우-익"한지 모른다고 했다. 거센 돌풍 앞에서 잔잔한 바람을, 먹구름 아래서 햇살을, 가뭄 속에서 빗줄기를 고대하노라면 저절로 주님을 간절히 사모하게 될 뿐만 아니라 사소한 것 하나도 무심히 지나치지 않게 된다는 것이다. "우리나라에서 이 동네가 특별히 훌륭한 점이 있다면, 선한 것들은 하나같이 하나님의 선물임을 실감하게 해준다는 겁니다. 햇살이 늘 화창하게 내리쬐면 그게 주님의 선물이라는 걸 잊어버리고 별다른 신경을 쓰지 않게 마련입니다." 기쁨이 넘치는 두 눈과 덥수룩한 수염을 가진 수사의 작고 둥근 얼굴이 한없이 맑고 투명해 보였다.

솔직하고 담박한 모습이 아름다웠다. 주님을 사랑한다는 얘길 하면서 "그분 생각에 가슴이 벅차오르면 당장이라도 달려 나가서 누구에게든 함께 나누고 싶은 마음이 굴뚝같지만 그러지는 못합니다. 여기 남아 기도를 해야 하거든요"라고 했다. 그러곤 멋진 눈으로 내 얼굴을 똑바로 들여다보며 덧붙였다. "주님을 어떻게 소개해야 할지 걱정할 필요가 없어요. 마음에 맞아들이기만 하면 그분이 해야 할 말을 심어주실 테니까요."

귀담아들어야 할 가르침이었다. 아직도 연구하고 책을 볼 시간이 모자란다든지 여기서 나간 뒤에 해야 할 일 따위를 걱정하고 있었기 때문이다. 하던 일을 집어치우고 이처럼 단순한 삶을 사는 게 과연 현명한 일일까? 이렇게 하면 더 나은 교육자가 되는 데 도움이 될까? 물론 터무니없는 질문이라는 걸 모르지는 않았다. 신학은 기도에서 출발해야 한다는 것쯤은 진즉부터 알고 있었다. 그럼에도 불구하고 일라이어스 수도사의 지적이 꼭 필요했던 건 자꾸 그 사실을 잊어버리기 때문이다.

토머스 머튼Thomas Merton에 관해서도 이야기했다. 일라이어스는 칭찬하듯 꼬집었다. "책들은 더할 나위 없이 좋습니다. 한 줌도 안 되는 경험으로 고독에 관해 그토록 멋진 말씀을 하시다니, 대단한 작가셨죠." 맞는 말이었다. 머튼의 홀로 있고자 하는 깊은 욕구는 사교적인 성품과 끊임없이 충돌할 수밖에 없었다. 주위에는 늘 사람이 들끓었다. 물리적으로 어려우면 편지나 서적을 통해서라도 연락이 이어졌다. 그리고 그걸 좋아했다. 하지만 삶의 마지막 순간까지 줄기차게 하나님과 단 둘이 마주할 은신처를 꿈꾸었다. 인도를 여행하면서도 알래스카에 외따로 떨어져 지내고 싶다는 글을 썼다. 머튼이라는 작가의 진면목은 고독을 소원하는 커다란 갈망과 수많은 이들을 향한 연민 사이의 긴장이 빚어낸 결과물이며 일라이어스는 그 사실을 정확히 꿰뚫어보았던 것이다.

수사는 채소 몇 포기를 보여주며 자신은 따로 물을 마실 필요가 없다고 했다. 야채를 먹을 때마다 거기서 수분을 얻는다는 얘기였다. 어떻게 수련하느냐고 묻자 "새벽 두 시에 일어나서 캐나다 육군체조로 근력을 키우고 나서 요가를 한다"고 대답했다. 그리고 날이 밝을 때까지 기도를 하고 옷가지와 음식을 장만하고 조그만 오두막을 손질하는 따위의 소소하지만 꼭 필요한 일들을 처리한다. 이른 아침에 거처를 떠나 목공소로 가서 새 예배당에 쓸 가구를 만든다. 오후시간은 공부와 묵상으로 보낸다. 다음 날 기운찬 하루를 시작하기 위해 저녁 7시에 잠자리에 든다.

허름한 오두막을 둘러보았다. 단칸방 한구석을 떼어 예배처소로 구분해두고 있었다. 책들을 올려놓은 테이블이 둘, 벽에 밀어 넣는 침대가 하나, 요가를 할 때 쓰는 깔개가 하나 있었다. 수사는 이런 살림살이들을 흔쾌히 보여주었다. 축복을 빌어달라면서, 이렇게 만나게 되어 얼마나 기쁜지 모르겠다고 했다. 헤어지고 나서도 한참이나 그 자리에 서서 손을 흔들어주었다.

6월 4일, 화요일

오늘은 '은자의 날'이다. 그러니까 오전 6시 30분부터 오후 4시 30분까지 뭐든 내키는 일을 해도 괜찮다는 뜻이다. 내게는 아주 신나는 날이었다. 물기에 젖은 들판을 산책한 뒤에 해가 중천에 뜨도록 잤다. 깊고도 무거운 잠이었다. 여기에 들어온 뒤로 줄곧 그랬다. '이중으로' 꿈을 꾸는 일도 잦아졌다. 꿈꾸는 꿈, 깨어나는 꿈, 잠자는 꿈을 꾼다. 대단히 피곤하지만 그럭저럭 잘 따라가고 있는 모양이다. 예기치 못했던 일은 없다.

꾸준히 이어지는 침묵이야말로 내게는 대단히 실질적인 치유 경험이다. 수도사들은 주로 수신호를 써서 의사를 표현했다. 화제가 너무 복잡해서 손가락만으로 담아낼 수 없는 경우에만 별도로 마련된 방으로 불러서 요점만 간단히 이야기한다.

직접 점심을 지어 먹는 게 재미있다. 물을 끓이다 엄지를 뎄다. 아파서 어쩔 줄 몰라 하면서도 침묵을 깨지 않으려고 애쓰는 걸 보고 존 유드 수사는 다친 손가락을 얼른 버터에 찔러 넣으라고 했다. 시키는 대로 했더니 금방 통증이 가라앉았다.

6월 5일, 수요일

새벽 5시에 드리는 공동 아침기도 후에 앤서니 수사가 빵 만드는 작업장으로 데려가 '뜨거운 빵' 라인에서 일하게 했다. 야구 글러브 같은 장갑을 끼고 화덕에서 갓 나온 따끈따끈한 빵(처음에는 갈색 빵, 다음에는 흰 빵, 다음에는 건포도가 들어간 빵)을 집어다가 바퀴가 달린 선반에 차곡차곡 쌓은 다음 '냉각실'로 밀어 넣었다. 똑같은 일을 하면서도 착하디착한 크리스천 형제는 힘든 기색이 없었다. 반면에 나로서는 수백 개의 빵 덩어리가 밀려오는 걸 볼 때마다 경기를 일으킬 지경이었다. 속도를 맞추지 못한다 싶으면 크리스천 수사는 빙그레 웃으며 '내 빵 덩어리들' 가운데 몇 개를 대신 처리해주었다.

일을 하면서 "얼굴에 땀을 흘려야 먹을 것을 먹으리니"(창 3:19)라는 말씀을 묵상했다. 평생을 통틀어 빵과 땀의 거리가 이렇게 가까웠던 적이 없었다.

존 유드와 뜻깊은 대화를 나눴다. 수도원 생활을 얼마나 즐기고 있는지, 이곳의 공동체를 얼마나 좋아하는지, 여기서 겪는 일 하나하나가 얼마나 유쾌한지 이야기했다. 원장은 부인하지 않았을 뿐만 아니라, 평생 휴가 같은 삶을 가꿔가는 게 수도원 생활의 유일한 목표라고까지 했다. "혼자서는 불가능한 일이죠. 그래서 공동체를 만들고 하나님이 선물로 주신 삶을 만끽하는 겁니다. 찬양, 다시 말해서 주님이 주신 선물을 찬양하는 게 그토록 중요한 까닭이 거기에 있습니다."

몇 달 뒤엔 생각이 달라질 수도 있고 예상하지 못했던 부대낌이 있을지 모른다는 얘길 조심스럽게 꺼내자 손을 내저었다. "아녜요. 그렇지 않을 겁니다. 여기에 머물면 머물수록 더 좋아하게 될 겁니다. 시토회 수사들은 언제나 수도원을 세상에 구현된 작은 낙원으로 여깁니다. 성 버나드의 글을 읽어보세요."

솔직히 말해서 단순히 호감을 표현했을 뿐, 그처럼 확실한 인정을 기대하지 않았기에 더욱 고마웠다. 나머지 시간에는 사막 교부들의 영성(헤카시즘)을 다룬 책들에 관해 이야기했다. 존 유드는 이 전승을 연구하는 데도 썩 훌륭한 길라잡이가 돼줄 수 있을 것 같다. 함께 도서관에 가서 출발점으로 삼을 만한 책 몇 권을 골랐다.

6월 6일, 목요일

노동자로 살았던 하루. 성가대에 앉은 모습이 하도 경건해서 혹시 머리가 뚝 떨어져 내리지나 않을까 걱정스러울 정도인 청원자(수련기를 앞두고 수도원에서 생활하며 수도생활에 대한 지식과 경험을 통해 적성 여부를 판별하고 지원 동기를 순수하게 하는 사람-옮긴이) 제임스 형제와 함께 '뜨거운 빵' 라인에서 일했다. 로체스터에서 가축을 키우는 축산업자의 아들이라는데 사람이 참 좋았다. 갈색 빵이 끝나고 흰 빵이 나오길 기다리면서 이런저런 이야기를 나누었다. 더 이상 농장 일을 할 수 없게 된 아버지는 아들 가운데 누군가 물려받아 주길 바란다고 했다. 제임스는 한동안 그 뜻을 받들다가 넉 달 전에 트라피스트 수도회에 들어왔다. 지금은 형제들 가운데 한 사람이 시험 삼아 가축을 돌보고 있다. 형제가 여럿이어서 누구든 달려들 수 있지만 아직까지는 아무도 농장을 구입할 준비가 되어 있지 않은 것 같다고 했다. 두 시간쯤 작업하고 나자 건포도 빵들이 근사한 냄새를 풍기며 컨베이어벨트를 타고 쏟아져 나오기 시작했다. 제임스는 함박웃음을 머금은 채 날 돌아다보며 말했다. "이 일을 해치우고 나면 빵 한 덩어리를 통째로 먹을 수 있어요."

오후에는 브라이언 수사와 일했다. 노스캐롤라이나 옥스퍼드 공동체를 떠나서 제네시에 머물고 싶어 했다. 목재를 가져다가 세탁실 다락에 가득 쟁였다. 새 예배당 바닥에 깔기 위해 깔끔하게 마감한 판재들이었다.

이만하면 충분하다 싶었는데, 앤서니 수사가 손을 잡아끌었다. 묵직한 시멘트 벽돌들을 픽업트럭에 잔뜩 싣고 숲속 야적장에 부리러 가자는 것이다. 일은 같은 길을 거듭 왕복하고 나서야 끝났다. 앤서니는 그 중노동을 잔심부름처럼 여기는 듯 얘기했다. 꽁지가 빠지게 두 차례 숲을 오갔을 때쯤 적어도 다음 크리스마스 때까지는 못 일어날 것 같다고 했더니 대꾸 없이 그저 웃기만 했다.

하루를 지내면서 《선과 오토바이 정비기술》 가운데 지은이가 '욕심에 사로잡힌 등산'과 '사심 없는 등반'을 구별 짓는 대목을 여러 번 곱씹었다. 개인적으로는 대단히 소중한 문단이므로 여기에 소개할 가치가 충분하다고 생각한다. 열한 살짜리 아들 크리스가 계곡을 따라 산을 타는 캠핑을 즐거워하지 않는 까닭을 설명하면서 퍼시그R. Pirsig는 이렇게 적었다.

숙련되지 않은 눈에는 욕심에 사로잡힌 등산과 사심 없는 등반이 매한가지로 보일지 모른다. 어느 쪽 등산가든 한 발을 먼저 내딛는다. 둘 다 똑같은 비율로 숨을 들이마셨다 내쉰다. 피곤하면 멈추고 숨을 돌린 다음에는 다시 전진하는 것도 마찬가지다. 하지만 둘은 이만저만 다른 게 아니다. 욕심에 사로잡힌 등산가는 속도 조절 장치가 망가진 기계와 비슷하다. 기분 내키는 대로 너무 빠르게, 또는 지나치게 늦게 발걸음을 옮긴다. 그래서 햇살이 나뭇가지를 뚫고 내려 비추는 아름다운 길을 놓쳐버리기 일쑤다. 지쳐서 다리가 후들거려도 쉬지 않는다. 그러다가 엉뚱한 곳에서 주저앉는다. 이전에 한번 올려다봐서 무엇이 기다리고 있는지 다 알면서도 까치발을 하고 앞길을 내다보려 한다. 컨디션에 비해 과하게 빠르거나 늦다. 입을 열었다 하면 다른 곳, 다른 것에 관한 얘기뿐이다. 여기에 있지만 여기에 없다. 여기를 거부하고 불편해한다. 더 멀리 올라가길 원하지만 목표하던 곳에 가도 즐겁지가 않다. '거기'가 곧 '여기'로 바뀌기 때문이다. 찾고 바라는 게 다 주위에 있지만 근처에 있다는 이유로 돌아보지 않는다. 목표가 외부에, 그것도 아주 멀리 있다고 가정하므로 신체적으로든 정신적으로든 한 걸음 한 걸음이 고될 수밖에 없다.[1]

퍼시그는 나, 그리고 내 문제를 얘기하고 있다. 하나님의 임재 가운데 사는 법을 배우고 지금 여기서 주님을 맛보는 법을 배우려고 수도원에 들어왔지만 내면에서는 '욕심에 사로잡힌 등산'을 일삼고 있다. 글로 써내고 싶은 아이디어, 읽고 싶은 책, 오토바이 수리법을 포함한 배우고 싶은 기술, 지금이든 나중이든 사람들에게 해주고픈 이야기가 하도 많아서 하나님이 가까이 계시는 걸 깨닫지 못하고 간과한 채 늘 저 앞에 무엇이 있는지 내다보려고 목을 늘인다. 욕심에 사로잡힌 등산에서 사심 없는 등반으로 수도의 목표를 삼기엔 안성맞춤이다. 하지만 갈 길은 멀고 넘어야 할 산은 높다.

어쩌면 배움에 통 진전이 없을 수도 있다. 내 힘으로는 사심 없이 산을 오를 수 없다. 퍼시그는 같은 책의 다른 대목에서 이렇게 이야기한다. "답보는 피할 수가 없다. 참다운 깨달음을 얻으려면 반드시 거쳐야 하는 과정이다. 인생사가 다 그렇지만 기계적인 작업에서도 자신을 비우고 제자리걸음을 받아들이는 마음가짐이야말로 본질을 파악하는 열쇠다."[2] 대단히 중요한 개념이다. 하나님은 교착상태에 빠진 나를 도우신다. 지금까지는 모든 게 한없이 아름답고, 풍요로우며, 기쁨이 넘친다. "감사합니다"라는 말 외에는 달리 할 얘기가 없다.

이제 자야겠다. 아직도 두 시에 잠자리에 드는 게 좀 이르다는 느낌이 든다.

6월 7일, 금요일

크리스첸 수사가 봉제실로 데려가서 수도복 한 벌을 지어주었다. 겉옷 기장을 얼마나 길게 잡을지를 두고 장난기 어린 실랑이를 벌였다. 그쪽보다 조금 짧게 만들고 싶었지만 결국 '짤막하되 품위를 잃지 않는' 선에서 합의를 보았다.

두건이 달린 겉옷에, 진회색 바지, 가죽 허리끈까지 수도복을 제대로 갖춰 입고 나니 기분이 좋다. 예전보다 공동체에 더 깊이 들어선 느낌이다. 여러 형제들이 미소와 수신호로 관심을 보여주었다. 다들 '얼치기 수도사'를 예쁘게 봐주는 것 같다. 오늘 아침에는 사물함에 쪽지까지 붙어 있었다. 크리스천 수사가 보낸 메모였다. "수도복을 입은 모습이 근사해 보입니다. 수도원 생활에도 대체로 잘 적응하고 있고요. 앞으로도 잘 지내시길 진심으로 바랍니다." 짧지만 격려가 되는 글이다. 그럼에도 불구하고 한편으론 백설 공주의 궁궐에서 이사온, '웃자란 난쟁이'가 된 느낌을 지울 수가 없다.

여러 수도원에 관한 기록물을 읽고 있는 중이다. 지난달 로마에서 열린 총회에 보고되었던 문건들이다. 전 세계 트라피스트 공동체의 현황을 설명하고, 문제들을 요약정리하며, 대안을 제시하는 내용이다. 개중에는 잘 아는 수도원들도 있어서 더 관심이 간다. 전반적으로 공감이 가고 긍정적인 분위기지만 더러 비판적으로 짚어야 할 부분도 있다. 세 가지 측면이 계속 충격을 준다. 우선, 원장의 역할이 너무 결정적이며(관상 수도원들 가운데 상당수는 원장의 지도력에 지나치게 깊이 기대는 게 아닌가 싶다), 청빈한 삶을 두고 힘겨운 씨름을 벌이고 있고(일부 수도원들은 살림살이가 무척 넉넉해서 도리어 영적인 삶이 위협을 받는 실정이다), 영적인 독서에 문제가 많다('자유로운 시간'을 잘 사용하는 건 생각만큼 녹록치 않다. 영적이고 지성적인 틀을 잡아야 하는데 그 역시 아무 때나 마음먹은 대로 되는 게 아니다). 한마디로 영적인 리더십이 절실하다.

오후에는 브라이언 수사와 함께 솔트 크리크 강에서 새 예배당에 쓸 화강암을 찾았다. 사암과 화강암을 구별하는 건 쉬운 일이 아니다.

대다수 암석들이 석회를 뒤집어쓰고 있어서 언뜻 보기엔 죄다 비슷비슷하기 때문이다. 하지만 차분한 브라이언 형제 덕분에 서서히 차이를 감별하는 눈이 생겼다.

일을 하면서도 줄곧 케케묵은 질문을 붙들고 몸부림쳤다. 어째서 진심으로 노동을 즐기지 못하는가? 왜 돌아가서 영성생활에 관한 책이나 읽고 싶다는 생각에서 벗어날 줄 모르는가? 강바닥을 뒤지며 돌멩이를 선별하는 게 최상의 영성훈련이 될 수 있는가? 영적인 삶에 관한 책을 읽는 건 좋아하면서도 실제로 그런 생활을 하려 들지 않는 까닭은 무엇인가? 브라이언 수사는 아주 차분하고 만족스러운 데 반해, 나는 좌불안석에 안달복달이다. 쉴 새 없이 자신을 다독였다. "마음을 편히 갖고 지금 하는 일을 즐겨봐!" 얼마쯤 시간이 흐른 뒤에는 기분이 좀 나아졌고, 재미있게 생긴 돌 몇 개를 찾아냈으며, 브라이언 수사와 이러다 금을 캐는 게 아니냐(그럼 빵 작업장을 닫아버리자!)는 따위의 농담을 나눴다. 수도원으로 돌아올 무렵에는 느낌이 한결 좋았다.

6월 8일, 토요일

오늘 아침에는 두 손을 건포도에 절이다시피 했다. '수석 제빵사' 시어도어 수사는 건포도 40상자를 씻어달라고 부탁했다. 그릴 비슷하게 생긴 선반에다 붓고 손으로 더듬어가며 덩어리진 건포도들을 잘게 부순 다음 부드럽게 밀어 넘겼다. 시어도어 형제는 반대쪽 끝에 서서 쏟아져 나오는 건포도 틈에 불순물이 섞여 있지 않은지 지켜보며 점검했다. 빵을 먹다가 나뭇조각, 종이, 또는 돌을 씹지 않도록 막으려는 예방조치였다.

지난 며칠 사이에 존 신부와 가까워졌다. 1951년에 겟세마니를 떠나 이 수도원의 토대를 놓은 초기 개척자들 가운데 하나였다. 자연을 깊이 사랑하며 조류에 정통한 전문가이기도 하다. 아침 열 시쯤, 나를 불러서 이른바 '첫 번째 조류 관찰수업'에 데려갔다. 하지만 실제로는 '새소리 청취수업'이 되고 말았다. 눈에 보이는 새는 거의 없고 지저귀는 소리만 넘쳐났기 때문이다. 그걸 하나하나 분별해내는 존 신부의 귀가 놀라웠다. 온갖 소리들을 헤아리고 자연과 대화하며 숲을 거닐 수 있다면 더할 나위 없이 행복할 것이다. 나로서는 얼룩다람쥐가 찍찍거리는 소리와 새 울음조차도 분간할 줄 몰랐다. 어쨌든 울새에서 휘파람새, 꾀꼬리, 참새에 이르기까지 공부해야 할 내용이 산더미였다. 까마귀와 붉은배딱다구리(배가 붉은 게 아니라 머리에 빨간 털을 뒤집어썼다)를 가리는 게 가장 쉬웠다. 개똥지빠귀와 딱새 소리도 들었다. 수도원으로 돌아오는 길에 칼새 몇 마리가 하늘을 가르며 노는 걸 보았다. 어느새 여기저기 모기에 뜯겼다.

빵 작업장 얘기는 한 번 짚고 넘어갈 만하다. 모든 게 한 수도사에게서 비롯된 일이었다. 실베스터 수사는 해군에서 익힌 기술을 십분 활용해 형제들이 먹을 빵을 구워내기 시작했다. 벌써 여러 해 전의 이야기다. 레서피는 옛날고릿적에 해군에서 쓰던 걸 조금 바꿔서 사용했다. 실베스터 형제는 이렇게 설명했다. "수도사들은 빵에 버터를 발라 먹을 수 없잖아요. 그래서 아예 그럴 필요가 없는 빵을 만들어봤어요. 그런데 수도원에 온 손님들의 칭찬이 자자해서 몇 덩어리씩 더 구워내게 된 거예요." 곧 주문이 밀려들기 시작했다. 수도사들은 빵 냄새뿐만 아니라 비즈니스 냄새까지 맡았다. 실베스터 수사는 레서피에 관한 특허를 따냈다. 기계 몇 대를 들여놓고 본격적인 생산에 들어갔으며 얼마 지나지 않아서 '수도사 표 빵'은 뉴욕 주 북부에서 널리 각광받는 특산품이 됐다. 지금은 일주일에 세 번씩 1만 5천 덩어리의 빵이 컨베이어벨트를 타고 쏟아져 나온다. 실베스터 형제는 빵 써는 기계를 다루는 한편, 제빵 작업이 없을 때는 짐을 나르거나 구둣방에서 일한다. 그래서 가끔씩 게시판에다 이런 안내문을 붙여놓는다. "앞으로는 진흙을 털고 가져오는 신발만 고쳐드릴 예정입니다!" 실베스터는 그야말로 수도사다운 수도사이며 대단히 겸손하다. 허튼소리 한 번 하는 법이 없다.

노동을 대하는 마음가짐을 면밀히 점검해보는 게 좋겠다. 금주에 배운 게 있다면 내게는 기도나 독서, 찬양보다 노동이 더 중요한 묵상

방법이 될 수 있다는 점이다. 수도원에 들어간다면 십중팔구는 기도하러 간다고 생각한다. 틀린 얘기는 아니다. 이번 주에 그 어느 때보다 많은 기도를 드렸다. 하지만 손을 쓰는 노동을 기도로 끌어올리는 법을 배워야 함을 깨달은 것 역시 엄연한 사실이다.

6월 9일. 주일

아침기도를 드린 후에 존 유드 원장이 성삼위일체에 대해 강론했다. 간단하고, 명료하며, 신비로웠고, 대단히 실제적이었다. 여러 가지 이야기를 들었지만 가장 인상 깊었던 말은 하나님을 찬양하는 게 베네딕트 수도사 생활의 표준이라는 단순한 사실이었다. 원장은 "여기서 만든 상품 가격이나 수도원의 돈 씀씀이까지도 우리 삶 가운데 임하신 하나님의 신비로운 임재를 찬양하는 데 초점을 맞추어 결정되어야 한다"고 했다.

자신을 빛내려는 욕심을 좇아 움직이는 경우가 얼마나 많은지(수도원에 들어온 것마저도 자기만족을 위한 행동의 일종일지 모른다) 막 깨달아가던 터라 울림이 한층 크게 다가왔다. 작업과 관련해서 내가 가진 문제는 육체노동을 '자유로운 시간을 곱절로 늘려서 내 일을 하자면 어쩔 수 없이 처리해야 하는 과제'쯤으로 여기는 성향과 밀접한 연관이 있음에 틀림없었다. 심지어 기도에 관한 책을 읽는 것처럼 아주 영적인 일을 할 때도 주님을 찬양하는 방법이라기보다 장차 강의하거나 글을 쓰는 데 요긴하게 사용할 흥미로운 자료를 챙길 기회로 보기 일쑤였다. 고등학생 시절, 예수회 수도사들의 가르침에 따라 노트를 한 장 한 장 넘길 때마다 위쪽에 A.M.D.G. (*Ad Majorem Dei Gloriam*, 하나님께 더 큰 영광을)라고 적게 했던 기억이 여전히 생생하건만, 졸업한 지 24년이 지난 지금까지도 삶으로 실현해내는 경우가 거의 없으니 그저 안타까울 따름이다.

그럼에도 불구하고 하나님의 영광을 위해 사는 삶이 모든 걸 바꿔놓는다는 사실만큼은 분명히 알고 있다. 그렇다면 서로를 위한 삶 역시 주님을 위한 게 될 수 있다. 서로 사랑하는 공동체가 드러내는 건 바로 하나님의 영광이다. 지극히 경건하고 감미롭게 들린다. 하지만 "우리는 서로를 너무 잘 알게 돼서 상대방을 지극히 당연하게 받아들이며 겉으로 드러난 인물 이상의 존재라는 의식을 툭하면 놓쳐버린다"는 존 유드의 이야기를 듣는 순간, '하나님의 영광을 위해 사는 삶'이란 말에 함축된 강력한 의미를 감지할 수 있었다. 진실로 하나님의 생명에 참여할 때마다 어김없이 서로에게서 주님의 신비로운 모습을 더욱 또렷이 보게 된다.

존 유드는 더없이 친밀한 하나님의 임재 가운데 서로 어울려 살면서 주님의 임재를 지속적으로 발견하는 게 바로 천국이라고 했다. 세상에서 사는 나날은 하늘나라에서 누리는 삶의 출발점에 지나지 않는다는 것이다.

6월 10일, 월요일

'나만을 위한 시간'에 연연하지 않고 노동을 즐겼다는 점에서 무척 즐거운 하루였다. 빵 써는 기계 앞에서 일하면서 줄곧 예수기도("주 예수 그리스도여, 자비를 베푸소서")를 드렸다. 한편으로는 어째서 다들 직접 빵을 떼려 하지 않고 아예 잘라져 나온 쪽을 선호하는지 묵상했다. 존 뱁티스트 수사에게서 빵이 잘못 잘라지는 바람에 기계에서 큼지막한 덩어리가 굴러 나오면 어떻게 대처해야 하는지 배웠다. 비닐봉투에 들어가기 어려울 만큼 덩치가 커서 한바탕 난리가 나면 비상정지 버튼을 두 번 누르라고 했다. 사태파악을 시작하기 위한 최소한의 조처인 셈이다.

6월 11일, 화요일

바나바 사도의 축일이다. '바나바'라는 이름에 '위로의 아들'이란 뜻이 들어 있다는 걸 처음 알았다. 밤 기도 시간에 아름다운 찬양을 부르고 존 헨리 뉴먼John Henry Newman이 쓴 위로에 관한 글을 낭송하는 순서가 있었다. 글쓴이는 바나바를 부드럽고 세심한 남성으로 묘사했다.

닉슨 대통령이 중동을 순방하러 떠났다. 신문들은 일제히 워터게이트 문제에 쏠린 관심을 분산시키려는 의도라고 보도했다. 그럼에도 불구하고 탄핵 가능성은 점점 높아가는 것처럼 보인다. 여기에 어떻게 반응해야 할지 여전히 혼란스럽다. 대통령을 위해 기도하면서 충격적인 탄핵절차가 개시되지 않기를 바라야 하는 게 아닐까? 닉슨의 사례는 여러 가지 면에서 내 집착에 대해, 그리고 권력다툼의 위험성에 관해 시사하는 바가 크다.

6월 13일, 목요일

오늘 오후에는 몇 시간 동안 혼자서 무거운 화강암을 강에서 둑으로 날라다 쌓는 작업을 했다. 노동을 하면서 오늘 아침에 책에서 읽은 것처럼 생각을 다스리고 깨어 있는 게 실제로는 얼마나 힘든 일인지 실감했다. 생각은 사방팔방으로 흩어지고 갈라졌다.

게다가 이편에서 원하는 만큼 관심을 보여주지 않았던 이들을 겨냥한 적대감, 더 많은 걸 가진 이들을 향한 질투심, 답장을 보내주지 않았던 이들에 얽힌 자기연민, 관계가 껄끄러워진 상대들에 대한 후회와 죄책감 따위의 온갖 부정적인 감정을 들춰내 곱씹게 만들었다. 지렛대를 밀고 당기는 내내 마음에는 이런 정서들이 쉴 새 없이 들락거렸다. 혹시 브라이언 수사가 와서 곁을 지키면서 출렁이는 마음을 가라앉혀주지 않을까 싶어서 자꾸 강물이 돌아나가는 굽이 쪽으로 눈길이 갔다.

사막의 영성에 관한 책을 읽으면서 '깨어 있음'의 중요성을 깨달았다. 깨어 있다는 건 정신적으로 각성하고 있으며, 영적으로 하나님을 향해 주의를 기울고, 나쁜 생각에 빠지지 않도록 경계하며, 기도할 여유 공간을 만들어낼 줄 안다는 뜻이다. 옛 사막 교부들의 유명한 경구 "푸제, 따체, 엣 뀌에셰!(*fuge, tace, et quiesce* : 고독, 고요, 내적인 평안 가운데 살라)"를 몇 차례 되뇌었지만 그렇게 사는 건 고사하고 그럴 의지마저 약하기 이를 데 없음을 오직 하나님만 아신다.

돌덩어리가 너무 무거워서 옮기기가 어렵거나 팔에서 쑥 빠져나가 한바탕 물탕을 튀길 때마다 험한 소리가 저절로 새어나왔다. 막말을 기도로 바꾸려고 안간힘을 썼다. "주님, 천사들을 보내셔서 이 돌들을 날라주십시오." 하지만 기적이 일어날 낌새는 전혀 보이지 않았다. 빨간 날개가 달린 검은 새가 날아가며 시끄럽게 우짖는 소리가 들렸을 따름이다. 근육이 뻐근하고 다리가 휘청거렸다. 수도원으로 돌아오면서 깨달았다. 마음이 그토록 무거운 건 바로 영적인 주의력이 부족했기 때문이었다. 세상을 향한 집착이 서글픈 마음을 불러일으킨다는 참으로 정확한 지적이다.

저녁식사 시간에 낭독을 맡은 저스틴 수사가 새로 래리 콜린스Larry Collins와 도미니크 라피에르Dominique Lapiere의 작품, 《그렇지 않으면 상복을 입게 되겠지*Or I'll Dress You in Mourning*》를 읽기 시작했다. 안달

루시아의 가난한 소년에서 스페인의 현대판 영웅으로 급부상한 투우사 마누엘 베니테즈Manuel Benitez, 일명 '엘 코르도베스'를 다룬 책이다. 첫 번째 투우시합에 나가는 날 저녁, 주인공은 앞을 막아서는 누이에게 말했다. "울지 마. 오늘 밤에 집 한 채를 사줄게. 그렇지 않으면 상복을 입게 되겠지." 마누엘은 집 한 채를 사들이는 데서 그치지 않았으며 지금은 여러 호텔들을 소유하기에 이르렀다. 책을 펼치고 주인공의 사진을 한참 들여다보았다. 용감한 투우사가 되어야 한다는 엄청난 중압감 탓에 무겁고, 심각하며, 슬픈 기색이 얼굴에 가득했다. 마누엘은 어떻게 삶을 마감하게 될까? 스페인 민중들은 그에게 영웅답지 않은 죽음을 안길 것인가? 오늘날과 같은 형태의 투우(18세기 초, 프란시스코 로메로가 창시했다)가 시작된 뒤로 무려 4백 명이 넘는 투우사들이 황소 뿔에 받혀 목숨을 잃었다. 이야기의 전모가 궁금하다. 투우를 간접적으로 경험하는 기분이라고나 할까? 도대체 인간의 내면에는 무엇이 들어 있기에 목숨을 내걸고 위험에 도전하는 모습을 보려는 욕구가 그토록 끓어넘치는 것일까? 대답은 하나뿐이다. 깨어 있지 못하기 때문이다.

6월 14일, 금요일

오늘 아침, 영성체를 하며 찬양했다. "주 하나님께서 이렇게 말씀하신다. 너희는 회개하고 마음을 편안하게 하여야 구원을 받을 것이며, 잠잠하고 신뢰하여야 힘을 얻을 것이다"(사 30:15, 표준새번역). 앞으로 여섯 달 동안 불안정한 내 심령을 치유하는 프로그램으로 삼을 만한 말씀이다. 나는 안절부절못하고, 초조해하며, 집착하고, 쉬 의심한다. 어쩌면 지금은 "회개하고 마음을 편안하게 하여야 구원을 받을 것이며, 잠잠하고 신뢰하여야 힘을 얻을 것"이란 말씀을 거듭 암송하고 마음 깊이 뿌리내리도록 하는 게 꼭 필요한 일인지도 모른다. 이 구절이 머리에서 가슴으로 내려와 가장 내밀한 자아의 일부가 될 때 나는 진정 회심한 인간이 될 수 있을 것이다. "주 예수 그리스도, 살아 계신 하나님의 아들이여, 내게 자비를 베푸소서. 나는 죄인입니다."

시어도어 형제, 그리고 베네딕트 형제와 함께 네 시간 반 동안 건포도 세척기 앞에서 작업했다. 시어도어 수사는 씻고, 베네딕트 수사는 선별하고, 나는 빈 상자들을 접었다. 갑자기 시어도어가 기계를 멈추고 주먹으로 자기 머리를 쥐어박았다. 뭘 의미하는 수신호인지 알 수 없어서 말을 걸었다. "무슨 일이죠?"

"잔돌이 들어갔어요." 수사가 대답했다.

"어떻게 알아요?" 내가 물었다.

"소리가 났어요." 시어도어가 대꾸했다.

"기계가 돌아가고 건포도가 쏟아져 내리는 소음이 여간 시끄러운 게 아닌데 어떻게 그 소릴 들어요?" 다시 캐물었다.

"그냥 들려요." 수사는 얼른 말을 이었다. "돌을 찾아야겠어요. 어떤 아줌마가 돌이 들어간 빵을 씹는다고 생각해봐요. 대번에 이가 부러질지도 몰라요. 그럼 고소를 당할 수도 있다고요!" 그러곤 잘 씻은 건포도가 잔뜩 담긴 욕조 모양의 큰 통을 가리키면서 말했다. "돌이 나올 때까지 다시 기계에 넣고 돌려야겠어요."

믿을 수가 없었다. 기계에서 빠져나오는 건포도를 지켜본 베네딕트도 돌멩이를 보지 못했지만 시어도어의 믿음이 워낙 확실했기에 이의를 제기한다는 건 부질없는 짓이었다. 수많은 건포도 알갱이들이 다시 세척기를 통과했다. 그리고 돌멩이 수색을 포기하려는 순간(모래사장에서 바늘찾기나 다름없었다), 무언가 딸그락했다. "찾았다!" 시어도어 수사가 말했다. "세척기 벽에 부딪히는 소리예요." 베네딕트 수사는 마지막 몇 줌의 건포도를 손으로 헤쳐가며 꼼꼼히 살폈다. 거기에 문제의 이물질이 있었다. 딱 건포도만 한 보랏빛 돌멩이였다. 시어도어는 그 돌을 집어서 함박웃음을 지으며 내게 건넸다.

다소 이상한 방식이기는 했지만, 이 사건은 내게 큰 깨달음을 주었다. 어제는 강바닥에서 화강암을 지고 날랐다. 오늘은 산더미 같은 건포도 틈바구니에서 작은 돌멩이를 찾았다. 시어도어의 예민함뿐만 아니라 반드시 잔돌을 찾아내서 위험요소를 없애버리겠다는 결단에도 깊이 감동했다. 이만큼 세심한 진단전문의가 또 있을까 싶었다. 비록 작은 돌멩이일지라도 아주머니든 수도사든 얼마든지 누군가에게 해를 끼칠 수 있었다.

  순수, 그리고 정화淨化에 대해 생각했다. 돌멩이는 맛있는 건포도와 꼭 닮았지만 반드시 없애버려야 할 불순물이었다. 소소한 죄들을 의식하지 못하는 나지만, 누군가 주의 깊게 지켜보다가 건포도 알갱이들 틈에서 돌멩이 떨어지는 소리가 들리는 즉시 기계를 멈춰줄 거라고 생각하면 적잖이 위안이 된다. 그것이 참다운 보살핌이다.

6월 15일, 토요일

  오늘 존 유드와 두 번째 대화를 나눴다. 그쪽에서 초대해주었다. 함께 시간을 보낼 기회가 생겨서 기뻤다. 지난 두 주 동안 느낀 점들을 전달했다. 모든 게 다 괜찮지만 마음이 분주한 탓에 내면적인 고요와 고독에 이르려면 아직 멀었다는 말도 했다. 원장은 방 안에서 지내는 시간을 더 늘리면 좋겠다고 했다. 독서를 하거나 연구를 할 때도 안에 머무는 게 어떠냐는 것이다. 지금까지는 늘 사람들이 오가는 도서실에서 책을 읽고 글을 썼다. "조금 더 혼자 있으려고 해보세요. 고독을 찾는 데 도움이 될 겁니다."

  노동에 관해서, 그리고 빵 작업장이나 솔트 크리크 강에서 단순 작업을 하는 동안 마음을 어지럽히던 건강하지 못한 상념들에 대해서도 대화를 나눴다. 존 유드 원장은 아주 유용한 이야기를 해주었다. "우선, 그런 생각을 갖지 않기가 대단히 힘들다는 것만큼은 아주 확실합니다. 그냥 인정하고 흘려버리세요. 둘째로 주의를 집중할 수 있는 단순한 일을 꾸준히 해보세요. 다채로운 유형의 암석이라든지, 새들의 노랫소리, 여러 가지 나무들 따위에 관심을 갖는 게 바람직하지만 그와 관련해서 무슨 거창한 계획 같은 걸 세우지는 마세요. 그저 즐기세요. 지금 있는 자리, 하는 일에 충실하세요. 끝으로, 자기만의 리듬을 찾아내려고 노력해보세요. 기도하기 어려울 만큼 지치지 않고 얼마나 노동할 수 있을지 스스로 물으세요. 균형을 잡기까지는 제법 시간이 걸릴 겁니다."

이어서 존 유드가 보았던 매와 여우들에 얽힌 이야기를 잠시 나눈 다음, 책들에 관한 토론으로 대화를 마무리했다. 요한 클리마쿠스John Climacus의 글로 '동방 수도회에서 가장 각광받았던 책'인 《거룩한 등정의 사다리The Ladder of Divine Ascent》를 읽어보겠다는 건 좋은 생각이라고 했다. 뿐만 아니라 에바그리우스 폰티쿠스Evagrius Ponticus의 작품을 직접 번역한 《프락티코스Praktikos》와 함께 사막 교부들의 격언을 모은 《금언록Apophtegms》의 가필사본도 한 권씩 내주었다.

주방에서 크리스천과 함께 감자 껍질을 벗겼다. 이 수도사는 다정한 마돈나를 그린 조악한 그림을 스토브 위에 걸어두고 있다. 그림을 액자에 넣고 요란스러우리만치 장식적인 서체로 "이들을 축복하소서!"라고 적어 넣지 않았더라면 지금보다는 훨씬 덜 친근한 느낌이 들었을 것이다. 그걸 보는 순간부터 이 수사를 훨씬 더 좋아하게 됐다. 크리스천 형제는 천박한 느낌을 모두 괄호 안에 넣어 감춰버리는 유머감각을 가졌다.

6월 16일, 주일

성체축일. 미사 후에 새 예배당 착공을 기념하는 간단한 의식을 포함해서 짤막한 행진이 있었다. 존 유드 원장이 앞마당 잔디밭에 마련된 작은 제단 위에 축성한 성체를 모셔놓고 큰 삽을 들고 걸어가서 흙을 떠낸 다음 새 성전에 관해 몇 마디 이야기했으며, 앤서니 수사가 '후대를 위한' 기념사진을 찍었다. 그게 전부였다.

내가 이야기하고 싶은 건 아침기도 뒤에 이어진 존 유드의 강연이다. 원장신부의 묵상내용은 하나같이 깊은 사색에서 비롯되었음이 너무도 여실해서 보수와 진보의 생각이 엇갈리는 부분마저도 훌쩍 뛰어넘는 듯하다. 영적인 삶의 중심에 깊숙이 접근한 까닭에 내 마음에 일어나는 의심을 잠재우고 옳으니 그르니 다투는 차원을 초월하도록 이끌어줄 수 있는 게 아닌가 싶다. 그동안 성삼위일체 축일, 성체축일, 성심축일 등 여러 축일들을 두고 골머리를 썩여왔던 게 사실이다. 교회사에서 경건주의적인 성향이 두드러진 시기에 생겨난 것으로 보이는 이런 축일들을 편안하게 받아들이는 게 나로서는 쉽지 않았기 때문이다. 삼위일체 하나님, 성체 가운데 임하신 하나님의 실재, 인류를 위한 그리스도의 사랑 따위의 신비로운 요소들은 크리스천의 삶을 규정하는 핵심과도 같아서 특별한 날을 기념한다는 게 어불성설처럼 보였다. 당연히 성체를 기념하는 특별한 주일 같은 데는 아무런 감흥이 없었다. 존 유드의 강연을 들으러 갈 당시, 내 마음가짐은 일종의 반항심에 가까웠다. 그러나 원장의 설명은 이런 부류의 선입견을 말끔히 걷어내고 새 지평을 열어주었다.

  주님은 만물의 중심이시지만 고요하고, 지나치게 야단스럽지 않으며, 파악하기 어려운 방식으로 역사하신다. 영적으로뿐만 아니라 신체적으로도 우리와 더불어 사시지만 다른 사람이나 사물에서 볼 수 있는 형태의 물리적인 실체로 존재하시는 건 아니다. 이처럼 초월성을 가진 신체적 임재야말로 성체를 성체답게 하는 특성이다. 이 세상에 엄연히 실재하는 다른 세계다. 성찬식을 통해서 크리스천은 공간과 시간의 세계에 머물 거주지를 부여받게 된다. 하나님은 그리스도를 통해 실제로 여기에 계시지만 주님의 육신적인 임재는 인간이 알고 있는 공간과 시간의 제약을 받지 않는다.

  성체는 이미 주님을 사랑하며 우리에게 임하신 역동적이고 사랑이 넘치는 그분의 존재를 믿는 이들에게만 보인다. 하지만 우리가 맺고 있는 선한 관계들이 다 그렇지 않은가? 우정이 그렇고 인간 사이의 사랑도 마찬가지다. 사랑하는 이들과 하나로 묶어주는 끈들은 눈에 보이지 않는다. 그저 사랑에서 비롯된 행동을 보고서 미루어 알 따름이다. 끈 자체는 드러나지 않는다. 친구의 존재는 서로에게 대단히 실제적이다. 손에 잡힐 듯 구체적이어서 어렵거나 즐거운 순간에도 변함없이 우리를 지탱해주지만 그 역시 눈에 보이지는 않는다.

삶의 중심이 되는 요소들은 영적으로는 얼마든지 분별할 수 있지만 대부분 눈에 보이지 않으므로 부주의하고, 분주하며, 산만한(너나없이 이렇게 되기 쉽다) 인간들로서는 무심코 지나치기 십상이다. 이러한 원초적인 현실에 대처하는 인간적인 반응이 바로 관상생활이다. 관상하는 이들은 특별히 많은 사물들을 둘러보지는 않지만 스스로 관찰한 사실들을 바탕으로 본질에 접근한다. 그리고 그 핵심을 통해서 물리적인 물질들보다 더 진실하고, 밀도와 에너지와 질량이 더 크며, 강도가 더 센 영적인 아름다움의 세계를 발견한다. 사실상 물질계의 아름다움은 내면의 성분을 반영하는 그림자에 불과하다. 관상은 이렇게 건설된 세계에 반응하는 걸 말한다.

관상의 대가들이었던 그리스 교부들이 '투시하는dioretic' 교부들로 알려진 것도 그 때문이다. 'diorao'는 들여다보거나 간파한다는 뜻이 포함되어 있다. 그러므로 코퍼스크리스티, 즉 그리스도의 몸을 기리는 축일은 곧 인간들 가운데, 삶의 중심에, 존재의 핵심에, 공동체의 심장에, 우주만물의 한가운데에 계시는 다시 사신 주님의 임재를 찬양하는 날이다.

6월 17일, 월요일

아침에 자리에서 일어나려는데 문득 아직까지도 '오늘은 무슨 일을 하고 또 어떻게 해야 하지? 가장 먼저 할 일은 뭐고 둘째, 셋째는 또 뭐지?'라고 걱정하는 습관에서 헤어나지 못하고 있다는 생각이 들었다. 그리고 곧바로 더 이상 그럴 필요가 없다는 깨달음이 뒤따랐다. 오늘 할 일은 앤서니 형제가 결정하게 되어 있으며 나로서는 먼저 하고 나중에 할 일을 걱정할 것 없이 하루를 보내면 그만이었다.

피곤하다는 느낌이 드는 건 대부분 하는 일 때문이 아니라 쓸데없이 긴장하는 자세에서 비롯된 게 아닌가 싶다. 정해진 일과와 간략한 지시사항(쪽지에 적어 사물함 문짝에 붙여놓는다. '5:30-8:15, 뜨거운 빵 라인, 1:00-3:00, 직원들과 함께 제재소에서 작업')에 따라 조용히 하루를 산다면, 하나님께 더 넓은 여지를 드리고 끊임없이 이어지는 소소한 일들에는 덜 얽매이는 마음가짐을 가질 수 있을 것이다.

나는 지금 살고 있는 '또 다른 세계'를 발견해가는 중이다. 내가 줄달음질치면 수도사들은 미소를 짓는다. 일에 지나치게 빠져 있는 것 같으면 천천히 하라는 신호를 보낸다. 걱정이 들기가 무섭게 십중팔구 부질없는 짓이라는 깨달음이 따라온다. 지난주, 존 유드 신부를 만났을 때 내가 하고 있는 일을 어떻게 생각하느냐고 물었다. 원장은 말했다. "괜찮다고 봐요. 아직까지는 이러니저러니 하는 이가 아무도 없었어요." 꼭 좋은 뜻으로만 해석할 수 있는 얘기는 아니다. 고요하면서도 리드미컬하고 견고한 삶의 '다른 측면', 즉 불안정하게 일렁이는 내 인생의 바다 밑바닥을 관통하는 깊고 한결같은 흐름 속으로 반드시 들어가야 한다.

  말로 설명하기 어려운 일들이 있다면, 관상생활도 그 가운데 하나일 것이다. 저녁식사 시간에 마르셀루스 신부가 베토벤에 관한 이야기를 낭독했다. 베토벤은 친구에게 새로 작곡한 소나타를 들려주었다. 마지막 음표 하나까지 다 듣고 난 뒤에, 친구가 말했다. "무슨 뜻인지 모르겠군." 베토벤은 다시 피아노에 앉아 소나타 전곡을 다시 한번 연주하고 대꾸했다. "이런 뜻일세." 관상생활이 무엇이냐는 질문에도 그런 식으로 대답할 수밖에 없을 것이다. 하지만 여태껏 수많은 이들이 베토벤의 작품에 관한 글을 썼던 것처럼, 관상생활에 대해 다루는 건 얼마든지 가능한 일이다.

  오늘, 데이비드라는 스물세 살 젊은이가 '견습생'으로 공동체에 들어왔다. 머리칼과 수염을 길게 기르고 상냥한 성품을 가진 친구는 이제 이곳 형제들과 한 가족이 되었다. 청년은 말했다. "평생 이렇게 살고 싶습니다." 마음에 와 닿는 느낌이 묵직했다.

6월 18일, 화요일

　여기서 트라피스트 수도사들과 함께 지내노라면 스스로 찌르레기나 다름없다는 생각이 들 때가 있다. 찌르레기는 게으른 새여서 제 집을 짓지 않고 때까치라든지 울새, 참새, 딱새 같은 녀석들의 둥지에다 알을 낳는다. 더러 침입자의 알을 쪼아 깨뜨리거나 밖으로 밀어내버리는 '주인들'도 있지만 대개는 너그러이 참아준다. 나도 그렇다. 여기다 둥지를 틀 마음이 없으면서도 트라피스트 수도원에 알을 낳고 싶어 할 뿐만 아니라 주인들이 너그럽게 눈감아주고 부화할 때까지 품어주길 바란다. 이곳 식구들이 얼마나 잘 대해주는지 날이 갈수록 새록새록 깨닫게 된다. 따듯한 환대에 깊이 감사한다. 그러나 한편으로는 너무나 당연히 여기는 게 아닐까 하는 생각도 든다. '찌르레기식 사고'란 과연 무슨 의미일까? 진정으로 헌신하기를 두려워하고 있는지도 모른다. 지나치리만치 군식구처럼 굴고 있는지도 모른다. 트라피스트 수도사가 되는 걸 하나님이 원치 않으시는 것처럼 보이기도 한다. 최소한 그런 쪽으로 가길 기대하시는 것 같은 실마리는 전혀 눈에 띄지 않는다. 하지만 조금 더 선명하게 뜻을 정해야 할 시점이 된 게 아닌가 싶다.

　사막 교부들의 글에는 자기를 부인하고 초연한 삶을 살라고 강조하는 대목이 수없이 등장한다. 세상을 포기하고 재물, 가족, 친구, 욕구 등 자기만족적인 요소 일체에서 벗어남으로써 주님을 향해 더 자유로워진 생각과 감정을 가져야 한다는 것이다. 체감하기가 참으로 어려운 일이라는 생각이 든다. 마음을 어지럽히는 일들을 끊임없이 곱씹으며 회의했다. '과연 하나님을 위해 마음을 깨끗이 비울 수 있을까?' 어제와 오늘, 이틀 동안은 모든 사고와 관념, 계획, 설계, 걱정, 근심 따위를 밀어내는 대신 도리어 끌어안고 기도하는 것도 괜찮겠다는 생각이 들었다. 오직 하나님께만 눈길을 두려고 애쓸 게 아니라 애착을 품고 있는 대상들에도 주의를 기울여서 그 모두를 이끌고 주님의 한없이 넓은 품에 안기자는 것이다. 내면에 이런 관념이 자리 잡기 시작하면서 새로운 자유를 경험했으며, 사랑하는 이들을 초대해서 하나님이 친히 어루만져주시길 기도할 수 있을 만큼 널찍한 공간이 생기는 걸 느낄 수 있었다.

그러는 사이에 내 예수기도는 언제부터인가 아주 자연스럽게 "주 예수 그리스도여, 나를 불쌍히 여기소서"에서 "주 예수 그리스도여, 우리를 불쌍히 여기소서"로 바뀌었으며, 모든 피조물이 독생자의 끝없는 자비로 차츰 변화될 수 있으리라는 믿음이 생겼다.

6월 19일, 수요일

지금까지 익힌 최고의 기술이라고 해봐야 폭스바겐 자동차를 운전하는 정도이므로 덤프트럭으로 산더미 같은 모래를 실어 나르라는 앤서니 수사의 지시는 도전 그 자체였다. 짤막하게 도우심을 구하고 난 뒤에(이런 유형의 짐차에는 전혀 익숙하지 않은 탓이다) 차를 끌고 도로로 나섰다. 백사장이나 다름없는 길을 굽이굽이 돌아 모래가 산더미처럼 쌓인 야적장 쪽으로 갔다. 누군가가 얼치기라는 걸 전혀 모를 때는 무슨 짓을 하든지 그러려니 하고 넘어가게 마련이다. 일은 그럭저럭 잘 굴러갔다. 처음에는 2단 기어(6단까지 있는 트럭이다)를 넣고 운전했지만, 어느 형제가 "소음이 나는 건 늘 있는 일이니까 빨리 가고 싶으면 신경 쓰지 말고 3단을 넣으세요"라고 가르쳐준 덕분에 자신감을 얻었다. 백미러를 보는 데는 아주 젬병이어서 후진할 일이 생기면 몹시 고역스러웠다. 하지만 알맞은 자리에 차를 대고 적절한 레버를 찾아 적재함을 움직여서 무거운 짐을 싣고 내리는 작업을 큰 탈 없이 해냈다. 그처럼 거대한 기계를 작동시켰던 힘이 아직도 느껴진다. 오후시간을 잘 보냈다는 묘한 느낌이 든다. 모래를 한 곳에서 다른 자리로 옮기는 단순한 작업에 지나지 않았지만, 삽과 덤프트럭 사이에는 명백한 차이가 있다.

6월 20일, 목요일

토머스 머튼 꿈을 꾸었다. 전에 없던 일이다. 무언가 중요한 의미가 있는 게 아닌가 싶다. 몇몇 수녀들과 휴게실에 앉아 대화를 나누고 있었다. 강의를 해주기로 한 토머스 머튼을 기다리는 참이었다. 분위기는 편안하고 느긋했다. 수녀들은 평상복 차림으로 기분 좋은 이야기를 주고받았다.

그때 불쑥 머튼이 나타났다. 성큼성큼 방 안으로 걸어 들어왔다. 머리가 벗겨졌고 순백색 수도복을 입고 있었다. 얼굴을 디밀기가 무섭게 다시 나가버렸다. 강의안을 가지러 가는 것 같았다. 그러자 수녀들도 홀연히 사라졌다가 다들 눈처럼 하얀 예복을 입고 돌아왔다. 저마다 묵상하는 자세로 바닥에 주저앉았다. 아무도 입을 열지 않았다. 한없이 경건한 모습이었다. 영성의 대가가 하는 말을 한마디도 놓치지 않고 들으려는 마음가짐이 또렷이 엿보였다.

밖으로 나와서 머튼이 어디로 갔는지 살펴보았다. 그는 조그마한 헛간에 있었다. 갈색 바지를 입고 테니스 신발을 신었으며 해독할 수 없는 글이 적힌 노란 티셔츠를 입고 있었다. 분주하게 움직이며 무언가를 고치고 있었다. 정확히 무얼 어떻게 해야 하는지 모르면서도 도우러 나섰다. 못과 나사에 관해 몇 가지 물어보았다. 무척 따뜻한 표정이었지만 이러니저러니 대꾸가 없었다. 그러더니 낡은 벤치에 사포질을 해서 노란색을 말끔하게 벗겨내고 갈색을 입히기 시작했다. 사포와 페인트를 어디서 가져왔느냐고 물었지만 이번에도 일언반구 대답하지 않았다. 조용히 손짓으로 좀 도와달라는 뜻을 전했을 뿐이다.

수녀들이 강의를 들으려고 기다리는 중임을 잘 알았지만 어쩐지 그런 소리를 하는 게 분별없는 짓인 것만 같았다. 그냥 곁에 서서 페인트칠을 하기 시작했다. 그러다 퍼뜩 꿈에서 깨어났다.

영성생활이란 무슨 특별한 생각이나 관념, 또는 느낌을 가리키는 게 아니라 일상생활에서 부닥치는 가장 평범하고 통상적인 체험의 일부일 따름이다.

6월 21일, 금요일

기분을 무시해선 안 된다. 제네시에서 처음 몇 주를 보내면서 갖가지 기분에 휩싸인다. 시시각각 달라지는 경우도 부지기수다. 심신이 까부라지는 피로감과 낮은 자존감, 권태감에서부터 분노, 초조감, 직접적인 적대감, 그리고 감사와 기쁨, 감격에 이르기까지 온갖 느낌들이 하루에도 열두 번씩 엇갈린다.

이처럼 수시로 기분이 변하는 걸 보면 다정한 몸짓, 즐거운 작업, 칭찬 한마디, 훌륭한 책 따위처럼 그때그때 주어지는 요소들에 얼마나 집착하고 있는지 명확하게 알 수 있다. 그야말로 하찮은 것들에도 슬픔은 기쁨이 되고, 넌더리는 만족으로 탈바꿈하며, 분노는 이해나 동정으로 변신한다.

여기 와서 지내면서 어디선가 '슬픔은 집착의 산물'이란 구절을 읽었다. 무언가에 얽매이지 않는 이들은 주위에서 일어나는 좋은 일과 나쁜 일에 쉬 휘둘리지 않으며 확실한 균형감각을 유지한다. 내게는 아주 중요한 깨달음이다. 육체노동이 재미없다 싶으면 곧 따분함을 느끼고 짜증을 낸다든지 시간낭비라고 혼자 투덜거리며 신경질을 부리기까지 한다. 반면에 매혹적인 책을 읽을 때면 거기에 쏙 빠져서 시간 가는 줄 모르며, 식구들이 죄다 다정해 보이고, 이곳에 머무는 게 말할 수 없이 소중하다는 생각이 들며, 이 모든 일이 일생일대의 행복한 사건인 것처럼 느껴진다.

물론 이 두 가지 '기분들'은 전부 잘못된 집착의 결과이며 건전한 '무관심'에서 얼마나 동떨어져 있는지 단적으로 보여준다.

이런 점들에 비추어볼 때, 여전히 기도에 가장 큰 우선순위를 두지 않는 게 가장 중요한 문제라는 생각이 든다. 여기 머무는 유일한 이유는, 그러니까 이곳에 있어야 하는 단 한 가지 까닭은 기도하는 법을 배우는 것이다. 그럼에도 불구하고 지금은 예전의 몸매를 되찾는다든지, 몸을 써서 하는 일의 요령을 익힌다든지, 새와 나무에 대한 지식을 늘린다든지, 존 유드처럼 마음이 가는 이들과 더 깊이 사귄다든지, 앞으로 강의하는 데 도움이 될 만한 아이디어와 경험들을 쌓는다든지 하는 갖가지 관심사에서 비롯된 일들이 수두룩하다. 하지만 오직 기도에만 주의를 기울인다면 그 밖의 멋진 일들은 선물로 거저 얻게 될 것이다. 지금 나는 바람 자체보다 그 가치의 서열을 잘못 매겨서 문제가 되는 그릇된 욕구들에 사로잡혀 있다. 시시때때로 감정이 널뛰기를 하는 이유가 거기에 있는 것 같다. 적어도 그런 점을 염두에 두기라도 하는 게 당분간은 중요할 성싶다.

6월 23일, 주일

오늘 아침, 존 유드 원장은 '열심'에 관해 이야기했다. 늘 '절제'를 높이 평가했던 성 베네딕토 수도원 내규를 제정할 때는 곳곳에서 '열정'을 강조했다는 사실을 놓치지 말아야 한다고 했다.

때마침 예수님의 성심, 성모 성심, 그리고 세례 요한의 축일을 기념하는 시기인지라 열정, 곧 열렬한 사랑에 유난히 관심이 간다. 막달라 마리아와 베다니의 마리아 역시 죄를 고백하고 사랑을 베푸는 데 열정을 쏟았다.

강론에서 가장 마음에 와 닿았던 대목은 열렬한 사랑이 분별의 토대가 된다는 개념이었다. 세례 요한은 물론이고 성 베네딕토 당대의 현실정치에 직접 뛰어들지 않았다. 하지만 광야의 한 귀퉁이나 몬테카시노라는 변방에 머물면서도 사회구조를 세우고 재구성하는 데 직접 참여하는 이들보다 더 정확하게 시대적인 병폐들을 꿰뚫어볼 수 있었다. 당시에는 둘 다 '주변인' 취급을 받았지만 세례 요한은 주님을 알아보았고 성 베네딕트는 자신의 공동체에 집중함으로써 새로운 유럽의 기틀을 마련했다.

어쩌면 이런 생각들은 어제 수도원 안에 돌아다니는 잡지와 정기간행물에 관해 존 유드 신부와 주고받은 짧막한 대화에서 비롯되었는지도 모른다. 원장은 수도사들도 세상이 어떻게 돌아가는지 알아야 하지만, 이른바 '잡지풍의 글'은 묵상하는 일과 부대낄 수밖에 없으며 정신을 집중시키기보다 분산시키기 십상이라고 했다. 요컨대 〈커먼윌 Commonweal〉과 〈뉴욕서평New York Review〉의 정기구독을 중단하고 〈내셔널 가톨릭 리포트National Catholic Reporter〉, 〈타임Time〉, 〈뉴스위크 Newsweek〉 따위의 잡지들을 보는 일도 피해야 한다는 뜻이었다.

원칙에는 전반적으로 동의하지만 거기서 추출된 결론들은 아직도 받아들이기 어렵다. 그렇다면 사실상 수도원에는 보수적이며 반동적이기까지 한 미국의 목회 잡지들만 남게 될 게 뻔했다. 그러나 존 유드 원장은 남의 말에 귀를 기울일 줄 아는 인물이다. 아무튼 프랑스와 독일의 탁월한 정기간행물들을 여러 권 볼 수 있어서 기뻤다.

이런 과정을 통해서 원장이 수도사들의 정신세계에 얼마나 큰 영향을 미치는지 깨달았다. 헌신적이면서도 광신에 빠지지 않으며, 열린 마음을 품으면서도 미온적이 되지 않는 자세야말로 오늘을 사는 수도원장들의 핵심 과제 가운데 하나다.

6월 24일, 월요일

오늘 오후에 존 유드 원장과 긴 대화를 나누었다. 마음이 열려 있고 인격적이며 따뜻한 양반이어서 쉽게 속을 터놓을 수 있었다. 주로 분노, 다시 말해서 툭하면 사람들에게, 또는 특정한 사고방식이나 사건들에 관해 화를 내고 짜증을 부리는 성향에 관해 이야기했다. 진지한 고민 없이 '진보적인 잡지들'의 정기구독을 해지하기로 결정한다든지 부정적인 의미가 내포되어 있는 축일을 기념하는 따위의 행태를 볼 때마다 화가 치솟곤 했다.

분노는 안정을 해치고, 아픔을 되씹게 하고, 속이 부글거리게 만들었다. 하지만 무엇보다도 혼란스러운 건 적절하게 반응하지 못하고, 이견을 표현할 줄 모르며, 속으로는 거역하면서 겉으로만 순종하고, 지극히 사소하고 대단찮은 일들이 정서적인 삶을 온통 휘저어놓도록 방치하는 자신에 대한 분노였다. 한마디로 소극적인 공격행위인 셈이다.

우리는 이 문제를 여러 가지 차원에서 다양한 방식으로 논의했다. 현시점에서 내게 중요한 건 다음 다섯 가지 제안인 듯하다.

첫째로, 분노의 감정을 의식의 세계로 끌어들여 면밀하게 관찰하라. 부정하거나 억압하지 말고 깨달음을 얻으라.

둘째로, 지극히 사소하고 별것 아닌 것처럼 보이는 일에 관한 것일지라도 서슴지 말고 노한 감정을 털어놓으라. 작은 일에 얽힌 감정조차 처리하지 못한다면 어떻게 심각한 위기상황과 관련된 분노를 넉넉히 감당할 수 있겠는가?

셋째로, 그만한 이유가 있을 수도 있다. 나(존 유드)에게 이야기하라. 어쩌면 이편에서 그릇된 결정을 내렸으며 생각을 바꿔야 마땅할지도 모른다. 그대의 분노가 비현실적이고 균형을 잃었다는 판단이 든다면 함께 머리를 맞대고 그토록 강렬한 반응을 보일 수밖에 없었던 까닭이 무엇인지 구체적으로 파헤쳐보아야 한다.

넷째로, 일반화도 문제를 심각하게 만드는 데 한몫 거든다. 어떤 결정이나 아이디어, 사건에 관해 동의하지 못하는 마음은 나와 공동체, 더 나아가 온 나라에 대한 분노로 발전할 수 있다.

다섯째로, 한 꺼풀 더 깊이 들어가면 화가 부풀려진 자아와 대단히 밀접하게 연관되어 있다는 사실에 깜짝 놀랄지 모른다. 분노는 저마다 자신을 어떻게 느끼고 생각하는지, 그리고 스스로의 견해와 판단을 얼마나 중요하게 여기는지 드러내 보여주는 경우가 많다. 하나님이 다시 삶의 중심을 차지하며 연약한 모습 그대로 자신을 그분 앞에 내려놓을 때 비로소 어느 정도 객관적인 입장에 서서 분노를 밀어내고 다시금 기도할 수 있게 된다.

대략 이런 것들이 원장과의 만남에서 얻은 아이디어들이다. 존 유드 신부는 그 밖에도 이런저런 말들을 했지만, 여기에 적은 말들이 특별히 마음에 남았다. 모두가 충분히 실행할 수 있는 일들이다.

아울러 제네시 수도원의 역사, 원장이라는 존재, 둘이 함께 알고 있는 이들에 관해서도 대화를 나눴으며, 마지막으로 더 이상 아무도 기억해주지 않을 때 고독이 정말 짙어진다는 얘기도 했다. 그래야 분주한 마음과 생각에 하나님이 역사하실 여지가 얼마쯤 생길 것이다.

멋진 만남이었다. 점잖고, 개방적이고, 따듯하고, 솔직하며, 그리고 한없이 유쾌했다.

6월 26일, 수요일

컨베이어벨트에서 뜨거운 빵 덩어리들을 집어내면서 예수기도를 드리려고 안간힘을 썼지만 생각은 자꾸 스페인으로, 그리고 '엘 코르도베스'의 어머니이자 1941년 5월 7일 팔마 델 리오에서 굶주림과 탈진으로 숨을 거둔 안젤라 베니테즈Angela Benitez에게로 달려갔다. 몇 주 사이에 읽고 들은 모든 이야기 가운데 저녁을 먹는 동안 낭독한 이 몇 쪽짜리 사연이 마음을 가장 깊이 파고들었다. 당시 그녀의 딸 안젤리타는 이렇게 진술했다.

어머니는 우리에게서 눈을 떼지 못했다. 빙 둘러선 자식들을 하나하나 돌아보았다. 마놀로는 너무 작아서 까치발을 해야 침상 턱 위로 얼굴을 내밀 수 있었다. 녀석도 울기는 했지만 엄마가 죽어가는 줄은 새카맣게 모르고 있었다. 어머니는 날 바라보며 울음을 삼켰다. 고통스러워서일 거라고는 생각하지 않았다. 이미 과로와 탈진으로 뼈만 앙상했다. 남김없이 모든 걸 다 소진한 터라 속이 텅 빈 수수깡 같았다. 어머니의 팔이 조금씩 미끄러지듯 내 쪽으로 움직였다. 그리고 손을 붙들었다. 평생토록 고달프게 혹사당한 손아귀에는 한 줌의 힘도 느껴지지 않았다. 이편에서 꼭 잡지 않으면 툭 떨어지고 말았을 것이다. 잠시 침묵이 흘렀다. 마침내 어머니가 간신히 입술을 달싹거리며 말했다. "안젤리타, 안젤리타야. 동생들을 잘 돌봐다오. 이제부터는 네가 애들의 엄마가 돼주어야 한다." 잠시 후, 어머니는 영원히 눈을 감았다. 세상에 남긴 것이라곤 지치고 피곤한 표정뿐이었다.[3]

컨베이어벨트에서 신선하고 뜨끈한 빵을 연신 집어내는 내내 그 어머니의 모습이 눈앞에 어른거렸다. 벨트 위에 떨어져 흩어지는 빵부스러기 몇 점에도 여인은 행복해했을 것이다.

여인의 얼굴은 준엄한 고발장이 되었다. 안젤라가 세상을 떠났을 무렵, 나는 아홉 살이었다. 지금은 '엘 코르도베스'로 알려진 막내 마놀로는 당시에 다섯 살이었다. 나는 네덜란드에서 풍요롭게 살고 있었다. 그 친구는 우리 집에서 남쪽으로 수백 킬로미터 떨어진 곳에서 굶주림의 벼랑 끝에 몰려 있었다. 그렇다면 오늘날의 형편은 어떠한가? 지금 당장 죽어가고 있는 아프리카나 인도의 어머니가 겪는 고통을 진정으로 실감하고 이해하기 위해 그 자녀가 유명해져서 책을 쓸 수 있을 때까지 기다려야 하는가?

한편, 내가 날마다 얼마나 많이 먹는지, 얼마나 과하게 먹어대는지, 그리고 요한 클리마쿠스와 에바그리우스가 정확하고 생생하게 묘사한 것처럼 배가 터지도록 먹고 싶은 강렬한 욕구를 이겨내기가 얼마나 힘든지 절감했다. "가난한 자는 복이 있나니." 나는 너무 부유하고, 지나치리만치 많이 먹고, 무엇 하나 부족함 없이 보살핌을 받으며 산다. 마누엘 베니테즈의 어머니는 정말 가난했다. 나는 양껏 빵을 먹을 수 있다. 그녀는 풀뿌리를 씹어야 했다. 지금도 수많은 이들이 그렇게 산다.

잘 차려입고, 아늑한 집에 살며, 배부르게 먹는 이들을 가르치러 다시 돌아가야 하는 걸까? 다른 길은 없을까? 책을 써서 얻은 인세수입으로 무얼 하고 있는가? "안젤라 베니테즈여, 누구도 그대를 성인으로 선포하지 않았지만, 당신께 기도합니다. 스스로에게 정직할 수 있도록 도와주십시오."

6월 28일, 금요일

분노는 분명히 영성생활을 가로막는 심각한 장애물 가운데 하나다. 에바그리우스는 이렇게 적었다. "기도란 흔들림 없는 평온이 일상으로 내면화된 상태라고 표현하는 게 가장 적절하다." 여기에 머물면 머물수록 분노가 하나님께로 가는 길을 얼마나 강력하게 차단하는지 더 깊이 깨닫게 된다. 오늘, 그중에서도 그다지 내키지 않는 일을 하면서 마음에 적개심이 커가기 시작하는 걸 느꼈다. 그런 일을 시킨 이를 향해 부정적인 감정이 들었다. 주위에 있는 이들은 내 필요에 무관심할 거라고 단정했다. 그리고 지금 하는 일은 꼭 필요해서가 아니라 놀려두기 싫어서 일부러 만들어낸 작업일 거라고 생각했다. 그런 상념을 곱씹을수록 나는 하나님과 이웃들에서 멀어져간다.

이처럼 수도원 생활은 분노가 얼마나 속속들이 삶에 배어 있는지 파악하는 데 도움이 된다. 다른 상황에서는 화를 낼 만한 이유가 충분할 수도 있다. 남들이 무감각하고, 자기중심적이며, 거칠다고 생각할 법도 하다. 그런 환경이라면 적대감의 근거로 삼을 만한 요인들을 찾아내기가 어렵지 않다. 하지만 수도원이라니! 식구들은 한없이 다정하며, 점잖고, 사려 깊다. 다들 친절하고 마음이 따뜻하다. 꼬투리를 잡아 탓할 여지가 거의 없다. 솔직히 전혀 없다고 말하는 편이 사실에 더 가깝다. 문제는 남, 또는 남들이 아니라 바로 나다. 자신 말고는 달리 내 분노의 근원을 찾을 수 없다. 여기 있는 건 스스로 그러길 원해서다. 하기 싫은 일을 억지로 시키는 이는 아무도 없다. 그런데도 화가 나고 기분이 상한다면 그 근원, 즉 저 깊이 뿌리를 내린 요인을 찾아내기에 더할 나위 없이 좋은 기회다.

예전에도 "어디를 가든 자신을 떼어놓고 갈 수는 없다"는 사실을 알고 있었지만, 지금은 더더구나 나 말고는 핑계 댈 사람도 대상도 없다. 어쩌면 이런 인식을 갖는 게 마음을 깨끗이 하는 첫걸음이 될지도 모른다. 사도 바울의 가르침은 얼마나 강렬한가! "화를 내더라도, 죄를 짓는 데까지 이르지 않도록 하십시오. 해가 지도록 노여움을 품고 있지 마십시오. 악마에게 틈을 주지 마십시오. … 서로 친절히 대하며, 불쌍히 여기며, 하나님께서 그리스도 안에서 여러분을 용서하신 것과 같이, 서로 용서하십시오"(엡 4:26-27, 32, 표준새번역).

내일은 베드로와 바울의 축일이다. 성질이 불같았던 두 사도는 저마다 분노를 끝없이 용서하는 사랑으로 바꿔냈다.

6월 29일, 토요일

처음 들어가 보는 건물 복도를 지나다가 헤저드 더피Hazard Durfee가 그린 '플루트 연주자'의 멋진 복제화 한 점을 발견했다. 그림에는 헨리 데이비드 소로의 글귀가 적혀 있었다. "성공하기 위해 그처럼 필사적으로 서두르며 절박하게 거창한 일을 도모하는 까닭은 무엇인가? 동료들과 계속해서 박자를 맞추지 못하는 아마도 다른 북소리를 듣고 있기 때문일 것이다. 가깝든 멀든, 들리는 음악에 발걸음을 맞추게 하라."4) 토머스 머튼을 다룬 책 가운데 《또 다른 드러머A Different Drummer》가 있는 건 이해가 가고도 남는다. 더피의 그림에서 연주에 집중하고 있는 플루트 주자의 얼굴을 들여다볼수록 묵상하는 삶이란 또 다른 드러머가 북 치는 소리를 듣는 일과 같다는 사실을 더 깊이 인식하게 된다.

창밖에서 멧종다리가 시끄럽게 지저귄다. 녀석에게는 아직 잠자리에 들 시간이 아닌가보다. 일곱 시가 다 돼가건만 사방은 아직도 환하다. 하지만 나로서는 이제 모든 일을 접는 게 좋겠다. 멧종다리가 잠든 새벽 두 시에 일어나 노래하려면 그래야 한다.

6월 30일, 주일

오늘 아침, 주례모임에서 존 유드 신부는 고독과 친밀감 사이의 상관관계에 관해 강론했다. 메시지가 마음 깊이 와 닿았다. 원장은 말했다. "고독이 없다면 진실한 사람도 존재할 수 없습니다. 인간의 본질을 파악할수록, 그리고 풍성하고 생산적이며 성장과 발전의 원천이 되는 데 필요한 인간관계를 경험할수록 스스로 혼자라는 점을, 고독의 수준이 곧 교제 능력의 깊이라는 사실을 절감하게 됩니다. 각자를 향한 하나님의 초월적인 부르심을 얼마나 선명하게 의식하느냐에 따라 다른 이들과 친밀한 교제를 나눌 수 있는 능력이 달라집니다. 지금 사귀고 있는 상대 하나하나가 저마다 모든 걸 뛰어넘어 영원히 초월적인 관계를 맺도록 부름받은 존재라는 사실을 깨닫지 못한다면, 어떻게 중심에서 중심으로 연결되는 친밀한 교제를 나눌 수 있겠습니까?"

2

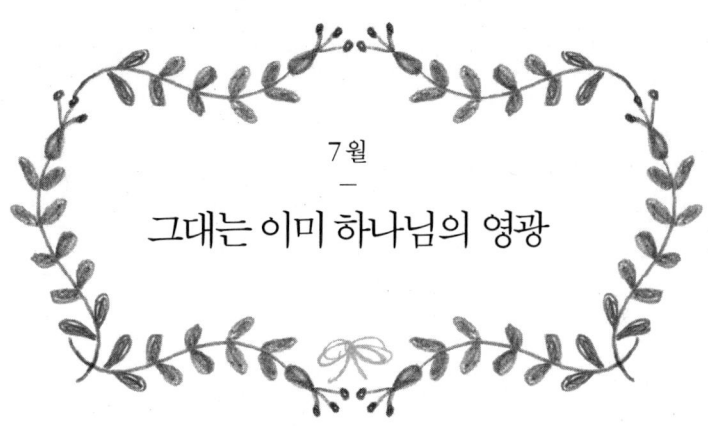

7월
—
그대는 이미 하나님의 영광

'나는 하나님의 영광이다'라는 명제를 화두로 여기십시오.
그 생각을 묵상의 뼈대로 삼아서 생각을 넘어 살아 있는 실체가 되게 하십시오.
하나님은 나우웬 신부를 선택해 그 안에 머물기로 하셨습니다.
그대가 바로 하나님의 집입니다. 묵상하면서 스스로에게 물어보십시오.
'하나님의 영광이 어디에 있는가?
내가 있는 곳에 주님의 영광이 머물러 있지 않다면,
그밖에 어디서 찾을 수 있는가?'

The Genesee Diary

7월 1일, 월요일

   오후에 존 유드 원장과 다시 만났다. 분노라는 주제를 다시 꺼내놓고 거절당하는 경험과 밀접한 관계가 있는 것처럼 보일 때가 많다고 고백했다. 지난주에 벌어졌던 세 가지 상황을 거론했다. 잘 아는 이가 수도원을 찾았지만 내 안부조차 묻지 않았다. 학생들에게 여름방학 동안 일할 자리를 알아봐주었는데 고맙다는 인사 한마디가 없었다. 몇몇 수도사들은 특별한 이유 없이 내게만 유난히 불퉁거리는 것 같았다. 세 경우 모두 조금 거슬리는 수준을 넘어 마음에 깊은 상처를 입었다.
   하도 속이 상해서 기도를 하면서도 서운한 감정을 곱씹으며 시원하게 되갚아주는 걸 상상할 지경이었다. 거절당하는 아픔을 안겨준 사건에 온 신경을 다 쓰느라 책을 읽는 동안에도 집중이 되지 않았다.

존 유드 원장은 '미묘한 반응들'을 불편해한다는 점을 지적했다. 그러한 감정들이 100퍼센트 이치에 맞지 않아서 생기는 현상이 아니라고 했다. 어쩌면 거절당했다는 느낌을 받고도 남을 만한 이유가 있을지도 모른다. 문제는 거기에 대응하는 방식이 사건의 본질에 정확히 들어맞지 않는다는 데 있다. 밀쳐내는 듯 보였던 이들은 실제로는 그럴 의사가 전혀 없었다. 하지만 그처럼 작은 거절도 거대한 구멍을 낸다. 당하는 쪽에서는 천 길 낭떠러지 밑바닥까지 추락할 수 있다. 철저히 거부당하고, 사랑받지 못했으며, 혼자 버려진 느낌이 든다. '맹목적인 분노' 같은 게 피어오르기 시작하고 결국은 훨씬 더 중요한 관심사와 유익한 일들에 집중하지 못하도록 가로막는다. 그러므로 신경질적으로 반응하는 것보다는 미묘한 차이를 감안하지 않고 원시적인 방식으로 대처하는 게 더 큰 문제다.

원장과 함께 이런 현실의 원인을 탐색했다. 마음속 어느 귀퉁이엔가 전폭적인 애정과 무조건적인 사랑, 궁극적인 만족을 찾는 욕구가 숨어 있음에 틀림이 없었다. 완전히 용납되는 순간을 끊임없이 갈구하며 지극히 소소한 일에도 그런 소망을 품는다. 별것 아닌 일까지 그처럼 온전하고 총체적인 결과에 이르는 실마리로 삼으려 하므로, 대수롭지 않은 거절에도 엄청난 낙담과 전면적인 패배감에 빠지기 일쑤다. 존 유드 원장의 논리는 명쾌했다. 사실상 아무도 내가 찾는 걸 줄 수 없으므로 나라는 존재는 언제라도 깨어질 수밖에 없다는 것이다.

설령 누군가가 그처럼 무조건적이고, 총체적이며, 무엇이든 다 포용하는 사랑을 베풀어준다 할지라도 받아들이지 않을 게 뻔했다. 그러자면 갓난아기처럼 의존해야 하는데 이미 성인이 된 나로서는 도저히 감수할 수 없는 일이기 때문이다.

이러한 욕구, 그리고 거기에 따른 두려움이 생기는 까닭은 무엇인가? 내 '용감무쌍한 행동'의 바로 한 꺼풀 아래에는 시시한 일에도 쉽게 폭발하고 본질을 드러내는 어마어마한 불안과 자기회의가 도사리고 있다. 여기에 대해서는 원장도 나도 이견이 없었다. 그러니까 이처럼 얼토당토않게 커다란 적대적인 정서들은 쉽게 말해서 자아의 핵심을 건드리는 위협에 대한 반발인 셈이다. 우리는 그쯤 해두기로 했다. 45분이면 얘기할 만큼 했고 일주일 내내 곱씹기에 부족함이 없어 보였다.

스페인과 칠레, 남베트남의 불교신자들에 대해서도 잠시 대화를 나눴다.

오늘은 입대를 거부하다 감옥에 갇힌 채 단식투쟁에 들어간 불교승려들과 연대하기 위해 금식을 했다. 존 유드를 비롯해서 여러 수도사들은 진즉에 항의전문을 발송했다. 당국에서는 승려들을 석방하겠다고 약속했다. 하지만 실제로는 여러 교도소로 분산 배치하는 조처를 취했을 뿐이었다. 승려들이 뿔뿔이 흩어져 갇혀 있는 탓에 과연 단식에 들어간다는 계획에 변함이 없는지 지금으로서는 알 길이 없었다. 파리에 있는 불교평화대표단에서도 이와 관련해서 가타부타 언급이 없었다. 하지만 우리는 거기에 개의치 않고 단식을 결행하기로 했다. 덕분에 한 하늘 아래 사는 다른 수도자들이 겪고 있는 커다란 고통을 더욱 깊이 실감할 수 있었다.

7월 2일. 화요일

오늘 정치학을 가르치는 클로드라는 친구가 칠레사태에 대한 자료를 보내왔다. 칠레 정국에 관한 시카고 위원회 보고서와 엠네스티 보고서는 현재 벌어지고 있는 폭력사태의 실상을 전하고 있는데, 그 내용이 너무나도 충격적이고 기가 막혀서 밤새 잠을 이루지 못했다. 고문과 처형, 구석구석 스며든 압제의 손길 따위를 묘사한 기록을 보면서 끝 모를 절망감을 느꼈다.

로즈 스타이런Rose Styron이 정리해서 〈뉴욕서평〉에 실은 엠네스티 보고서를 보면, 현재 벌어지고 있는 사태는 우발적으로 발생한 보복 행위가 아니라 조직적으로 치밀하게 계획된 압제임을 분명하게 알 수 있다. 스타이런은 "궤변을 늘어놓으며 억압과 보복이라는 수단을 체계적으로 사용하는 작태는 현 정권의 가장 암울한 실상"[1]이라고 지적했다. 증거는 헤아릴 수 없을 만큼 많다. 산티아고 스타디움에서 몰래

반출한 일지도 그 가운데 하나다. 글을 쓴 청년은 이렇게 적었다.

놈들은 나를 테이블에 눕히고 꽁꽁 묶었다. 벌거벗은 몸에 전선을 연결했다. 물을 들이붓더니 온몸 구석구석을 전기로 지져대기 시작했다. … 배, 갈비뼈, 가슴, 고환에 강렬한 충격이 전해졌다. … 얼굴은 웃고 있었지만 이게 장난인 줄 아느냐며 협박하기를 잊지 않았다. 그러곤 발가락에 염산을 들이부었다. 바늘로 여기저기 찔러댔다. … 놈들은 우리를 다시 수용소에 집어넣었다. 밤새도록 신음했다. 아무도 잠들지 못했다. 수감자들도 함께 울었다. 얼마 후에 또 한 번 끌려 나갔다. 이번에는 더 끔찍했다. … 놈들은 입에 담기조차 끔찍한 일들을 저질렀다. … 심문관이 바라는 대로 진술하고 서명하지 않으면 죽이겠다고 위협했다. "쥐도 새도 모르게 숨통을 끊어버리겠어"라고 말하며 고문을 되풀이했다. 연신 희롱하고 비웃었다. 우리는 더 이상 인간이 아니었다. 그저 그림자일 뿐이었다. … 이게 바로 우리가 당하고 있는 고통이다. 하나님, 까닭을 알 수가 없습니다. 이게 어떻게 된 겁니까? 우리는 정의를 믿었습니다. 1974년 2월, 칠레 에스타도.[2]

수도원에서 편안하게 잠든 사이에 이런 일들이 진행되고 있었다는 사실을 받아들이기가 무척 힘들어서 반대편을 이해해보려 하는 식의 '심리적인 해결'을 모색하기도 한다. 하지만 인간현실의 부조리가 노골적으로 드러났다는 것 말고는 달리 마음에 떠오르는 생각이 없다.

더욱 소름끼치는 사실은 전혀 새로울 게 없다는 점이다. 히틀러 치하에서도 유대인들에 대해 똑같은 가혹행위가 체계적으로 가해졌다. 시카고 위원회의 보고서를 인용해보자.

군사정권이 펼친 테러작전은 체계적이며 조직적인 특성을 보인다. 압제는 권력을 탈취한 직후부터 몇 달 동안보다 다소 조심스러워졌지만 그만큼 주도면밀해졌다. 구속자들의 이름과 소재, 그리고 구체적인 체포사유와 정황이 컴퓨터로 관리된다. 블랙리스트에는 예비검속 대상자까지 들어 있을 것으로 보인다.[3]

지난 몇 주 동안은 다소 과격해 보이는 시편들 때문에 골치 아팠는데 이제는 한결 쉽게 공감할 수 있게 되었다. 일지를 적어 보낸 에스타도의 칠레 청년의 심정을 헤아려보면 이런 고백을 쏟아내고도 남겠다는 생각이 든다.

갇힌 사람들의 신음소리를 주님께서 들어주십시오.
죽게 된 사람들을 주님의 능하신 팔로 살려주십시오.
주님, 우리 이웃 나라들이 주님을 모독한 그 모독을
그들의 품에다가 일곱 배로 갚아주십시오(시 79, 표준새번역).

하나님, 오만한 자들이 나를 치려고 일어나며

난폭한 무리가 나의 목숨을 노립니다.

그들은 주님을 안중에도 두지 않습니다.

그러나 주님, 주님은 자비롭고 은혜로우신 하나님이시요

노하기를 더디 하시며,

사랑과 진실이 그지없으신 분이십니다.

내게로 얼굴을 돌려주시고, 내게 은혜를 베풀어주십시오.

은총을 베풀어주실 징표를 보여주십시오.

나를 미워하는 자들이 보고, 부끄러워할 것입니다.

주님, 주님께서 친히 나를 돕고 위로하셨습니다(시 86, 표준새번역).[4]

계속해서 수많은 시편을 인용할 수 있다. 칠레에 관한 기록을 읽고 나서부터 한 편 한 편이 모두 강렬한 기도가 되었기 때문이다. 감옥에 갇힌 이들이 부디 시편으로 기도하며 용기와 힘을 얻기를 바란다.

온갖 고문 장면들이 스쳐지나갈 때면 어찌할 바를 모르겠다. 이런 상태를 어떻게 설명해야 할까? 무력감인가? 분노인가? 연민인가? 불안인가? 당장 여기를 나가서 무언가 행동을 취하려는 욕구인가? 사랑이 많으신 하나님을 신뢰하는 믿음의 결핍인가? 마비인가? 모든 게 한데 뒤섞여 앞서거니 뒤서거니 끊임없이 선두다툼을 벌인다.

하지만 짐짓 중요해 보이는 의문이 남는다. 내 감정을 지배하고 있는 게 연민보다 맹목적인 분노에 가깝지 않나 하는 점이다. 고문 현장에 있다고 상상하면서 과연 그런 상황에서 어떻게 행동하고, 무얼 생각하며, 어떤 느낌이 들고, 무슨 말을 해야 할지 더듬어볼 때마다 안에서 격렬한 분노와 고문자들이 똑같은 모욕을 당했으면 좋겠다는 바람, 그리고 악랄한 짓을 저지르는 이들을 밟고 승리하고 싶은 소망이 솟구치는 걸 느낀다. 이런 감정들이 엄연히 존재할 뿐만 아니라, 대부분은 고통당하는 이들을 불쌍히 여기는 연민이나 악행을 일삼는 이들을 용서하려는 마음보다 훨씬 강하다.

어쩌면 이러한 정서를 인정하고 시편 말씀을 통해 기도라는 친밀한 방식으로 그 뜨거운 감정들을 표현할 기회를 주신 데 대해 감사하는 게 더 현실적일지도 모른다. '노하기를 더디' 하시는 하나님과의 관계 한복판에 이러한 느낌들을 곧바로 끌어내고 거기서 동정과 용서로 바꾸는 게 더 타당할 수도 있다. 아직도 하나님나라를 위해 고난당할 준비가 되어 있지 않다. 마음은 한없이 탁하고, 심령은 갈래갈래 나뉘었으며, 사랑은 몹시 허약하다.

잠들기를 기다리며 도대체 무엇 때문에 이곳 수도원에 들어와 있는지 생각했다. 확실한 사실이라곤 여기에 있어야 한다는 것 하나뿐이다. 꼭 그래야 한다는 '당위성'은 있는데 그 궁극적인 목적을 모르겠다. 칠레를 생각하면 갑자기 무서워진다.

도사들처럼 말끔히 밀어버렸다.

솔직히 고백하자면, 잘려나간 긴 머리카락이 얼마쯤 아쉬웠다. 거울에 맨머리를 비쳐볼 때면 문득 기묘한 느낌이 든다. 주고 싶지 않은 걸 누군가 빼앗아간 것 같기도 하고 잘됐다 싶기도 하다.

머리를 깎으면서 이런저런 기억이 떠올랐다. 1955년 레이젠부르크에서 받은 삭발례(성직을 받는 이가 머리 꼭대기를 미는 의식-옮긴이)에서 알프링크 추기경이 머리칼을 한 움큼 덥석 잘라냈던 일, 제2차 세계대전 기간에 적들에게 협력했던 네덜란드 여인들이 징벌로 머리를 박박 깎였던 사건, 삼손이 머리칼을 잃고 힘을 잃었던 기록, 친구 리처드의 까치집 머리, 짐과 낸시와 프랑크의 부드럽고 긴 머리칼 따위가 줄지어 떠올랐다. 잘라낸 머리카락을 쓰레기통에 버리는데 불현듯 이렇게 개인적인 차이를 끊어 내버려야(앤서니 수사의 말마따나 '우리 가운데 하나'가 되어야) 하나님이나 동료 수도사들과의 관계에 포함된 가장 내밀한 인격적인 특성에 온 마음을 쏟을 수 있을 뿐만 아니라 진정한 자아에 좀 더 쉽게 다가설 수 있을지도 모른다는 생각이 들었다.

7월 3일, 수요일

오늘은 사도 도마의 축일이다. 대화식 강론 시간에 두 수도사가 서로 다른 논리로 도마가 비록 주님의 부활을 믿지 않았을지라도 변함없이 사도 공동체에 충실했음을 지적했다. 주님은 바로 그 공동체를 통해서 도마에게 나타나셨으며 믿음을 굳세게 해주셨다. 대단히 심오하면서도 위로가 되는 이야기다. 공동체는 회의와 불신의 시기를 맞은 구성원에게 그야말로 '묻어갈' 수 있는 기회를 제공한다. 당사자가 놓치고 있는 것들까지 챙겨줄 수 있다. 그리고 공동체라는 흐름 속에서 주님을 다시 의식하게 해준다.

존 유드 원장은 복음서의 설명처럼 디두모라는 별명에는 '쌍둥이'라는 뜻이 들어 있음을 상기시키면서, 교부들은 이를 두고 인간에게 '두 인격', 즉 의심하는 인격과 신뢰하는 인격이 존재한다는 의미로 해석했다고 했다. 회의적인 인성이 압도적으로 성장해서 믿음의 능력을 철저하게 유린하지 않게 막으려면 형제자매의 사랑과 지원이 절실하게 필요하다.

7월 4일, 목요일

끔찍한 날이었다. 그 어느 때보다 기분이 가라앉고, 우울하며, 매사에 시큰둥하다. 아침에는 빵 작업장에서 일했다. 몹시 피곤했다. 오후에는 앤서니 수사가 시키는 대로 거대한 문기둥을 쇠망치로 헐어냈다. 지난주에 마무리 짓지 못한 과업이었다. 날씨는 무더웠다. 기운이 하나도 없었다. 은근히 부아가 돋았다. 장비라도 제대로 갖춰줬더라면 하루치 일거리 정도는 5분 안에 해치울 수 있을 거란 생각이 들었다. 앤서니 수사에게 얘기해봤지만 귀를 기울이기는커녕 수도원에는 나름의 일처리 방식이 있다는 따위의 잔소리만 잔뜩 늘어놨다. 아무리 수도원만의 방식이라고 해도 불합리하다면 고쳐야 하는 게 아니냐고 대꾸해줬다. 프랑크라는 젊은 수사가 슬쩍 내 편을 들어주었다. 앤서니 형제는 커다란 쇠망치를 가져다주었다. 얼마나 무겁던지 들어올리기조차 버거웠다.

지척거리는 내 모습을 보고 가까이서 중장비로 작업하던 장 비아니 신부가 말했다. "좀 쉬세요. 이런 일을 하기에는 날이 너무 뜨거워요. 제가 기계로 끌어내볼게요." 그러곤 굵은 쇠줄로 콘크리트 기둥을 단단히 감고 한쪽 끝을 삽차에 연결했다. 시동을 걸고 기계를 움직이자 그 육중한 문기둥이 마치 성냥개비처럼 통째로 바닥에서 쑥 뽑혀 나왔다. 신부에게 정말 고맙다고 인사한 뒤에 현장을 정리하고 숙소로 돌아왔다.

앤서니 수사의 '수도원식 일처리 방식'과 피곤한 몸 때문에 마음이 무겁고 복잡했다. 미사에 집중할 수가 없었다. 이런 상태라면 다른 형제들과 더불어 예배하는 자리에 나오지 않는 편이 낫겠다는 생각이 잠시 스쳤지만 그러지 않기로 작정했다.

때마침 '순종을 포기하지 않고 자신의 의지를 눌렀기에'[5] 성인이 될 수 있었다는 성 도시테우스의 글을 읽었다. 이처럼 우울한 날 보기에는 정말 당혹스러운 글이었다. 읽어도 위로가 되지 않았다. 내용과

현실을 연결하기에는 간격이 너무 컸다. 생각하고 또 생각했다. 하나님의 뜻에 순종하고 자기 욕심을 떨쳐버려야 성자가 될 수 있는 건 분명하지만, 성인이 되면 남들이 그 의지를 주님의 뜻으로 해석해주는 것 역시 엄연한 현실이었다.

하지만 이건 온유함이 실종된 대단히 적대적인 사고방식이다. 내일은 좀 나아졌으면 좋겠다.

7월 5일, 금요일

저녁에는 우울한 기분이 많이 가셨다. 상대적으로 시원하고, 빛이 잘 들며, 목공 작업을 하거나 트럭을 모는 이들이 내는 소음에서 멀리 떨어진 방을 찾아낸 덕분이다.

7월 6일, 토요일

오늘 《가자 도로테우스의 가르침 Instructions of Dorotheus of Gaza》에서 영적인 지침들을 소개한 글 몇 쪽을 읽었다. 지은이는 말한다. "스스로 자기 삶을 이끌어나가는 것만큼 해로운 게 없다. 더할 나위 없이 치명적이다. … 개인적으로는 누구한테도 조언을 구하지 않고 내 생

각만을 좇은 적이 단 한 번도 없었다."⁶⁾

스티븐 신부와 브라이언 수사, 그리고 새로 온 견습생 존과 함께 바윗돌 여러 덩이를 끌어모았다. 더러는 욕심이 지나쳐서 어찌해볼 수 없을 만큼 큰 돌덩이까지 움직이려 들었다.

새로운 예배당을 짓는 일과 새로운 바벨탑을 세우는 일은 엄연히 다른 일이다. 그 둘 사이의 차이점을 망각하지 않기 위한 싸움이 죽는 날까지 계속되는 게 아닌가 싶다.

7월 7일, 주일

오늘은 샤를 드 푸코의 전기를 읽었다. 조르주 고레Georges Gorree가 푸코의 생애를 좇아가며 기록한 포토에세이집이다.

신학교에 다닐 때 이미 읽었지만 사막 교부들과 그 가르침을 시대 상황의 맥락에서 한층 깊이 파악하기 위해 이 멋진 이야기를 다시 한 번 탐독했다. 푸코의 삶이 내게 주는 의미를 온전히 깨닫자면 우리 시대를 풍미했던 이 성자에 관해 더 넓은 독서가 필요하다. 푸코는 유복한 생활을 등지고 사막에 들어가 은둔 수도자의 삶을 살았다. 어딘가에 이런 글을 남겼다.

생각해보라.

모든 걸 다 빼앗기고

땅바닥에 무기력하게 쓰려져

벌거벗은 몸으로 쥐도 새도 모르게

피와 상처로 만신창이가 되어

잔혹하고 고통스럽게 죽어간다고.

그리고 소망하라.

그게 바로 오늘이 되기를.[7]

 1916년 12월 1일, 푸코는 타만라셋에서 한 무리의 아랍인들에게 살해당했다. 샤를 드 푸코가 프랑스와 시리아의 트라피스트 수도원에서 생활했으며 잠시 수도사가 되려 했다는 사실도 이번에 처음 알았다.

7월 8일, 월요일

 오늘 하루를 통틀어 가장 중요한 일은 존 유드 원장과 나눈 면담이다. 요즘 우울하고, 피곤하며, 짜증스럽고, 책 읽을 시간이 없어서 불만스럽고, 전반적으로 탈진상태에 빠진 느낌이라고 했다.

 원장은 충분히 공감한다는 반응을 보였다. 우선 이런 일이 있을 줄 알았다면서 자신은 아침 일찍 일어나는 데 익숙해지기까지 1년이 걸렸다고 했다. 처음에 품었던 열정이 가라앉고 나면 육체노동과 채식을 비롯해서 예전과 달라진 생활방식 탓에 피로, 우울, 심리적인 불만, 소명에 대한 회의가 찾아올 수 있다고 설명했다. 한결같은 생활이 변화 없이 지속되고, 사람들이 특별한 관심을 쏟아주지 않으며, 관심을 끌 만한 '흥미로운' 일이 사라지면 차츰 수도원 생활을 견디기가 힘들어진다는 것이다. 하지만 그러고 나서야 비로소 기도와 절제로 통하는 문이 열린다고 했다.

존 유드 신부는 한계를 받아들이고 한동안 일상생활에 사소한 변화를 주어보면 어떻겠느냐고 했다. 얼마간 토론을 벌인 끝에, 빵 굽는 날은 종일 제빵 작업장에서만 일하고 다른 날들은 오전, 또는 오후에만 작업에 참여하는 게 최선일 것 같다는 결론이 났다. 나머지 시간에는 공부를 하기로 했다. 원장은 무엇에도 얽매이지 말아야 한다면서 지난 한 달 동안 경험해본 생활이 스스로 연약함을 깨닫고 거기에 힘입어 삶을 재정비하는 데 도움이 되었을 거라고 했다. 아울러 이제 더는 책을 읽고 연구하려는 욕구를 부정해선 안 된다고 지적했다. "아무것도 따지지 않고 무조건 절제된 생활을 하면서 지낼 작정을 했더라면 더 좋았겠지만, 댁에게는 경험과 생각을 정확하게 통합시킬 기회를 갖는 게 더 중요해 보입니다."

이어서 수도원에서 지내다보면 지극히 원초적인 욕구들을 더 절실하게 느끼게 되는 현상에 관해 잠시 이야기를 나눴다. 특별히 금식을 하고 있는 것도 아닌데 그 어느 때보다도 음식 생각을 많이 하게 된다고 원장에게 고백했다. 존 유드 신부는 말했다. "너나없이 그런 욕구들을 채우길 원하고 꿈꾸며 추구하지만 더러 대화를 나누거나, 조심하거나, 주의를 돌리는 전통적인 방식들이 잘 통하지 않는 경우가 있습니다. 그래서 보다 원시적으로 반응하기 시작하는 겁니다. 음식이나 섹스 생각에 매이게 되는 거죠. 하지만 그럴수록 더욱 기본적인 욕구에 시달리게 될 따름입니다. 실족하고 퇴보하는 면이 없지 않겠지만 한편으로는 영적인 지도를 받아들일 만큼 마음이 열리고 기도와 절제된 삶이 뿌리내릴 여지가 생깁니다. 이건 아주 조심스러운 일입니다. 자기만족적인 욕구에 집착하게 될 수도 있습니다. 그러지 않으려면 적절한 안내를 받아야 합니다."

절로 고개가 끄덕여졌다. 반드시 지도를 받아야 한다는 점은 두말할 것도 없고, 더 나아가 내 인생의 이 지점에서 존 유드 같은 안내자를 만났다는 걸 한없이 고마워해야 한다는 생각이 들었다.

7월 9일, 화요일

오늘 아침, 벌새를 보았다. 기이하게 생긴 조그만 새로, 긴 부리를 가지고 어여쁜 꽃들에서 꿀을 빨아 먹는다. 벌새는 몸을 곧추세운 채 헬리콥터처럼 허공에서 떠서 붕붕거리다가 제트기처럼 빠르게 날아가 버린다.

가자의 도로테우스는 보면 볼수록 감동적이다. '원한에 관하여'라는 장은 현대 현상학자들의 글에 결코 떨어지지 않을 만큼 훌륭해서 누구나 한번 읽어봄직하다. 이 글은 비난에 다친 마음에 짜증이 깃들고, 짜증이 분노로 발전하며, 분노가 복수욕으로 변하는 과정을 섬세하게 묘사한다. 도로테우스는 에바그리우스 폰티쿠스의 말을 인용한다. "분노를 정복한 이는 악마를 이긴 셈이다. 반면에 그 격정에 휩쓸린 사람은 수도원 생활과는 거리가 멀다고 봐야 한다."[8]

글쓴이는 이웃을 향해 소름이 끼치도록 파괴적인 마음가짐을 갖게 되는 과정을 생생히 묘사한다. 잘못 튀어나온 말 한마디를 곱씹는 데서 시작해 마음의 평화를 깨뜨리고, 다른 이들에게 해를 끼치며, 하나님께로 가는 길에서 벗어나게 만드는 파괴적인 암 덩어리로 발전할 수도 있다는 것이다.

이처럼 격한 감정을 처리하는 가장 효과적인 방법으로 도로테우스는 상처를 준 이들을 위해 기도하기를 제안한다. 다시 한 번 에바그리우스를 인용해서 "원수를 위해 기도하는 이는 원한에 사로잡히지 않는다"[9]고 권하는 것이다.

마틴 루터 킹 주니어의 어머니가 애틀랜타의 에베네저 교회에서 주일예배를 드리다가 피살당했다. 암살범은 본래 남편을 죽일 작정이었다. 무려 40년 동안이나 그 교회에서 사역해온 마틴 루터 킹 시니어 생각을 나는 좀처럼 떨쳐버릴 수가 없다. 하나님은 진실로 그 믿음을 시험하고 계신다. 두 아들에 이어 이번에는 아내까지 잃었다. 그러고도 복수가 아니라 용서를 요구하면서 진실한 심령으로 복음을 선포하고 있는 그 어른은 성자임에 틀림없다.

7월 10일, 수요일

우리 시대의 사막 교부라고 할 만한 샤를 드 푸코에게 줄곧 마음을 빼앗기고 있다. 대놓고 신앙을 거부하고 쾌락을 좇는 젊은 시절을 보낸 뒤에 하나님께 돌아서서 180도 변화된 삶을 살기 시작했음에도 불구하고 그 삶의 갈피갈피에는 꿋꿋한 자유로움이 한결같은 모습으로 배어 있다. 패거리의 압력에서 얼마나 자유로웠는지, 불복종하는 데 얼마나 과감했는지, 목표를 추구하는 데 얼마나 집요했는지 생각할 때마다 놀라워서 입을 다물 수가 없다. 상부의 명령을 거슬러가며 여자 친구를 알제리 수도에 데려간다든지 유대인 방랑자로 모로코를 두루 떠돌았던 바로 그 극단적인 열정에 힘입어 푸코는 자신을 하나님께 드렸다.

매리언 밀 프레민저M. M. Preminger는 《타만라셋의 사막*The Sands of*

Tamanrasset》에서 샤를 드 푸코와 영적으로 그를 이끌어주었던 위블린 Huvelin 수도원장 사이의 대화를 재구성했는데, 극단적인 성격을 선명하게 엿볼 수 있다.

"신부님, 내 삶을 하나님께 바치고 싶습니다." 그가 말했다.
"아들아, 지금은 준비가 되지 않은 듯하구나. 아직은 확실치가 않아."
유감스럽게도 위블린 원장은 고개를 가로저었다.
"하나님이 살아 계심을 믿은 순간부터 오직 그분만 위해 살고 싶은 마음을 주체할 수가 없었습니다."
"그처럼 중요한 결정을 충동적으로 내려서는 안 된다. 깊이 생각해야 한다."
"신부님, 그러기를 벌써 2년째입니다."
"아들아, 길지 않은 삶을 살면서 수많은 일들을 겪었구나. 하지만 일단 세상을 등지고 하나님께 자신을 드리고 나면 다시는 돌아갈 수 없단다."
"원장님, 저는 이미 마음을 굳혔습니다."
신부는 또다시 고개를 저으며 말했다. "준비를 해라. 여기저기 다녀보아라. 주님이 걸으셨던 거룩한 땅을 발로 누벼라. 그분이 기도하셨던 자리에서 기도해라. 그리고 돌아와서 네 장래를 상의하기로 하자꾸나."[10]

"일단 세상을 등지고 하나님께 자신을 드리고 나면 다시는 돌아갈 수가 없다"는 문장이 내 중심을 뒤흔든다. 거기에는 모든 걸 버리고 따라오라는 예수님의 부르심뿐만 아니라 수많은 사막 교부들의 목소리들까지 담겨 있다. 세상을 완전히 떠나지 못하고 여전히 경계선에 서서 우물쭈물 망설이고 있음이 갈수록 확연해진다. 솔직히 말하자면 '다시는 돌아갈 수 없음'을 그저 무서워하고 있음에 틀림없다. 하나님께 온전히 헌신하는 길이 고되고, 고통스러우며, 몹시 외롭지 않을까 겁내고 있는 것이다. 존 유드 원장이 전체모임에서 농담처럼 툭 던졌던 한마디가 떠오른다. "우린 여기에 잠시 쉬러 들른 게 아닙니다. 평생 머물기 위해 들어온 겁니다." 다들 와 하고 웃음을 터뜨리며 따뜻한 눈길로 나를 쳐다보았다. 하지만 난 분명히 느꼈다. 원장은 내 영성생활의 중추신경을 건드리고 있었다.

　죽는 날까지 트라피스트 수사로 산다는 건 일곱 달 동안 수도사 흉내를 내는 일과는 본질적으로 차이가 있다. 사실 '7개월짜리 트라피스트 수도사'라는 말 자체가 모순적이다. 존 유드 원장은 말했다. "의학을 전공하는 내내 달갑지 않은 일이 생길 때마다 입버릇처럼 중얼거렸습니다. '괜찮아, 조금만 있으면 이 상황이 다 지나가 있을 거야.' 해군에 복무하면서 군대체질이 아니라는 생각이 들 때면 제대할 날을 손꼽아 기다렸습니다. 하지만 트라피스트 수도사 훈련을 받으면서부터는 그런 비상구가 완전히 사라졌습니다. 이번에는 '평생' 머무를 작정으로 시작한 일이었으므로 힘들거나, 불쾌하거나, 달갑지 않은 문제가 생겨도 받아들여야 했으며 마음을 정결하게 하는 도구로 여기고 살아야 했습니다."

잔뜩 겁을 먹고 주저하는 심령을 정리하지 못한 채 한사코 두 세계에 양다리를 걸치고 싶어 하는 건 이런 식의 극단적이고 절대적인 마음가짐, 전폭적인 포기, 무조건적인 복종, 하나님의 뜻 앞에서 보이는 단호한 순종 같은 요소들 때문이다. 바로 이 지점에서 인간은 실족하고 비틀거리게 된다.

7월 11일, 목요일

성 베네딕트 축일. 베네딕트 공동체 식구가 되어 가까이 지내면 얼마나 좋을까 하는 생각을 오래전부터 해왔다. 현재로서는 반드시 트라피스트 수도사가 되어야 한다든지 그럴 수 있을 거라는 계시 따위는 전혀 없다. 지금은 여기에 있어야 한다는 확신이 있지만 언젠가 다시 떠나야 한다는 것 역시 분명한 사실이다. 하지만 여기가 내 공동체이자 가정, '집' 또는 지향점이 될 수는 없을까?

오늘 읽은 복음서 본문과 존 유드 원장의 설교는 그 이야기를 다루고 있다. 철저하게 자기를 부인하고 하나님께 온전히 복종해야 한다는 것이다. 온화한 인품으로 명성이 높고 휴머니스트라는 소리까지 들었던 성 베네딕트지만 겸손, 순종, 공동소유를 언급할 때만큼은 누구 못지않게 과격한 모습을 보였다.

이런 급진적인 성향에 보조를 맞추려면 영적인 지도자에게 완전히 순종할 필요가 있다. 정확한 방향을 짚어주길 기다리는 지극히 겸손한 마음을 가져야 하며 생각과 감정, 계획을 숨김없이 나누어야 한다. 그렇지 않으면 모든 게 한낱 감상에 지나지 않는다.

오늘은 불쑥불쑥 갖가지 죽음에 관한 환상들이 떠올랐다. 이 수도원이야말로 내가 묻히기에 더없이 좋은 곳이었다. 하지만 고작 몇 달을 여기 살았다고 해서 이 수도원 담장 안에 묻히길 바라는 건 외람된 짓이었다. 문득 존 유드 원장이 강론을 하다가 이곳 공동체에 속한 수도사들은 일생의 절반 이상을 성 베네딕트가 제정한 내규에 따라 살아온 이들이라고 지나가듯 말했던 게 생각났다.

7월 12일, 금요일

'바깥세상에 사는' 누군가가 기억해주길 바라는 마음으로 우편함 근처를 서성거린다면, 친구들이 어떻게 생각할지 또는 생각을 해주기는 하려는지 안달복달 궁금해한다면, 어떤 의미로든 공동체에서 탁월한 존재가 되려는 마음을 은근히 품고 있다면, 손님들이 이름을 들먹이며 찾아주는 환상을 버리지 않고 있다면, 원장이나 다른 수도사들이 특별한 관심을 보여주길 기대한다면, 더 흥미로운 일과 자극적인 사건들을 끊임없이 추구한다면, 마음에 하나님이 머무실 조그만 공간을 마련하는 작업을 시작조차 못하고 있음을 알아야 한다.

더 이상 편지 한 장 오지 않을 때, 생각해주거나 어떻게 지내는지 알고 싶어 하는 이가 아무도 없을 때, 평범한 수사로서 더도 덜도 아닌 형제들이 하는 것과 똑같은 일을 할 때, 사람들의 기억 속에 내 존재가 지워질 때, 비로소 마음과 생각을 충분히 비워서 하나님이 당신의 임재를 드러내시기에 부족함이 없을 만큼 참다운 기회를 드릴 수 있을지 모른다.

7월 13일, 토요일

늘 다른 이들과 구별되고 싶어 하는 기묘한 욕구를 품고 살았다. 아마 누구나 다 마찬가지가 아닐까 싶다. 이러한 욕구에 대해, 그리고 그 소망이 삶에 어떤 역할을 했는지 생각할수록, 내 생활방식이 '스타가 되려는' 현대인의 욕망과 크게 다르지 않다는 사실을 점점 더 깊이 깨닫게 된다. 남들이 알아차리거나 이야기한 바가 없는 전혀 '다르고 특별한' 무언가를 말하거나, 쓰고, 행동으로 드러내 보이고 싶다. 환상으로 가득한 삶을 사는 이들은 그다지 어려울 게 없으며 쉬 꿈꾸던 '성공'을 맛볼 수 있다. 전통적인 교수법과는 눈에 띄게 다른 특별한 방법으로 가르치는 것도 가능하다. 한 문장, 한 쪽, 아니 책 한 권 전체를 누구도 시도해본 바 없는 전혀 새로운 기법으로 써내려갈 수도 있다. 심지어 예전에는 감히 상상조차 할 수 없었던 방식으로 복음을 선포할 수도 있다. 그러나 어떤 경우가 됐든지, 갈채를 받는 까닭은 결국 세상이 깜짝 놀랄 만한 역사를 일으켜서가 아니라, '남다른' 일을 했기 때문이다.

요 몇 년 사이에 하나님 말씀을 선정적인 메시지로 변질시킬 가능성이 위험스러우리만큼 높아졌음을 실감한다. 서커스를 구경하는 관중들이 번쩍거리는 의상을 입은 곡예사가 허공을 가르며 공중제비를 도는 걸 넋 놓고 바라보듯, 크리스천들도 하나님 말씀을 이용해서 자신에게 시선을 끌어모으려 하는 설교자의 말에 귀를 기울이기 쉽다. 선동적인 설교자들은 감각을 자극할 뿐, 심령은 건드리지 않고 방치한다. 하나님으로 연결되는 통로가 되기보다 '독특한 요소들'로 주께 가는 길을 가로막아버린다.

수도원의 삶은 그런 식으로 관심을 유도하는 행위에 정면으로 배치된다. 수도원에서는 '독특하게'가 아니라 '남들과 똑같이' 말하고, 쓰고, 일하기를 요구한다. 해묵은 전통에 따르며 대부분 검증되고 인정받은 원칙에 맞추어 마음과 생각의 틀을 잡아가야 한다. 여기에 들어온 뒤에 읽은 신령한 문서들에는 복음에, 초대교회 교부들의 가르침에, 이 시대를 이끌어가는 영적인 지도자들의 통찰에 충실하려는 절실한 노력과 아울러 남다르고, 시선을 끌며, 스스로 원본이 되려는 욕구를 피하려는 절박한 시도가 곳곳에 나타난다. 마치 영적으로 위대한 작가들이 입을 모아 "인간은 절대로 '최초'가 될 수 없다. 무엇이든 쓸 만한 얘기를 했다 싶은가? 그럼 하나님 말씀과 그분을 좇는 성도들의 이야기를 살펴보라. 거기에 원본이 있을 것"이라고 가르치는 듯하다. 이곳 수도원은 내게 같아지라고, 더 똑같아지라고 다그친다. 다른 수도사들과 같아지고, 성인들과 비슷해지고, 예수 그리스도와 한 모습이 되고, 하늘 아버지와 닮아가라는 것이다. 하루하루 반복되는 일과에 따르며, 끊임없이 시편 150편을 암송하고, 동일한 차림으로 같은 음식을 먹으며 한 공간에서 생활하라는 베네딕트 수도회의 내규는 시간과 공간을 뛰어넘어 모든 인간과 공간과 시간의 아버지가 되시며 대대로 영원토록 한결같으신 한 분 하나님과 연합하게 하는 강력한 동일성을 서서히 일깨워준다.

수도원 생활은 무덤덤하기 이를 데 없다. 그러므로 무언가 특별한 일을 하고, 공을 세우며, 새로운 요소를 덧붙이려는 욕구에 사로잡혀 있는지 살피는 한편, 남들의 눈길을 끌어모으고 특별한 관심을 받으며 남다른 존재가 되는 데 덜 목말라할수록 수도원 생활에 더 잘 적응할 수 있음을 끊임없이 되새겨야 한다. 어쩌면 무슨 소리를 하든지 이미 나온 얘기여서 눈곱만큼도 새로울 게 없음을 완전히 받아들인 뒤에야 다른 수도사들이 이편의 이야기에 귀를 기울일지도 모른다. 이처럼 똑같은 가운데 독특한 점을 발견하게 된다는 사실이야말로 하나님의 사랑이 가진 신비로운 측면이다. 그 독특성은 인간이 꺼내놓을 수 있는 '특이성'과는 아무 상관이 없으며(그건 기껏해야 크리스마스트리에 매달려 반짝거리는 은방울 모조품이나 매한가지다) 오직 하나님과 나누는 지극히 인격적이고 친밀한 관계와 밀접한 연관이 있을 따름이다. 달라지려는 욕구를 포기하고 특별한 관심을 요구할 자격이 전혀 없는 죄인임을 온몸으로 체감할 때 비로소 하나하나 이름을 부르시며 친밀한 교제로 초대하시는 하나님과 마주할 공간이 생긴다.

예수님은 하나님의 독생자였지만 오히려 자기를 비우셨다. "종의 모습을 취하시고, 사람과 같이 되셨습니다. 그는 사람의 모양으로 나타나셔서, 자기를 낮추시고, 죽기까지 순종하셨으니, 곧 십자가에 죽기까지 하셨습니다. 그러므로 하나님께서는 그를 지극히 높이시고, 모든 이름 위에 뛰어난 이름을 그에게 주셨습니다"(빌 2:7-9, 표준새번역). 예수님은 철저하게 인간과 동일하게 되심으로써 독특한 이름을 얻으셨다. 사도 바울은 예수 그리스도의 마음을 가지라고 했다. 그분처럼 겸손해져서 마침내 주님의 형제자매요 하늘 아버지의 자녀가 되라는 부름이다.

오늘은 성 헨리코의 축일이다. 덕분에 헨리 수사가 집중적인 주목을 받았다. 돌아보면 나 역시 특별한 관심을 받고 싶었던 듯하다. 하지만 그러지 못했던 덕에 동일성에 관해 조금 더 '실감나게' 묵상할 수 있었다.

오후에는 페인트칠을 했다. 쾌청하고 청량한 멋진 날씨였다. 들뜬 페인트를 긁어내고, 사포질을 한 다음, 손상된 부분에 페인트를 덧칠하면서 틈틈이 전망대에 오르기라도 한 것처럼 작업대 위에서 멀리

들판을 굽어보는 게 무척이나 즐거웠다. 오후 내내 큼지막한 말벌 한 마리가 주위를 맴돌았지만 쏘지는 않았다. 파스칼 수사가 말했다. "겁에 질려 허둥대지 마세요. 점잖게 대해주면 귀찮게 하지 않을 거예요." 정말 그랬다.

7월 14일, 주일

작년에 네이메헨 대학에서 은퇴한 아버지가 편지를 보냈다. "일선에서 물러났으니 이제 세상이 멀어져가는 걸 알게 될 게다. 더 이상 아무도 찾지 않으므로 스스로 서야 한다. 그때가 아주 멀었다고 생각하겠지만 겉보기에 그럴 뿐이다. 그러므로 수도원은 그 시기에 대비하는 데 아주 바람직한 곳이 될 것 같구나."

아버지는 비관적인 성격의 소유자가 아니다. 오히려 반대편에 가깝다. 매사에 즐거워하고, 생기발랄하며, 활력이 넘친다. 현직에서 물러난 뒤로 더 그런 편이라고까지 말할 수 있다. 그러니만치 아버지의 말 한마디 한마디가 의미심장하고 현실감이 느껴졌다.

불러주고, 보고 싶어 해주고, 요구하고, 알아주고, 존경하고, 칭찬해주는 이 없이 산다는 게 얼마나 힘든 일인지 나 역시 잘 안다. 네덜란드에서 교직을 그만두고 한 해 남짓 학생 신분으로 셋방살이를 했던 게 불과 몇 년 전의 일이었다. 드디어 해방되었으니 너무 분주하고 업무가 많아서 엄두를 내지 못했던 여러 가지 공부와 일들을 해볼 수 있겠다고 생각했다. 하지만 어떻게 되었던가? 일을 놓자 존재감도 금방 사라졌다. 찾아와서 함께 시간을 보내줄 줄 알았던 이들도 얼굴을 내밀지 않았다. 기다렸다는 듯 불러줄 거라고 생각했던 이들에게서도 연락이 없었다. 주일 성례전을 도와달라거나 가끔씩 설교를 해달라고 부탁할 걸로 기대했던 동료 목회자들도 깜깜무소식이었다. 내가 더 이상 존재하지 않는다는 듯, 주변은 아주 잘 정리되어갔다. 아이러니였다. 늘 혼자 일하고 싶어 했으면서도 막상 외톨이가 되고 보니 일을 할 수가 없었다. 차츰 시무룩해지고, 화나고, 속상하고, 미움이 솟고, 억울한 마음이 들고, 불평이 잦아지기 시작했다.

그 시간을 보내면서 내가 얼마나 허약한 존재인지 그 어느 때보다도 뼈저리게 절감했다. 거지반 은퇴상태로 지낸 한 해는 혼자된다고 해서 반드시 내면에 평화와 마음의 고독이 깃드는 게 아니며 원한과 쓰라린 감정이 일어날 수도 있음을 여실히 보여주었다.

그로부터 3년이 지난 지금, 난 다시 똑같은 상황으로 되돌아왔다. 번번이 헛수고인 줄 알면서도 우편함에 들른다. 그리고 그때마다 네덜란드에서 날 궁지에 몰았던 것과 똑같은 감정이 되살아난다. 선량한 이들에 둘러싸여 지내는 이 안전한 공간에서도 점차 잊혀가다가 결국 혼자 남게 되는 게 아닐까 전전긍긍한다. 하지만 난 홀로 걷는 길을 선택했다. 그걸 원했던 것이다.

"수도원은 더 이상 아무도 찾아주지 않는 시기에 대비하는 데 아주 바람직한 곳이 될 것"이라는 아버지의 이야기는 백번 옳은 말이다. 여기서 나는 슬그머니 고개를 쳐드는 쓰라리고 적대적인 감정들을 자세히 살펴서 영적으로 성숙하지 못했다는 표시라는 걸 깨달을 기회를 자주 접하고 있다. 외따로 떨어져서 설령 세상 모두가 관심을 끊는다 해도 변함없이 신실하게 맞아주실 하나님을 만날 기회와 맞닥뜨린다. 고독감을 '홀로 침잠하는' 사건으로 바꾸며 마음의 빈자리에 하나님을 맞아들이는 특권을 누린다. 맛보기로나마 광야생활을 체험하면서, 사막이란 인간이 목말라 죽어가는 자리일 뿐만 아니라 사랑의 주님이 자신을 드러내시고 신실하게 그분을 기다리는 이들에게 약속을 베푸시는 공간이기도 하다는 것을 깨닫는다. 하나님께 단 한 뼘이라도 마음을 연다면, 주님을 모시고 세상으로 나갈 수 있으며 고맙다는 인사나 선물을 바라지 않고 순수하게 이웃을 사랑하게 될 것이다.

언뜻 은퇴가 멀어 보일지 모르지만 25년이라는 세월은 금방 지나간다. 누가 감히 어떤 형태로든 준비를 서두를 필요가 없다고 이야기할 수 있겠는가? 영적인 관점에서 지금 은퇴할 경우, 다시 말해서 내 분야에서 성공하는 데 집착하지 않게 된다면 아마도 지금보다 훨씬 더 창의적으로 살게 될 테고 허약한 부분들은 훨씬 줄어들게 될 것이다.

수도원 체험은 '은혜롭게' 늙어간다는 것과 신세계를 정복하고 지배하려는 욕구를 누르고 하나님의 선물에 감사함으로 반응하는 마음가짐을 더 키운다는 게 무얼 의미하는지 새롭게 이해할 수 있도록 눈을 열어주었다. 어쨌든 수도원은 나이 먹는 연습을 하기에 아주 적합한 장소다.

7월 15일, 월요일

오늘 존 유드 원장을 만나러 갈 때만 하더라도 뒤죽박죽 혼란스러운 관심사들을 과연 조금이라도 무언가에 초점을 맞추어 질서를 잡을 수 있을까 하는 의구심이 머리에 꽉 차 있었다.

그러나 헤어져 돌아올 때는 복잡한 일들이 하나님의 영광을 중심으로 한 덩어리가 될 수 있을 것만 같은 느낌이 들었다. "어떻게 자신이 아니라 주님의 영광을 위해 살 것인가?"라는 질문이 대단히 중요한 의미를 갖게 되었다. 지난 몇 주간 동안, 가장 신령해 보이는 행동들조차도 허영심에 오염될 가능성이 있음을 점점 더 깊이 인식하게 됐다. 트라피스트 수도사가 되려는 것 역시 남다른 점이 있으며 어떤 이들에게는 '영웅적으로' 비칠 수 있다. 내가 지금 추구하고 있는 게 과연 하나님인지 의심스럽다. 초대교회 교부들의 금욕적이고 신비주의적인 글들에 쏟는 한없이 치열한 관심도 나 자신이 아니라 다른 누군가의 회심에 쓰이는 관념과 통찰로 변하기 쉽다. 그렇다. 심지어 하나님마저 개인적인 열정을 추구하는 대상으로 변질시키고, 주님의 영광이 아니라 거룩한 생각들을 교묘하게 조작해서 얻을 수 있는 일신의 영달을 좇고 싶은 강렬한 유혹이 존재한다.

존 유드 원장은 내 우려를 듣고도 놀라는 기색이 없었다. 충분히 염려하고 고찰하며 마땅히 겪어야 할 중요한 사안으로 받아들였을 따름이다.

어떻게 해야 예배하는 대신 조작하게 만드는 정욕을 떨쳐버릴 수 있을까? 우선 알아두어야 할 점은 한 사람 한 사람이 곧 하나님의 영광이라는 사실이다. 창세기 2장 7절에 따르면, "주 하나님이 땅의 흙으로 사람을 지으시고, 그의 코에 생명의 기운을 불어넣으시니, 사람이 생명체가 되었다"(표준새번역). 인간은 하나님의 기운, 하나님의 생명, 하나님의 영광을 나누어 가졌기에 이렇게 살아가는 것이다. 그러므로 정말 중요한 문제는 "어떻게 하나님의 영광을 위해 살 것인가?"가 아니라 "어떻게 지음받은 모습 그대로 살아가며 가장 깊은 자아를 실현할 수 있을까?"이다.

존 유드 원장은 얼굴 가득 미소를 지으며 말했다. "'나는 하나님의 영광이다'라는 명제를 화두로 여기십시오. 그 생각을 묵상의 뼈대로 삼아서 생각을 넘어 살아 있는 실체가 되게 하십시오. '하나님은 나우웬 신부를 선택해 그 안에 머물기로 하셨습니다. 그대가 바로 하나님의 집*topos tou theou*'이라는 거죠. 영성생활이란 하나님이 머무실 여지를 남겨두고 그분의 영광이 저절로 드러날 수 있는 공간을 확보하는 일 이상도 이하도 아닙니다. 묵상하면서 스스로 물으십시오. '하나님의 영광이 어디에 있는가? 내가 있는 곳에 주님의 영광이 머물러 있지 않다면, 그밖에 어디서 찾을 수 있는가?'"

분명히 이 모든 건 통찰이나 관념, 사물을 보는 관점과는 차원이 다른 문제다. 묵상의 주제일지언정 연구할 과제가 아닌 까닭이 여기에 있다. 그러나 일단 자신이 하나님의 영광이라는 사실을 대단히 친밀하고 인격적인 방식으로 '인식하기' 시작하면 세상만물이 모두 달라지며 인생에 결정적인 방향전환이 일어난다. 예를 들어, 대단히 진실해 보이던, 심지어 하나님보다도 더 현실적인 것 같던 정욕들은 한낱 환상에 지나지 않는 실상을 노출하고 조금씩 사라져간다.

 이런 생각들을 나누다 보니 하나님을 체험하는 일에 관해서도 짤막한 이야기를 주고받게 되었다. 언젠가 하나님이 조개껍데기처럼 단단한 방어막을 뚫고 들어오셔서 결국 내가 '우상들'을 몰아내고 그분께 무조건 헌신할 수밖에 없는 특별한 방식으로 진면목을 드러내시리라는 환상을 품고 있노라고 존 유드 신부에게 이야기했다. 원장은 환상이라는 말에도 그다지 놀라는 기색 없이 말했다. "신부님의 정욕이 원하는 방식으로 하나님이 나타나시길 원하는군요. 하지만 그런 욕구들이 눈을 가려서 지금 임재하신 주님을 보지 못하는 겁니다. 자기 안에서 정욕의 그림자가 드리우지 않은 부분에 초점을 맞추고 거기서 하나님의 임재를 실감하십시오. 천하에 거칠 게 없어 보이던 권세들이 형편없이 쪼그라드는 걸 보고 깜짝 놀라게 될 겁니다."

 그 밖에도 많은 이야기들이 오갔지만 마지막에 나눈 대화 가운데 가장 기억에 남는 건 승리하고 말고를 떠나서 전투에 참가한 것만으로도 행복해해야 한다는 말이다. 이 싸움은 구체적이고, 위험스러우며, 몹시 잔인하다. 여기에 뛰어들려면 가진 걸 다 걸어야 한다. 투우장에서 성난 황소와 벌이는 싸움이나 매한가지다. 하지만 전투에 참여하지 않고는 승리가 무엇인지 알 길이 없다. 참다운 승리를 맛본 이들은 백이면 백, 대단히 겸손하게 마련이다. 승리의 다른 얼굴을 보았고 스스로 떠벌리고 다닐 만한 게 거의 없음을 알기 때문이다. 어둠의 세력과 빛의 권세는 서로 아주 가까이 붙어 있어서 곧잘 허영이 그 틈을 파고든다. 수도원은 그 최전선이다. 하루하루 벌어지는 여러 가지 자질구레한 일상사 가운데서도 전투의 기운을 감지할 수 있다. 경우에 따라서는 편지가 오기를 기다리거나 우유 한 잔을 간절히 그리워하는 것처럼 지극히 작은 일이 빌미가 되기도 한다. 이리저리 움직이지 않고 한 곳에 머무르면 전쟁터를 더 잘 관찰할 수 있다.

7월 16일, 화요일

평생 여기 있고 싶다는 소망이 강하고 절실해지면 그때가 바로 떠나야 할 시점이라는 생각이 들었다. 죽는 날까지 오직 하나님의 영광만을 위해 살아갈 내면의 준비가 끝나는 순간, 세상에 나가 창의적으로 생활하며 열린 마음을 품고 더 이상 주위의 애정에 기대지 않을 태세가 갖춰지기 때문이다.

도로테우스는 이렇게 썼다. "이웃에게서 애정을 구하지 말라. 주위에서 따듯한 관심을 얻으려고 애쓰는 이는 원하는 걸 얻지 못하면 어려움에 빠질 수밖에 없다. 도리어 스스로 이웃에게 사랑을 증명해 보이고 안식을 제공하라. 그러면 이웃들도 너를 사랑하게 될 것이다."[11]

7월 17일, 수요일

　새로운 리듬, 거룩한 리듬을 타게 해주는 것 역시 수도원이 주는 유익 가운데 하나다. 뉴헤이븐에서 학생들을 가르칠 당시에는 주일을 특별한 날로 보는 인식은 있었지만 다른 날들은 다 마찬가지로 여겼다. 기껏해야 학사일정에 따라 이날과 저날을 구별 지을 따름이었다. 여기서는 리듬이 다르다. 주일을 남다르게 생각하는 건 마찬가지지만 일주일의 하루하루에 제각기 미묘한 차이가 있다. 어떤 시편을 노래하고 찬송을 부르는지, 어떤 성경의 가르침을 듣는지, 그리고 무엇보다도 어떤 성례전을 지키는지에 따라 성격이 갈린다.
　처음에는 새로운 생활방식, 시간을 인식하는 새로운 방식, 그리고 하나님의 임재를 체험하는 새로운 방법에 조금씩 젖어 들어가는 걸 거의 감지하지 못했다. 하지만 수도원 밖에서 누리던 이전의 삶과 접촉할 기회를 최대한 줄이고 이 공동체의 일상적인 리듬을 따른 지 한 달이 지난 지금은 성삼위일체와 그리스도의 삶, 세례 요한과 성 베네딕트와 성 보나벤투라의 생애, 되풀이되며 자주 언급되는 복음서의 본문, 몇몇 특별한 시편 말씀과 성자들의 전기에서 도드라져 보였던 문구들을 곱씹곤 한다. 마치 음울하고, 칙칙하며, 단조롭고, 세속적인 시간이 순환되는 형국에서 엄숙함과 경쾌함, 즐거움과 슬픔, 진지함과 가벼움이 뒤섞인 아주 원색적이고 풍성한 사건의 연속으로 서서히 끌려 들어가는 것 같았다.

성인들의 축일을 다시 기념하게 된 건 내게는 무척 중요한 일이다. 지난 3년 동안 일했던 환경에서는 성인들에게 할애할 공간이 전혀 없었지만, 여기서는 오래도록 함께 수다를 떨 수 있는 룸메이트와도 같다. 더러 축일을 제대로 따라가지 못한다. 어느 날인가는 성 베네딕트 때문에 수도원 전체에 하나님을 찬양하는 소리가 가득하기에 그의 삶에 관한 글을 읽기 시작했더니, 어느새 남들은 다른 성인에 열광하고 있었다. 게다가 수도사들은 생일이 아니라 본명축일을 지키므로 수많은 기념일들이 한 사람 한 사람에게는 특별한 의미를 갖는다. 훨씬 개인적인 울림을 갖게 되는 것이다.

예수회 수도사들의 지도를 받았던 고등학생 시절과 신학교에 다니던 당시, 세속적인 절기와 거룩한 절기가 서로 교차되던 기억이 난다. 하지만 여기서는 마주칠 상대가 없다. 이곳의 절기는 오직 성례전적인 절기뿐이며, 이곳의 시간은 구속받은 시간이다. 수도원에서 보내는 하루, 한 주, 한 해는 하늘나라의 삶에 한시적으로 참여하는 체험이다. 크리스천은 이미 성삼위일체를 이루는 성부, 성자, 성령 하나님의 친밀한 생명에 참여하며, 지난 날 이 세상에 살면서 주님과 친밀하게 교제했기에 하늘나라에서 특별한 자리를 차지하게 된 이들로 인해 즐거워하도록 초대받은 존재들이다. 그러므로 관상은 부활을 통해 이뤄질 일들의 출발점이다.

오늘은 성가대 옆자리에 앉는 알렉시스 형제의 축일이다. 행복하고 밝아 보인다.

7월 18일, 목요일

　무슨 일인지 정확하게 기억나지 않지만, 빵 작업장에서 일하는 동안 오갔던 몇 가지 거슬리는 말들과 다소 짜증 섞인 반응들 탓에 기분이 엉망진창이 돼버렸다. 온갖 적대적인 감정이 터져 나오고 꼬리를 길게 늘여가며 무시무시하게 결합해갔다. 나 자신과 과거, 일, 그리고 마음에 떠오르는 인물들 하나하나가 다 불쾌하고 불편했다. 시간이 갈수록 이런 감정은 악화되기만 했다. 그러나 다행스럽게도 실족해서 비틀거리고 있음을 깨달았다.

　아무것도 아닌 일로도 마음의 평화를 잃어버리고 세계를 바라보는 시각이 완전히 뒤틀릴 수 있다는 게 입이 딱 벌어질 만큼 놀라웠다. 아, 나는 얼마나 연약한 인간인가!

　경건한 이들로 가득한 수도원이라는 환경에서는 내키는 대로 행동하거나, 화를 내거나, 대놓고 분통을 터뜨릴 수 없다. 자리에 앉아서 마음속에 자리 잡은 자그마한 평화의 터전이 사방에서 날아오는 돌맹이와 쓰레기로 순식간에 가득 차는 걸 지켜볼 따름이다.

　그런 상태로는 기도하는 것조차 버겁다. 그래도 일이 끝나자마자 지저분한 작업복 차림으로 바깥에 서서 오후 세 시의 기도를 드린다. "그대들 가운데 누구든지 어려움을 겪고 있는 이가 있습니까? 기도의 능력에 의지하십시오." 참으로 기도는 마음을 정결하게 하고 새로운 여지를 마련하는 유일하고도 실질적인 방법이다. 지금 나는 내면의 빈자리를 마련하는 게 얼마나 중요한지 깨달아가는 중이다. 마음속에 여유 공간이 있으면 스스로 눌리지 않으면서 남들의 관심사를 그 안에 끌어안을 수 있는 듯하다. 내면에 평온한 자리가 존재함을 의식하면 수많은 이들을 위해 기도하며 그 하나하나와 지극히 친밀하게 교제하는 느낌을 가질 수 있다. 감옥에서, 또는 북아프리카 사막에서 고통당하는 수많은 이들도 그 공간에 품을 수 있을 것만 같다. 인도네시아를 여행하고 있는 부모로부터 로스앤젤레스에 있는 친구들까지, 칠레 감옥에 있는 수감자들부터 브루클린 교구의 신자들에게까지 마음의 폭이 넓어지는 느낌이다.

이제는 기도를 하는 게 내가 아니라 내 안에서 기도하시는 하나님의 영이라는 사실을 안다. 주님의 영광이 진실로 내 속에 거하시면, 아무리 멀어도, 아무리 고통스러워도, 아무리 낯설어도, 아무리 익숙해도 그 어루만지는 손길에 기대어 넉넉히 견디고 새로워질 수 있다. 내 안에 머무시는 하나님의 영광을 알아보고 스스로 나타내 보이실 여지를 드릴 때마다 그 안에서 인간은 지극히 인간다워지며 세상만물이 모두 완전히 새로워진다.

개인적으로는 이런 사실을 드문드문 의식할 뿐이다. 물론 하나님은 기도를 들으신다. 스스로 내 안에서 기도하시며 지금 이곳에서도 온 세상을 사랑으로 어루만지신다. 그 순간, "기도는 사회문제와 어떤 연관이 있는가?" 따위는 우둔하고 덜 떨어진 질문으로 보이며, 수도사의 조용한 기도야말로 세상이 미쳐 돌아가지 않게 지탱해주는 몇 안

되는 기둥 가운데 하나로 느껴진다.

  하지만 금세 예전으로 되돌아가고 만다. 눈곱만 한 일에도 모든 게 무너지고 마음은 무지의 암흑세계로 추락하고 마니, 이 얼마나 한심한 일인가! 오늘 읽은 문장 그대로다. "신앙이란 정욕에서 벗어나 하나님을 생각하는 일이다."[12] 격렬한 감정에 휩싸여 하루를 보내고 난 지금, 이 말의 속뜻이 가슴에 사무친다.

7월 19일, 금요일

  오늘 아침, 네 시간 반에 걸쳐 건포도를 씻는 내내 마지막 알갱이가 기계를 통과해 지나길 목매어 기다리는 것 말고는 다른 무엇에도 정신을 집중할 수가 없었다.

  〈유에스 뉴스 앤드 월드 리포트US News and World Report〉를 읽었다. 달에 두 번째로 발을 디뎠던 에드윈 올드린Edwin Aldrin이 도달해야 할 목표가 실종된 세상에 적응하며 어려움을 겪었던 얘기를 모아 《지구로의 귀환Return to Earth》이라는 책을 냈다는 기사가 났다. 우주인은 깊은 우울증에 시달리고 있다고 했다. 그 우울의 실체를 더 잘 알아보고 싶다. 달에 갔던 경험이 세계관에 커다란 영향을 미쳤을 것이다.

7월 20일, 토요일

　지난 3년 동안 일했던 걸 돌아볼수록 일관성이 부족했음을 절감한다. 그 기간에 했던 수많은 일들은 공통점이 없고, 사실상 아무 연관이 없으며, 그렇다고 출처가 같은 것도 아니다. 특정한 시간, 또는 정해진 날마다 기도를 드렸지만 내가 했던 강의나 여행, 상담과 연결되지 않고 따로 놀았던 것 같다. 그때는 준비할 시간이 없다는 핑계로 수많은 강의 요청을 사양했다. 지금 되짚어보면, 강연 일정(강의든, 설교든, 학위수여식 연설이든) 하나하나를 새로 준비해야 할 새로운 공연쯤으로 여기는 사고방식에 얼마나 단단히 사로잡혀 있었는지 알 수 있다. 시원찮은 연기는 용납하지 않는 까다로운 청중들을 즐겁게 해주어야 한다는 투였다. 그런 마음가짐을 가졌으니 늘 피로감을 느끼다 결국 탈진할 수밖에 없었다. 수업에 들어오는 학생들과 이야기하는 따위의 지극히 일상적인 일조차도 불안감을 자극하는 무거운 짐이 되었다.

　당시에 얼마나 뒤죽박죽으로 살았는지 이제는 알 것 같다. 삶을 여러 조각으로 잘게 쪼개놓아서 실제로 일관성을 가지지 못했다. "준비할 시간이 있는가?"가 아니라 "준비된 삶을 살고 있는가?" 하는 게 중요한 문제다. 하나님이 유일한 관심사가 될 때, 그분이 관심의 중심이 될 때, 나의 모든 기도와 독서, 연구와 강연, 그리고 저술이 주님을 더 잘 알고 더 잘 알리는 데 사용될 때 비로소 근심이나 무대공포증은 설자리를 잃게 된다. 그러고 나면 준비된 상태에서 생활하는 게 가능하며 마음에서 나오는 소리가 고스란히 마음으로 전달된다고 믿을 수 있다. 그러므로 지난 3년에 걸친 두려움과 거기서 생긴 피로감은 한결같은 마음의 결핍, 우직하게 한길만 파는 자세의 부족, 단순성의 실종 탓으로 진단해야 마땅할 것이다. 여태까지, 그리고 아직도 내 마음은 얼마나 갈래갈래 갈라져 있는가! 하나님을 사랑하고 싶지만 동시에 출세하길 원한다. 훌륭한 크리스천이 되길 바라지만 아울러 교육자로, 설교자로, 강사로 성공하길 소원한다. 성자가 되길 기대하지만 자극적인 죄인의 생활도 즐기고 싶어 한다. 그리스도를 닮아가길 소망하지만 인기와 대중의 사랑도 놓치고 싶지 않다. 그러니 사는 게 얼마나 고달프겠는가! 키르케고르는 성자의 특징을 '한 가지만 바라는 것'이라고 규정했다. 그런데 난 한 가지 이상을 원하며, 두 마음을 품고, 여러 주인을 섬긴다.

"그런즉 너희는 먼저 그의 나라와 그의 의를 구하라. 그리하면 이 모든 것을 너희에게 더하시리라"(마 6:33). 예수님은 여기에 대해 대단히 명쾌하게 말씀하신다. 하나님과 재물을 동시에 사랑할 수 없다. 그분을 섬기면서 동시에 대적할 수 없다. 일부만 주님을 따를 수 없다. 전부가 아니면 전무全無다.

존 유드 원장은 개인적인 묵상이 커지면 수도사들과 함께하는 모임이 된다고 했다. 개인적인 기도를 다른 이들과 나누는 일과 마찬가지라는 것이다. 차츰 하나님을 신뢰하고, 자기를 내려놓으며, 어린아이처럼 열린 마음을 갖게 되면 시간과 에너지를 쏟을 가치가 없는 수많은 불안요인들과 걱정거리들은 사라지고 단순한 삶을 살 수 있게 된다. 설교나 강의, 강연과 상담은 또 다른 형태의 묵상이 된다. 열린 마음을 갖게 되고, 과거에는 무심코 지나쳤던 많은 것들을 파악하게 되며, 예전에 무시했던 이들의 목소리에 귀를 기울이게 된다. 명성이나 경력, 성공, 인기 따위에 연연하지 않으며 하나님과 다른 이들의 목소리에 마음을 열게 된다. 할 만한 일이 무엇이고 그럴 가치가 없는 일이 무엇인지, 어떤 강의 요청을 받아들이고 또 물리쳐야 하는지, 누구와 시간을 보내야 하며 어떤 상대와 거리를 두어야 하는지 훨씬 더 잘 알게 된다. 터무니없는 책을 읽고, 엉뚱한 자리를 맴돌며, 맞지 않은 상대에게 시간을 낭비하게 만드는 정욕에 시달리지 않게 된다. 그렇게만 된다면 틀림없이 기도하고, 글을 읽으며, 연구하고, 기회가 닿는 대로 하나님의 말씀을 전할 준비를 늘 갖출 시간을 넉넉히 확보하게 될 것이다. 집이든, 호텔이든, 기차나 비행기 안이든, 공항이든, 그 어디에 있든지 짜증을 내거나, 불안해하거나, 다른 곳에서 다른 일을 하고 있으면 좋겠다는 생각을 하지 않게 된다. 하나님이 이 시간에 이곳에 있기를 원하시므로 지금 여기가 소중하고 또 중요하다는 사실을 알게 된다.

    수도원이라는 안전한 환경에 있는 까닭에 그 모든 게 더 또렷이 보인다. 이곳을 떠나서 다시 조각나고 조각내는 세계로 다시 들어간 뒤에도 그 시각을 잃어버리지 않으면 좋겠다.

오늘, 어느 수도사가 내게 말했다. "수도사는 아이 같아요. 대단히 수줍고 또 예민하죠. 누가 휘저어놓으면 움츠러드는 성향이 있어요. 밀고 당기며 신경전을 벌일 줄 아는 대학생들과는 달라요. 아주 연약하죠. 신부님이 세게 나오면 자신을 숨기는 식으로 반응할 거예요."

7월 21일, 주일

 주일이면 제단 앞에 늘 꽃다발이 놓인다. 오늘은 밀 이삭 한 다발이 올라왔다. 내일부터 밀 수확이 시작된다는 선언인 셈이다. 그 광경이 남다른 감동으로 다가왔다. 밀과 성체의 신비 사이의 명징한 관계 때문이기도 하지만, 한편으로는 북아프리카 여러 나라에서 밀 부족 현상이 벌어지고 있음을 들어 알게 된 까닭이다.
 아프리카에서 사역하고 있는 화이트파더스 선교회에서 온 서신이 게시판에 나붙었다. 미국이 체중감량에 관한 기사들을 쏟아내고 있는 사이에 수백만에 이르는 사람들이 굶주려 죽고 있음을 알리는 절박한 편지였다. 로마제국 당시만 하더라도 이들 아프리카 국가는 크게 번성했으며 밀과 가축이 넘쳐났다. 그런데 지금은 나날이 넓어지는 황량한 사막에 지나지 않는다. 존 유드 원장은 메시지 도중에 지난 5월,

나이지리아를 방문했던 이야기를 했다. 농부들이 수확을 바라서가 아니라 쟁기질하는 기술을 잊지 않으려고 바싹 마른 땅을 갈아엎더라고 했다. 해마다 사막은 5-30킬로미터씩 넓어진다. 농경지는 줄어들고 풀 한 포기 자랄 수 없는 메마른 모래땅만 늘어나고 있는 것이다.

우리의 형편은 어떠한가? 원장은 말했다. "아프리카에서 돌아와 보니, 우리네 땅은 푸르고, 풍요롭고, 소출이 넉넉해서 마치 천국처럼 보였습니다." 엄청난 소출을 거두고 있으면서도 비행기를 타고 고작 여덟 시간이면 닿는 데서 기아에 시달리고 있는 이들과 나누지 못하는 이유는 도대체 무엇인가?

거기에는 수없이 많은 요인들이 복잡하게 얽혀 있다. 하지만 어떤 설명을 가져다 붙이더라도 비극을 막기 위해 최선을 다하지 않았다는 느낌만은 여전히 지울 수 없다. 앤서니 수사가 물었다. "우리나라에서 생산되는 밀이 어디로 가는지 아십니까?"

대답은 허망했다. "짐승이 아니라 사람이 먹는다는 건 분명하지만 누가 먹느냐는 알 길이 없습니다."

이런 현실을 깊이 생각하고 현명한 조처를 취할 필요가 있다. 수도원을 떠난 뒤에 할 일을 생각할 때, 앞으로도 여러 해 동안 지속될 게 불 보듯 빤한 이 세계적인 문제와 어떤 관계가 있는지 면밀하게 살펴야 할 것이다. 지금으로서는 금식 정도가 끼니를 잇지 못하는 수백만 빈민들을 기억하며 결코 외면하지 않도록 마음과 생각을 정결하게 가다듬는 최선의 방법이 아닐까 싶다.

7월 22일, 월요일

오늘 존 유드 원장과 만나서는 성모 마리아와 내 관계에 관해 논의했다.

어려서는 성모가 신앙성장에 중요한 역할을 했다. 5월과 10월에 집안에서 드리는 예배는 유년기의 기억에 확실하게 각인되어 있다. 조그만 제단을 세우고, 찬송을 불렀으며, 묵주기도를 드렸다. 아마도 그 과정 전체를 즐겼던 것 같다. 하지만 신학을 마치고 반경건주의적인 정서가 영향력을 확장해가는 환경 속에 살다보니 신앙생활에서 예수님의 어머니 마리아가 차지하는 의미가 갈수록 줄어들었다.

하지만 이번 주간에 그분이 '되돌아' 왔다. 성모를 섬기는 마음을 회복하려고 의식적으로 노력하거나 책을 읽거나 조언을 들어서가 아니었다. 외부적인 요인은 전혀 없이, 더 깊은 관상생활을 추구하다 보니 문득 그분이 내 마음에 있음을 알게 됐다. 도움이 될 만한 게 있었다면 수도원 예배당에 걸린 블라디미르의 성모상이 전부였다. 실제로는 겟세마니 수도원의 수사가 베낀 복제화이기는 했지만 더할 나위 없이 부드러운 느낌을 주는 그림에서 눈을 뗄 수가 없었다.

마리아는 서글프고 우수 어린 눈길로 바라보며 오른손으로는 왼팔에 안고 있는 아기를 가리킨다. 아기는 아주 사랑스럽게 엄마를 끌어안고 있다. 화가는 마리아의 머리를 덮고 있는 베일 아래로 드러난 아기의 조그만 손이 엄마의 왼뺨을 다정하게 어루만지는 장면으로 포옹

이 주는 친밀감을 표현했다. 마치 수도복을 걸친 조그만 어른 같은 모습이다.

따듯한 장면을 한없이 바라본다. 심령에 평화가 배어든다. 마리아는 예수님 이야기를 들려준다.

나를 주께로 인도하지만 무시무시한 경고를 내보내거나 강력하게 도전하거나 부담스러우리만치 엄한 시선으로 바라보지 않는다. 마치 "보아라, 주인이요 구원자이신 분이 너를 위해 이렇게 작고 연약한 존재가 되셨다. 가까이 다가와서 무어라고 말씀하시는지 들어보지 않겠느냐?" 하고 말하는 것 같다. 또 어머니와 아기 사이에 오가는 친밀감을 함께 나누자고 초대하는 듯하다.

이번 주간에는 개인기도에 저항감을 자주 느꼈다. 홀로 앉아 기도를 하려고만 하면 생각이 사방팔방으로 흩어졌다. 읽고 있던 책을 계속 보고 싶은 마음에서 무언가를 먹고 싶은 느낌으로, 도무지 이해할 수 없는 수도사에서 떨쳐버리지 못하고 있는 적대감이나 헛꿈으로 돌아다니는 식이었다. 보통은 정신을 집중하려고 발버둥 치다가 결국은 다만 몇 분이라도 다시 책을 읽곤 했다. 하지만 블라디미르의 성모상 앞에 무릎을 꿇으면 분위기가 달랐다. 어찌 됐든 묵상을 거부하려는 마음이 가라앉고 예수님과 마리아의 친밀한 교제에 참여하도록 초대 받은 게 즐거울 따름이었다.

존 유드 원장은 이 모든 현상에 내포된 심리적인 의미를 지나치지 않았다. 신부는 내 정서적인 삶이 실제로 얼마나 남성적인지, 경쟁과 자리다툼이 내면생활의 중심에 얼마나 깊숙이 뿌리를 내리고 있는지, 여성적인 측면이 얼마나 미숙한 상태로 남아 있는지 알려주었다. 그리곤 수도사의 직무를 서슴없이 여성적인(속세에서 대중들과 더불어 사는 사제들의 책무가 남성적인 데 반하여) 일로 규정하고 원장(영어로는 abbot, 이 단어 abbot은 아버지를 뜻하는 'abba'에서 나왔다)에게 어머니로서의 책임을 다해야 한다고 강조했던 성 버나드의 이야기를 해주었다. 아울러 '성령'에 해당하는 히브리어 'ruach'는 남성명사인 동시에 여성명사임을 지적하면서 하나님은 남성이면서 여성임을 강조하는 의미가 담겨 있다고 했다.

마리아는 수용적이고 관상적인 측면을 북돋아서 일방적인 공격성과 적대감, 지배욕, 경쟁의식이 장악하고 있는 측면과 균형을 맞추도록 도와준다는 것이다. "쉽게 기분이 가라앉고 피곤해지는 건 이상한 일이 아닙니다." 존 유드 신부는 말했다. "적대적이고 공격적인 성향을 억누르고 온화하고 친절한 모습을 유지하는 데 엄청나게 많은 에너지를 쏟아붓고 있기 때문입니다."

성모를 생각하는 마음을 새롭게 해서 내 안의 또 다른 측면이 자라고 성숙해지며, 남의 시선을 덜 의식하고, 덜 의심하고, 화를 덜 내고, 하나님의 선물을 더 잘 받아들이고, 묵상이 더 깊어지고, 하나님의 영광이 마리아 가운데 그토록 친밀하게 머무셨던 것처럼 내 안에도 거하기를 소망하고 기도한다.

7월 23일, 화요일

　내적이든 외적이든, 크든 작든 관상생활 가운데 일어나는 모든 갈등은 '빙산의 일각'으로 볼 수 있다. 드러난 것보다 더 깊고 거대한 부분이 존재한다는 뜻이다. 일상적인 행동과 생각, 감정을 통틀어 수면 아래 존재하는 영역을 살펴보는 건 가치 있는 수준을 넘어 꼭 필요한 일이다.

　존 유드 원장은 영적인 조언을 줄 때마다 상처들을 면밀하게 조사하고, 자주 당혹감과 수치심을 느끼게 만드는 감정들에 주의를 기울이며, 그 뿌리를 추적하라는 말을 빼놓지 않는다. 마음에 떠오르는 심란한 망상이나 적대적인 잡념들을 밀어내려 애쓰지 말고 그냥 내버려 둔 채 주의 깊게 분석해보라고 꾸준히 권한다. 허둥대거나 이 일 저 일 닥치는 대로 해보지 말고 찬찬히 탐구하라는 것이다.

　이쯤에서 포티체의 디아도쿠스가 제시한 영분별에 관한 관점들을 짚고 넘어가도 좋겠다. 디아도쿠스는 심령을 깊이 들여다보려면 먼저 표면을 평온한 상태로 유지해야 한다고 했다. "바다가 잔잔하면 어부들의 시선은 물밑 깊은 데서 움직이는 물체들을 분간할 수 있는 자리까지 파고들어가므로 바닷길을 따라 움직이는 어떤 생물체도 그 시야를 벗어날 수 없다. 하지만 바람에 물결이 일렁이면 바다는 쾌청한 날 웃음 지으며 보여주었던 것들을 어두컴컴한 불안 속에 감춰버린다."[13]

　여기서 중요한 건 무엇일까? 디아도쿠스는 투명한 마음을 가지면 좋은 제안과 나쁜 의견을 구분해서 선한 건 소중히 간직하고 악한 건 내버릴 수 있다고 말한다.

심령의 움직임을 뒤쫓을 수 있다는 건 참으로 소중한 일이다. 겁에 질려 허둥대며 물결을 일으키지 않는다면, 그 밑바닥까지 '꿰뚫어' 살필 수 있다. 끄트머리가 더 나갈 데가 없는 벽이나 막다른 골목인 경우에도 '혹시 옛길이 더 나았던 거 아닐까?'라는 헛된 의구심 없이 자유롭게 새로운 길을 모색할 수 있다. 이처럼 환자를 진단하는 의사의 시각으로 심령을 꾸준히 살필 때, 내면생활에 나타나는 갖가지 복잡한 파동들에 익숙해져서 자신감을 가지고 빛에 이르는 길을 걸을 수 있게 된다.

성 버나드가 파리의 대학생들에게 강론했던 내용 가운데 비슷한 부분을 발견하고 얼마나 놀랍고 반가웠는지 모른다. 버나드는 말한다.

"너희 반역한 죄인들아, 이 일을 가슴 깊이 간직하여라"(사 46:8, 표준새번역)고 하신 주님의 말씀에 귀를 기울이는 이는 내면 가장 깊숙한 데서 음란한 구석을 찾아내고는 열성적인 탐험가처럼 하나씩 그 근원을 탐색하며 그런 불순물이 어떻게 자아의 중심까지 파고들었는지 알아내기 위해 온갖 노력을 다 기울인다.[14]

버나드는 악한 생각들을 근본적으로 파헤치는 작업이 어떻게 스스로 죄를 지었음을 고백하고 하나님의 동정과 자비를 주저 없이 받아들이는 마음가짐으로 연결되는지 보여준다. "의사의 도움을 구하게 만드는 연약함이라면, 그건 유익한 연약함이다."[15]

여러 가지 이미지와 관념이 섞여 있어서 다소 복잡하게 들릴지 모르지만 두 가지만큼은 분명하다. 첫째로, 두려운 생각이 들지라도 내면의 감정들을 회피하지 말라. 끝까지 뒤를 쫓아야 그 감정들을 더 잘 이해하게 되고 옛길이 장벽에 막혔을 때도 어려움 없이 새로운 길을 모색할 수 있다. 둘째로, 제멋대로 날뛰는 사나운 감정들을 철저히 검증하노라면 죄에 물든 자아와 맞닥뜨릴 수밖에 없다. 이런 직면은 절망으로 이끄는 게 아니라 고치지 못할 흠이 없으신 하나님의 사랑을 자유롭게 받아들이게 해준다.

오늘은 억수같이 쏟아지는 비를 맞으며 브라이언 수사와 함께 주먹돌을 긁어모았다. 수도원으로 돌아왔을 즈음에는 물에 빠진 생쥐 꼴이 됐지만 3주 만에 내린 비라서 다들 고마워했다. 가을걷이에 어려움이 생겼지만 그편이 밀 재배에도 더 유익할 것이다.

7월 24일, 수요일

사랑에 대해서 조금 더 생각해보고 싶다. 수도원에서는 진실한 사랑의 분위기가 더할 나위 없이 진하게 풍겨난다. 누가 봐도 수도사들이 서로 사랑하는 걸 단박에 알 수 있다. 내게도 진정한 사랑을 베풀어주고 있다고 거리낌 없이 말할 수 있다. 이건 대단히 중요한 경험이라고 본다. 사랑을 느끼게 해주는 차원을 넘어서 거기에 대해 더 잘 이해하게 도와주고 있기 때문이다.

내게 가장 두드러지는, 그리고 아직까지도 다양한 형태로 남아 있는 기질이 있다면, 단연코 사랑을 내 안에 존재하는 사랑받을 만한 특별한 요소와 연관 짓는 성향일 것이다. 남들이 따듯하고 친절하게 대해주면 특별한 이유가 있어서 내게 매력을 느끼고 좋아한다고 믿고 행복해한다. 이처럼 무의식적으로 갖게 된 마음가짐이 여기서는 툭하면 문제가 된다. 나를 다정하고 즐겁게 상대해주는 수사가 다른 이들도 똑같이 대하는 까닭이다. 따라서 남들에게는 없고 내게만 있는 특별한 점 때문에 날 사랑한다고 판단하기가 어려워졌다. 다만 얼마쯤이라도 내가 다른 이들보다 매력적일 게 없음이 분명했다. 처음에는 고통스러웠다. 그래서 "나한테 그러는 것처럼 모두에게 똑같이 친절하다면 그 다정한 태도는 진실한 게 아닐 거야. 그저 흉내에 불과한 거지. '싸늘한 미소'라고나 할까?"라는 생각으로 대처하려 했다. 남들이 다정하기를 기대하니까 거기에 맞춰서 다정하게 군다고 본 것이다. 그저 정해진 규칙에 따를 뿐이며 그 사랑은 단지 순종의 결과에 지나지 않는다. 자연스럽지도 않고 자발적이지도 않으며 진정성도 없다. 따듯해 보이는 껍질을 한 겹 벗겨내면 나라는 개인에게는 그다지 관심을 두지 않을 것이다.

하지만 이런 생각은 말 그대로 생각일 따름이었다. 자신을 속이고 있으며 내가 놓치고 있는 중요한 게 있음을 누구보다도 내가 잘 알았다. 스스로에게 들려준 이야기가 사실이 아니라는 걸 의식하고 있었기 때문이다. 사랑을 보여준 수도사들은 추상적인 개념으로서가 아니라 저마다 강점과 약점, 습관과 관습, 유쾌한 면과 불쾌한 측면을 고루 가진 진짜 인간으로서 애정을 표현해주었다. 수사들이 베풀어준 사랑은 기민했고, 의식이 분명했으며, 내 참모습을 바탕으로 삼고 있었다. 무언가를 요구하면 주의 깊게 듣고 도와주려 했다. 지원이나 정보, 관심이 필요하다는 기색만 보여도 마치 자기 일처럼 최선을 다해서 부족한 부분을 채워주었다. 그러므로 내게 쏟는 사랑이 특정한 개인을 향한 독점적이고 독특한 행위는 아니었지만, 그렇다고 해서 일반적이고, 추상적이고, 비인격적이거나 규칙에 따르는 기계적인 행동도 아니었다.

사랑에 대한 내 이해가 얼마나 제한적이고, 불완전하며, 연약한지 깨닫는 건 대단히 중요한 경험이다. 이론적인 부분을 말하는 게 아니라 구체적인 상황에 맞닥뜨렸을 때 보이는 정서적인 반응을 통해 드러나는 이해라는 말이다.

내가 생각하는 사랑은 배타적이며("남들을 덜 사랑해야 나를 진정으로 사랑하는 거야!"), 독점욕이 강하고("진정으로 사랑한다면 남다른 관심을 보여줘!"), 상대방을 부정하게 조종한다("나를 사랑한다면 특별한 일들을 해줄 거야!"). 이런 사랑 개념은 터무니없는 자만심("내게 무슨 대단한 게 있는 걸 알고 있음이 틀림없어!")과 질투심("어째서 갑자기 내가 아니라 다른 이에게 관심을 보이는 거지?"), 분노("나를 저버리고 내치다니, 본때를 보여주겠어!")로 이어지기 쉽다.

하지만 "사랑은 오래 참고 사랑은 온유하며 시기하지 아니하며 사랑은 자랑하지 아니하며 교만하지 아니하며 무례히 행하지 아니하며 자기의 유익을 구하지 아니하며 성내지 아니하며 악한 것을 생각하지"(고전 13:4-5) 않는다.

이것이 앞으로 조금씩 익혀가야 할 사랑의 개념이다. 하지만 구체적으로 무얼 어떻게 해야 하는가? 수도사들은 답을 알고 있는 듯하다. "네 마음을 다하고 목숨을 다하고 뜻을 다하여 주 너의 하나님을 사랑하라 하셨으니 이것이 크고 첫째 되는 계명이요"(마 22:37-38). 수도사들의 삶은 먼저 첫 번째 계명을 지키는 게 중요하다는 걸 입증해 보임으로써 "둘째도 그와 같으니 네 이웃을 네 자신 같이 사랑하라"(마 22:39)는 다음 계명도 실현해가는 과정이 아닌가 싶다. 지금 나는 하나님을 무조건적이고 전폭적으로 사랑할 때 분명하고 명료하며 세심하게 사랑하는 게 가능해진다는 사실을 막 경험하기 시작하고 있는 중이다. 그동안 '이웃 사랑'이란 말을 쉬 입에 올렸지만 그건 지극히 불안정하고 오래 가지 못하는 잠정적이고 부분적이거나 순간적인 관심에 지나지 않았다. 하나님을 향한 사랑이 진정으로 가장 큰 관심사가 되어야 이웃에 대한 깊은 사랑도 성장할 수 있다.

두 가지 사항을 더 살펴보면 이 부분이 한결 분명해질 것이다. 우선, 하나님의 사랑 안에서 전혀 새로운 시각으로 자신을 보게 된다는 점이다. 클레보의 성 버나드는 하나님을 위해 자신을 사랑하는 걸 최고의 사랑으로 꼽는다. 토머스 머튼은 그걸 이렇게 풀이했다. "이것이 버나드가 표방하는 크리스천 휴머니즘의 정점이다. 우리의 운명은 전통적인 이야기꾼들이 말하듯 그저 '포도주 통에 떨어진 물 한 방울이나 도가니에 들어간 쇳조각처럼' 하나님 안에 녹아드는 걸로 마무리되는 게 아니라, 주님의 한없는 의로움을 소유하기에 이르렀다는 사실과 아울러 그분의 뜻이 우리 안에서 이뤄지고 있음을 목격하고 있다는 데서 영원한 기쁨을 맛보며, 한 사람 한 사람의 개인적이고 인격적인 실체들 가운데 계신 하나님 안에서 자신을 발견하는 데까지 나아간다는 사실을 보여준다."[16]

둘째로, 스스로의 독특한 개성 속에서 자신뿐만 아니라 동료 인간들도 발견하게 된다. 하나님은 사람들 가운데서 이루 헤아릴 수 없을 만큼 다양한 형태와 방식으로 그분의 영광을 드러내시기 때문이다. 이웃의 독특성이라는 표현은 남들이 갖지 못한 특유한 자질을 가리키는 게 아니라 하나님의 영원한 아름다움과 사랑이 그처럼 특별하고 무엇으로도 바꿀 수 없는 유한한 인간 안에 가시적으로 드러나는 걸 가리킨다. 주님의 영원한 사랑은 한 사람 한 사람의 소중한 가치를 통해 굴절되면서 사랑의 공동체를 이루는 토대가 된다.

하나님의 사랑 안에서 독특함을 발견하고 그 거룩한 사랑을 내면에 품고 있다는 사실에 의지해서 스스로 사랑할 만한 존재임을 진정으로 확신할 때, 똑같은 사랑이 색다르고도 특별하게 구현된 다른 이들에게 손을 내밀고 더불어 친밀한 공동체를 이룰 수 있을 것이다.

손님 접대를 담당하는 프란시스 신부가 서신 한 통을 보여주었다. 지난주에 정신지체 소년들을 이끌고 수도원을 방문했던 책임자가 보낸 감사편지였다. 내용이 자못 감동적이었다. 저녁기도가 가장 인상적이었던 듯했다. 사제의 기도에 화답하면서 '외설적인 소리'를 해대는 통에 예배당에서 쫓겨나곤 했던 꼬마도 이번에는 얌전해서 다들 놀라워하며 다시 모임에 참석하게 했다.

개인적으로는 말로 의사소통하는 데 서툰 이들일수록 특정한 장소나 사건의 분위기와 기운을 감지하는 감각이 이지적인 '토론'을 즐기는 타입보다 더 뛰어나다고 믿는 편이다. 정신지체 소년들은 말씀의 의미 아래 깔려 있는 신비로움을 감각적으로 알아챘던 것이다.

7월 26일, 금요일

제네시 수도원에서 생활하면서 처음 들어올 때 계획했던 것보다 훨씬 더 많은 편지를 썼다. 애당초에는 전화도, 편지도, 나가지도, 들어오지도, 누군가를 청하지도, 손님을 만나지도 않으면서 오직 '홀로 계신 분'과 함께 그야말로 칩거에 들어가려 했다.

대체로 계획했던 대로 살았지만 편지 쓰기만큼은 예외였다. 이래도 괜찮은 걸까? 타협의 실마리가 되지는 않을까? 아마 둘 다일 것이다.

침묵에 들어가면 어김없이 뒤따르는 일들이 있다. 수많은 얼굴들, 오랜 친구들과 해묵은 적들이 떠올라 주의를 산만하게 하는 것도 그 가운데 하나다. 종종 생각은 기도로, 기도는 편지로, 편지는 평안하고 따듯한 느낌으로 이어진다. 편지 한 묶음을 우체통에 떨어뜨리고 나면 기쁨과 화해, 우정의 감정이 가슴에 사무치곤 한다. 많은 걸 베풀어준 이들에게 고마운 마음을, 불쾌하게 했던 이들에게 유감을, 잊고 지냈던 이들에게 안부를, 깊은 슬픔을 겪는 이들에게 연민을 전할 때마다 심령이 무럭무럭 자라고 무거운 짐을 벗어버린 것 같은 기분이 든다. 이러한 편지들은 과거의 원한으로 손상된 부분을 회복시키며 개인사를 끌어안고 기도하지 못하게 가로막는 장애물들을 깨끗이 치워준다.

하지만 다른 측면도 있다. 어쩌면 그렇게 편지를 써대는 데는 여기에 묻혀 잊히고 싶지 않으며 누군가 '바깥에' 계속 남아 기억해주기를 바라는 마음이 얼마쯤 섞여 있을 것이다. 편지쓰기는 사람들을 유혹해서 철저하게 봉쇄된 이곳 수도원에서 생활하는 내게 관심을 갖게 하려는 의도로 새로 개발해낸 술책인지도 모른다. 편지다발을 우체통에 넣을 때마다 뿌듯한 감정을 느끼는 한편, 그만큼 답장을 받지 못하면 크게 낙심하는 걸로 미루어 확실히 그런 부분이 있는 듯하다. 친구들에게 편지하지 않겠다던 호기는 어느새 온데간데없고 지인들의 기억에서 지워진 채 혼자가 되었다는 기분만 남는다.

둘 다 예민했지만 성품은 딴판이었던 클레보의 버나드와 세인트 티에리의 윌리엄 사이에 오갔던 깊은 우정에 관한 글을 읽으면서 이런 생각에 사로잡혔다. 베네딕트 수도원의 원장이었던 윌리엄은 그를 깊이 존경하고 사랑했다. 그래서 수없이 많은 편지를 보냈는데 버나드는 기대하는 것만큼 신속하게 답장을 보내주지 않을 때가 많았다. 한번은 여러 통의 서신을 보내도 응답이 없자 윌리엄은 이렇게 써 보냈다. "나는 사랑받는 것보다 훨씬 더 많이 사랑하는구나*Plus amans, minus diligor*." 그 한마디에 화들짝 놀란 버나드는 장문의 격정적인 답장을 보냈다. "내가 어떤 사람인지 곰곰이 생각해보면 나와 교감할 수 있습니다. 그대가 기대하는 내가 아니라 있는 그대로의 나를 아는 데 만족한다면 얼마든지 나와 교통할 수 있습니다." 그 밖에도 갖가지 말로 받은 자신의 사랑이 윌리엄의 애정에 결코 모자라지 않음을 강조했다.

루이 부이에Louis Bouyer는 두 사람의 교제를 두고 건조한 어투로 말했다. "…버나드가 보인 모습은 민감하고 격정적인 이들에게는 흔하디흔한 해프닝임에 틀림없다. 친구를 마음에 두고 있을 때는 거기에 온통 정신을 빼앗기지만, 새카맣게 잊어버리고도 한 달쯤은 너끈히 잘 지낼 수 있다."[17]

세인트 티에리의 윌리엄과 같은 부류의 우정을 향한 욕구가 내 안에도 흘러넘친다. 더러는 그 욕구가 건강한 관계를 실제로 만끽하는 모습보다 진정한 자아의식이 부족한 현실을 더 선명하게 보여주기도 한다. 여전히 편지로 나와 내 가치를 확인하려 한다면, 그리고 모든 친구들에게 반 년 동안 은거하겠다고 얘기해놓고도 여전히 관심을 기대한다면, 과연 진심으로 '홀로 계신 분과 홀로 있기'를 원했던 것인지 되짚어볼 이유가 충분하다.

그럼에도 불구하고 하나님을 내 고독 속으로 맞아들일 때, 그리고 스스로 상상하는 것보다 훨씬 깊이 사랑받고 있다는 사실을 알려주시도록 그분께 의뢰할 때, 오직 그때만 진정한 우정을 주고받으며 관심을 유도하려는 동기에서 벗어나 자유롭게 편지를 쓸 수 있으리라고 굳게 믿는다. "이제는 내가 사는 것이 아니요 오직 내 안에 그리스도께서 사시는 것이라"는 바울의 말을 내 입으로 고백할 수 있다면 더 이상 자아의식을 갖기 위해 남들의 관심에 기댈 필요가 없다. 가장 중요한 정체성은 주님의 은혜로 얻어 갖게 된 신분이자 하나님 자신의 거룩한 생명에 참여하게 해준 신분이라는 사실을 깨닫게 되기 때문이다.

한편, 편지쓰기가 중요한 사역 형식이라는 언급이나 글이 거의 없다는 건 참으로 놀라운 일이다. 잘 쓴 편지 한 장은 고통에 빠진 이의 하루를 바꿀 수도 있고, 억울한 감정을 몰아낼 수도 있고, 미소를 끌어낼 수도 있으며, 마음에 기쁨을 심어줄 수도 있다. 무엇보다 신약성경의 상당 부분은 서신으로 구성되어 있으며 가장 심오한 통찰 가운데 일부는 개인적인 애정으로 서로 깊이 교감하는 이들 사이에 오간 편지에 수록되어 있는 경우가 적지 않다. 특히 복음을 전하고 싶어 하는 이들에게 편지쓰기는 대단히 중요한 기술이다.

7월 27일, 토요일

며칠 전에 스페인 투우사의 이야기를 다룬 《그렇지 않으면 상복을 입게 되겠지》를 다 읽었다. 끄트머리 몇 장은 서른두 살에 이미 백만장자가 된 투우사와 프랑코 총통이 만나는 이야기가 실려 있었다. 여러 면에서 서글픈 결말이 아닐 수 없다. 여전히 읽고 쓸 줄 모르는 젊은이가 혐오스러운 가난을 딛고 일어나 그만큼 혐오스러운 부를 누리게 되었다. 청년은 행복한 인간이 된 게 아니었다. 꿈꾸던 것보다 훨씬 큰 재물과 인기를 끌어모았지만 조국이 겪고 있는 비극을 진정으로 이해할 만한 수준에는 이르지 못했다. 으스대고 싶은 순진한 마음에 아버지를 강제노동 수용소에 집어넣은 장본인인 프랑코와 나란히 사진을 찍을 정도였다. 지금 우리는 세실 우드햄 스미스Cecil Woodham Smith가 쓴 《대기근The Grate Hunger》을 읽고 있다. 1840년대에 발생해서 약 백만 명의 농부들을 죽음으로 몰아넣었으며 수많은 현지인들이 미국으로 이민을 떠나는 주요한 동기가 되었던 아일랜드 감자 기근을 자세하게 다룬 역사서다. 스페인의 가난과 굶주림에 관한 이야기가 끝나자마자 이번에는 한 세기 전에 아일랜드 농민들이 당했던 고난의 역사를 낱낱이 듣게 되었다.

한편에서는 신문들이 연달아 북아프리카 주민들이 기아에 시달리고 있음을 전하고 있다. 내 생각에는 금식을 조금 했다고 헛것을 볼 수도사는 없을 것 같다. 밥상을 앞에 놓고 이처럼 굶주림에 관한 이야기를 접하면 이곳의 소박한 식사도 호사스러운 만찬으로 보이고 정말 그런 맛이 나기도 한다.

역사심리학자 밥 리프턴Bob Lifton이 이 시대를 사는 남녀들에게서 포착해낸 대표적인 특징은 역사적인 단층현상이다. 창의적인 생활방식을 갖는 데 대단히 중요한 역할을 하는 연속성에 대한 감각이 실종됐다는 것이다. 현대인들은 '지금, 그리고 여기'라는 초단기간만 의미를 갖는 비역사성의 일부로 자신을 파악한다.

개인적으로는 "정체성 탐색: 미국인, 족보에 빠지다"라는 기사를 대하면서부터 여기에 대해 생각하고 있었다. 글쓴이는 말한다.

한때 '죽은' 과거에는 관심 없다고 부르짖던 1960년대의 이른바 '지금 세대' 젊은이들이 이제는 앞다투어 '나의 과거는 어땠을까? 내 선조는 어떤 인물들이었을까? 조상들은 어떻게 생겼을까? 무슨 일을 했을까?' 따위의 질문에 매달리고 있다. … 족보를 소장하고 있는 도서관과 기록보관소는 관련업무가 지속적으로 늘어나고 있다고 발표했다. 워싱턴 D.C.에 있는 국립문서기록보관소에 접수되는 서면질의서의 경우, 1954년에는 월 3천여 건 정도였지만 금년 들어서는 매주 4천여 건으로

폭증했다. 아울러 30만 세제곱미터나 되는 기록물을 일일이 뒤져보겠다며 직접 찾아오는 이들도 매주 천 명이 넘는다.[18]

세상이 급속도로 변하고 또 변하는 것 같다. 올해 대학 캠퍼스의 분위기는 3년 전과는 천지차이다. 활동적인 성향이 줄고 사색적인 성향이 늘었다. 아방가르드적인 경향이 줄고 전통적인 경향이 늘었다. '새것'에 대한 관심이 줄고 '옛것'에 대한 관심이 늘었다. 불안한 기운이 줄고 차분한 기운이 늘었다. 개중에는 50년대로 되돌아간 것 같다고 이야기하는 이들도 있다. 그럴지도 모르지만 그게 전부는 아니다. 60년대를 살았던 이들에게 70년대는 50년대와 다를 수밖에 없다. 하지만 너나없이 뿌리를 찾고 있는 것만큼은 확실하다. 내 안에서도 그런 기운이 감지된다. 여기에 와서 먼저 사다리의 요한(클리마쿠스), 에바그리우스, 도로테우스, 디아도쿠스(350-650년 사이에 글을 썼던 이들)의 작품들을 읽었고, 지금은 클레보의 버나드, 세인트 티에리의 윌리엄, 리보의 에일레드 등 12세기의 3대 거장이라고 할 만한 이들의 글에 심취해 있다.

다들 아주 친근한 느낌이 든다. '옛사람들'이 나 자신과 하나님을 탐색하는 데 큰 힘이 된다. 단순히 내가 가진 문제가 새로울 것도 없고 나만 겪는 것도 아님을 일깨워주는 차원에 그치지 않고 훨씬 더 많은 도움을 준다. 하나님의 백성들이 걸어온 격동의 역사를 토대로 새로운 자아의식을 갖게 해준다. 개인적으로는 족보에 별 관심이 없지만 어쩌면 지금 내가 하고 있는 작업이나 수많은 젊은이들이 워싱턴 문서기록보관소에서 하는 일이 본질적으로 엇비슷한 게 아닌가 하는 생각이 든다. 우리는 모두 뿌리를 찾고 있다. 하나님이 독생자 예수 그리스도를 통하여 인간의 역사에 개입하셨다는 사실을 거의 들어보지 못했거나 흘려들은 이들에게는 워싱턴 문서기록보관소야말로 "내 과거는 어떠했으며 그것이 현재를 살아가는 내게 무슨 의미가 있는가?"라는 질문에 대한 답을 찾기 시작하는 데 더할 나위 없이 맞춤한 장소일 것이다.

7월 28일, 주일

늘 누군가와 비교를 당하고 있다면 어떨 것 같은가? 대화를 나누고, 이야기를 듣고, 책을 통해 알게 되는 이들이 자신보다 월등하게 지성적이고, 솜씨가 좋으며, 더 매력적이고, 더 온유하고, 더 너그럽고, 더 실천적이고, 묵상에 깊이가 있다는 느낌이 들면 어떻겠는가? 남들과 비교하지 않고는 견딜 수가 없고, 항상 자신은 아무것도 아니거나 그보다도 못한 무엇이고 다른 이들은 다 진실한 인간인 것 같다고 생각한다면 어떻겠는가?

이러한 감정들은 균형을 잃고 뒤틀렸으며 투사의 결과로 건강한 영성생활에 치명적인 타격을 입히는 게 분명하지만 여전히 영향력을 잃지 않고 있으며 아무 때고 슬금슬금 마음속으로 기어들어올 수 있다. 저도 모르게 다른 이의 나이와 이뤄낸 성과를 자신의 것과 비교하게 된다. 어쩌다보면 해롭기 짝이 없는 심리적인 경쟁과 자리다툼에 빠져 있기 일쑤다.

오늘, 존 유드 신부와 이 문제를 논의했다. 원장은 좀 더 깊이 이 주제를 분석하게 도와주었다. 자존감이 낮거나 자기회의에 빠진 상태에서 남을 의식하면서 그 감정을 더 강화하고 확고하게 다지게 되는 악순환에 관해서 의견을 나누었다. 이건 아주 흔해빠진 자기충족적인 예언이다. 나는 불안과 두려움을 품고 관계를 시작한다. 그러곤 남들은 무슨 말을 하고 어떤 행동을 하든지 훨씬 강하고, 훌륭하며, 더 귀한 인간들이며 나 자신은 상대적으로 연약하고, 볼품없으며, 대화상대조차 되지 않는다는 식으로 행동한다. 얼마쯤 시간이 흘러 더 이상 관계를 지속하기 어려운 지경에 이르면, 시작할 때보다 한층 나빠진 감정을 지닌 채 슬쩍 도망칠 핑곗거리를 찾기 바쁘다. 막연히 자신을 무가치하다고 생각하던 추상적인 감정은 특별한 계기를 통해 구체적인 현실로 변한다. 쓸데없는 두려움이 줄어들기는커녕 부쩍 늘어난다. 그러므로 진정한 의미에서 동등한 관계는 불가능까지는 아닐지라도 몹시 어려워지며 함께 어울리는 가운데 줄곧 고개를 내미는 수동적이고 의존적인 부류의 감정들에 시달리게 마련이다.

그렇다면 어떻게 해야 하는가? 더 철저하게 분석해야 하는가? 신경계의 작용체계를 파악하는 건 오히려 쉽다. 하지만 그걸 성숙한 삶에 적용하는 건 만만한 노릇이 아니다. 여기에 관해서는 할 말이 많고 또 이미 여러 심리학자와 심리치료 전문가들이 허다한 의견을 내놓았다. 그러나 영적인 관점에서는 이 문제를 어떻게 정리해야 할 것인가?

존 유드 원장은 비교가 시작되기 전, 그러니까 악순환과 자기충족적인 예언이 작용하기 직전의 순간, 그 시점, 또는 그 지점에 주목했다. 그때가 바로 묵상에 들어갈 수 있는 순간이고 그 시점이며 그 지점이라고 했다. 독서나 대화, 교제를 멈추고 묵상에 시간을 '쏟아야' 하는 시기라는 것이다. 그러므로 또다시 경쟁하는 마음이 들면 묵상하는 '빈 시간'을 잡는 게 필요하다. 쓸데없는 생각을 되새김질하는 악순환의 고리를 끊고 심령의 가장 깊은 자리로 들어가야 한다. 거기에 이르면 이전부터 계셨으며, 사랑할 수 있게 되기 전부터 사랑하셨고, 비교라는 게 있기도 전에 자아를 허락하신 분과 함께할 수 있다. 자신을 지은 건 다른 인간이 아니라 바로 하나님이며, 남들에 비해 어떻게 사느냐가 아니라 하나님의 뜻을 어떻게 이루고 있느냐가 심판의 기준이 된다는 사실 역시 묵상을 통해 확인할 수 있다.

마음 편한 일은 아니다. 다름 아닌 묵상 그 자체를 통해 그동안 안간힘을 써가며 경쟁하느라 이미 적잖은 희생을 치렀으며 남들의 의견을 사들이느라 심령의 상당 부분을 팔아넘겼음을 뼈저리게 실감하게 되기 때문이다. 그럼에도 불구하고 이러한 깨달음을 회피하는 게 아니라 당당히 맞서서 한낱 환상에 불과한 특질들을 낱낱이 벗겨낼 때, 비로소 그 바닥에 깔린 종속성을 체감하고 일상생활 가운데 자리 잡은 잘못된 의존을 타파할 수 있다.

"우리가 사랑함은 그가 먼저 우리를 사랑하셨음이라"고 한 사도 요한의 말을 곱씹을수록 그 핵심이 성 버나드의 가르침과 정확하게 일치한다는 생각이 든다.

7월 29일 월요일

오늘은 서로 충돌하는 감정들이 마음을 파고들었다. 워싱턴에서 진행되고 있는 탄핵절차에 관한 기사가 신문지면을 온통 도배질한 가운데 〈뉴욕타임스〉의 주간 리뷰만이 그리스 군사독재정권이 사이프러스를 장악하는 데 실패하고 붕괴되었으며 신임 카라만리스 총리가 모든 정치범들을 석방했다는 반가운 소식을 실었다. 그리스의 교도소에서 끔찍한 고통을 당하고 있다가 갑자기 풀려난 이들이 누리고 있을 기쁨을 생각하고 또 생각했다. 아테네 거리에서 서로 부둥켜안고 기쁨의 눈물을 흘리는 이들을 마음에 그려보았다. 일주일 전만 하더라도 이런 일이 생길 줄 꿈이나 꿨겠는가? 칠레에서도, 파라과이에서도, 브라질에서도 이런 일이 벌어지면 얼마나 좋겠는가!

하지만 슬픈 소식도 있었다. 화해연대Fellowship of Reconciliation 소식지는 남베트남 끼엔장 지역의 끼엔땅에서 경찰이 시위 중인 불교승려들에게 최루탄과 실탄을 발사해서 네 명이 사망하고 열 명이 중상을 입었다는 속보를 내보냈다. 6월 6일에 생긴 일이라는데 감옥에 갇힌 불교도들에 관한 뉴스는 보이지 않는다.

제네시 수도원의 수사들은 닉슨 대통령에게 신속하고도 과감한 조처로 북아프리카에서 벌어지고 있는 심각한 기근사태를 진정시켜서 굶주림으로 인해 대량참사가 일어나지 않도록 막아달라고 요청하는 청원서에 한 사람도 빠짐없이 서명했다. BWF(Bread for the World, 기아에 시달리는 이들을 지원하기 위한 기독교시민운동단체—옮긴이)가 원안을 마련한 이 청원서는 대통령에게 미국이 가진 자원을 세계 각국의 굶주리는 이들과 더불어 나누기를 요청하고, 즉각적인 식량원조 확대를 강력하게 권고하며, 곡물을 안정적으로 공급하는 범세계적인 시스템 구축이 중요하다는 점을 강조하고 있다. 내용 가운데는 이런 구절도 있었다. "굶주린 이들을 먹이기 위해서라면 기꺼이 식사량을 줄일 용의가 있다." 최소한 이런 식으로라도 우리의 목소리를 낼 수 있어서 참으로 기쁘다. 수도원을 제외하곤 금식을 규정한 교회법이 실질적으로 사라지다시피한 현시점에서 금식에 또다시 새로운 의미가 부여되지 않을까 싶다.

7월 30일, 화요일

좋고 나쁨은 가릴 수 없지만, 어쨌든 고독이 과거를 자주 생각하게 한다는 데는 의심의 여지가 없다. 수도원 생활의 고요한 리듬을 따라 가노라면 저절로 옛 추억을 더듬게 된다. 하지만 생각나는 게 너무 적어서 기가 막힐 정도다.

여섯 살부터 열두 살 사이에 무슨 일을 했으며 무얼 생각하고 또 느꼈을까? 떠오르는 건 단편적인 기억들뿐이다. 초등학교 일 학년에 다닐 때 마음씨 고운 형이 아프리카 선교사 이야기를 들려주던 일, 근엄하기만 했던 6학년 담임선생님이 어느 날 우리 반 전체를 집으로 초대하셨던 일, 사팔뜨기라며 날 놀리던 같은 반 친구들, 첫 번째 성찬, 전쟁이 시작되고 아버지 어머니가 눈물짓던 일, 할머니가 돌아가시고 장례식을 치르던 일, 인디언놀이와 카우보이 싸움 따위가 줄줄이 생각나지만 이런 기억의 편린들 하나하나 사이에는 널찍널찍한 공백들이 자리 잡고 있다. 십 대 시절에는 무슨 일들이 있었을까? 이름을 기억하는 고등학교 친구들이 몇 명이나 될까? 다들 어디서 무얼 하고 있을까? 되새길 수 있는 일이 하나도 없는 것 같은 시간의 간격과 길이가 그처럼 크고 길다는 사실이 그저 놀랍기만 하다. 신학교에 다니던 6년이란 시간 동안 도대체 무얼 했다는 말인가? 열심히 공부했지만 그만큼 많이 배웠던 걸까?

참으로 내 삶을 살았는가, 아니면 나를 위해 살았는가? 오늘 이 자리에 이르게 한 결정을 정말 스스로 내렸는가, 아니면 다만 기쁘고 슬픈 일들을 겪으며 세월의 흐름에 몸을 맡겼을 따름인가? 평생을 처음부터 끝까지 다시 살아보려는 건 아니지만, 더 많은 일들을 되짚어보고 변변치 않은 내 인생사가 반성하고 깨달음을 얻도록 이끌어주는 한 권의 책이 되면 좋겠다. 수동적인 희생자노릇 외에 달리 할 일이 없는 우연과 우연의 연속이 인생이라고는 생각지 않는다. 우연은 없다. 하나님은 다채로운 인생사를 통해 나를 빚으셨으며 삶을 조성하시는 손길을 의식하고 주님이 행하신 놀라운 일들에 감사하는 마음으로 찬양하기를 바라신다.

과연 역사를 주관하시는 하나님, 개인사를 인도하시는 하나님의 음성에 귀를 기울였는지, 그리고 내 이름을 부르시거나, 떡을 떼어주시거나, 보람 없이 고단하기만 한 하루를 지냈을 때 찾아오셔서 다시 그물을 던지라고 말씀하시는 주님을 알아보았는지 의심스럽다. 어쩌면 지금 여기서, 당장 눈앞에서 벌어지고 있는 일은 제쳐두고 너무 바쁘게, 너무 불안정하게, 너무 들떠서 살아왔는지도 모른다. 한 송이 꽃에서 아름다움의 세계 전체를 엿볼 수 있는 것처럼, 아주 짧은 순간에도 하나님의 그 큰 은혜를 깊이 맛볼 수 있다. 굉장한 여행을 하지 않고도 얼마든지 창조주가 지으신 세계의 아름다움을 발견할 수 있듯이 하나님의 사랑을 깨닫는 데도 대단한 엑스터시가 필요한 게 아니다. 그저 잠잠히 기다리기만 하면 주님이 지진이나 폭풍, 번개 가운데 머무시는 게 아니라 등을 어루만져주시는 부드러운 바람결 속에 계심을 깨달을 수 있다.

눈부신 날씨였다. 환하고, 맑고, 시원하고, 신선하고, 유쾌했다. 짬을 내서 존 유드 원장과 함께 새를 관찰하러 나갔다. 흰독말풀 덤불에 걸리기도 하고 갓 쟁기질을 한 들판을 누비느라 신발을 진흙범벅으로 만들기도 했다. 어여쁜 물떼새가 하늘을 가르는 걸 보았다.

오후에는 냇가에 나가 일하면서 평소보다 더 많은 화강석을 찾아냈다. 좁쌀풀들이 냇가를 보랏빛으로 물들이고 있었다. 수도원으로 돌아오는 길에 스티븐 신부가 선버스트로커스트라는 아름다운 나무들을 가리켜 보여주며 몇 주 뒤면 노란 꽃이 흐드러질 거라고 했다.

7월 31일, 수요일

케빈의 어머니가 세상을 떠났다. 케빈은 제네시 공동체에서 함께 생활하는 목수다. 당뇨를 심하게 앓고 있는 어머니를 만나러 몇 주 전에 아일랜드에 갔었다. 그러곤 지난주에 돌아와서 노모가 얼마나 더 사실지 모르겠다고 했었다.

케빈의 어머니가 운명한 게 실마리가 되어 그 가족이 살았던 고장, 도니골에 얽힌 추억 속으로 빨려 들어갔다. 지나가는 자동차를 얻어 타가며 북아일랜드의 음울하고 우수 어린 산골들을 두루 여행하던 기억이 아직도 생생하다. 도니골을 주름잡던 이야기꾼들의 사연을 네덜란드 신문에 기고한 적도 있었다. 이제 케리와 킬라니의 기억은 거의 지워지다시피 했지만 도니골만큼은 절대로 잊지 못할 것이다.

거기엔 우울하면서도 심오하고 더 나아가 거룩하기까지 한 무언가가 있었다. 사람들도 동네를 닮았다. 지금도 도네갈에서 보았던 어느 농부의 간소한 장례식이 눈앞에 선연하다. 사제와 남자 몇이서 공동묘지로 소박한 관을 날랐다. 하관이 끝나자 남자들이 무덤자리에 흙을 채우고 곁에 준비해두었던 뗏장을 입혔다. 그러곤 남자 둘이 나서서 장화를 신은 발로 거기에 무덤이 있다는 사실조차 알아보기 어려울 만큼 잔디를 꾹꾹 밟아댔다. 일행 가운데 한 남자가 나무토막 둘을 십자가 모양으로 엮어서 땅에 세웠다. 모두가 재빨리 성호를 긋고는 소리 없이 자리를 떴다. 말도 없고, 특별한 의식도 없고, 장식도 없었다. 아무것도 없었다. 하지만 내게는 누군가 죽었다는 사실이 그 어느 때보다도 선명하게 다가왔다. 잠든 게 아니라 죽었다. 돌아간 게 아니라 죽었다. 누워 쉬는 게 아니라 죽었다. 그냥 죽은 것이다. 친구가 묻힌 땅을 발로 달구질하던 도네갈의 두 농부를 보면서, 이들에게는 장례식장에서 벌어지는 놀음 따위가 발붙일 틈이 전혀 없다는 생각이 들었다. 하지만 죽음을 인정하는 자리에 소망이 싹튼다고 말없이 말하는 소박한 나무 십자가를 통해 농부들의 사실주의는 초월적인 사실주의가 되었다. "밀알 하나가 땅에 떨어져서 죽지 않으면 한 알 그대로 있고, 죽으면 열매를 많이 맺는다"(요 12:24, 표준새번역).

케빈의 어머니를 애도하는 미사는 단순하면서도 아름다웠다. 예식이 끝나자 케빈이 나와서 집전한 사제, 그리고 공동집전자들과 악수를 나누었다. 의식을 치르는 내내 자신들의 무덤을 파고 제몫의 십자가를 세우는 도네갈 남자들의 소박한 모습을 보았다. "마가렛 아주머니, 이제 주님의 집에 거하시길…."

3

8월
—
조그만 십자가 표시 아래

성경은 사실적인 책이며 인간 현실의 어느 한 구석도 회피하려 하지 않는다.
역사를 주관하시는 하나님의 관점에서
모든 남성과 여성 들의 삶과 생각, 새 인사를 이야기한다.
이처럼 사실적인 속성을 늘 마음에 담아두는 게 좋다.
하나님은 평화롭고 조용한 곳뿐만 아니라
박해와 다툼, 분열과 갈등이 지배하는 자리에도 계신다.
실제로 주님은 장미꽃밭만을 약속하시지 않았다.

8월 2일, 금요일

　하루를 마감한다는 뜻에서 '끝기도'라고 부르는 저녁기도는 수도원 생활 가운데 가장 친밀한 순간이다. 더러 사정이 생겨서 다른 기도에 참석하지 못했던 이들도 이 시간만큼은 자리를 함께한다. 모든 수도사가 한데 모여 진정한 일체감을 맛보는 순간인 셈이다. 기도는 늘 똑같다. 그러므로 아무도 기도서를 들추지 않는다. 아무 데나 내키는 곳에 서서 기도를 드리면 그만이므로 조명도 필요 없다. 방 안은 쥐죽은 듯 조용하다. 이런 고요는 저녁 6시 30분부터 다음 날 새벽 5시 30분까지 이어진다. 수도사들 사이에서 이른바 '대침묵'으로 통하는 시간이 시작된 것이다.
　끝기도는 이처럼 은밀하고 경건한 시간이므로 가까이 사는 주민들 가운데는 날마다 수도원에 들러서 하루를 통틀어 가장 차분한 이 기도에 동참하는 이들도 적지 않다.

  요즘 들어 끝기도의 시편들이 서서히 몸에 배어드는 걸 느낀다. 밤의 일부가 되어 깊고 평온한 수면으로 인도한다.

    자리에 누워 심중에 말하고 잠잠할지어다.
    의의 제사를 드리고 여호와를 의지할지어다.
    내가 평안히 눕고 자기도 하리니
    나를 안전히 살게 하시는 이는 오직 여호와이시니이다(시 4).

  신뢰는 어떤 저녁기도문에도 빠지지 않고 등장한다.

    지존자의 은밀한 곳에 거주하며
    전능자의 그늘 아래에 사는 자여
    나는 여호와를 향하여 말하기를
    그는 나의 피난처요 나의 요새요 내가 의뢰하는 하나님이라 하리니
    이는 그가 너를 새 사냥꾼의 올무에서와
    심한 전염병에서 건지실 것임이로다.
    그가 너를 그의 깃으로 덮으시리니
    네가 그의 날개 아래에 피하리로다(시 91).

이 구절들이 조금씩 내 마음의 중심에 스며든다. 이들은 단순한 관념이나 이미지, 또는 비유의 수준을 지나 실존이 된다. 힘겨운 노동이나 팽팽한 긴장으로 고단한 하루를 보내고 나면 너나없이 안전하게 거하는 걸 꿈꾸며 '지존자의 은밀한 곳'에 머무는 게 얼마나 행복한 일인지 깨닫는다.

혹시 감옥에 갇힌다면, 또는 굶주림과 고통, 고문, 굴욕감에 시달리게 된다면 이 시편들을 빼앗기지 않기를 소망하며 기도하겠다는 생각을 여러 번 했다. 시편들은 내 영혼이 계속 살아 숨 쉬게 해줄 것이다. 다른 이들을 위로할 힘을 줄 것이다. 압제자나 고문기술자와 맞서는 가장 강력하며 가장 혁명적인 무기가 될 것이다. 굳이 책을 펼치지 않더라도 어디에 있든, 어디를 가든 그 마음에 시편을 간직한 이들은 얼마나 행복한가! 누구도 빼앗아갈 수 없도록 마음에 시편을 새겨야겠다. 그래야 거듭 고백하고 또 고백할 수 있지 않겠는가?

> 인생들아, 어느 때까지 나의 영광을 바꾸어 욕되게 하며
> 헛된 일을 좋아하고 거짓을 구하려는가.
> 여호와께서 자기를 위하여 경건한 자를 택하신 줄 너희가 알지어다.
> 내가 그를 부를 때에 여호와께서 들으시리로다(시 4).

그게 바로 수많은 상처들을 진실로 치유해줄 수 있는 기도다.

어제 새 예배당의 기초를 놓는 작업이 시작됐다. 공사가 얼마나 빨리 진행되는지 그저 놀라울 따름이다. 평평한 땅 한 뙈기에 지나지 않던 곳에 지금은 깊은 고랑들이 입을 벌리고 있고 벌써 나무틀 안에 콘크리트를 들이부었다. 수도사들은 커다란 기계가 자신들의 일을 대신하는 걸 지켜보고 있었다. 젊은이들은 서로 고함을 질러가며 지시를 내렸다. 지존자, 곧 지극히 높으신 분의 집이 지어지고 있다.

오늘 아침, 건포도를 막 씻어서 산더미처럼 쌓아놓은 상자들을 엎어버렸다. 실수도 그런 실수가 없었다. 하지만 아무도 속상해하지 않았다. "전에도 그런 적이 있었어요." 시어도어 수사가 말했다. 그러곤 쏟아진 건포도를 다시 기계 위에 올려놓고 씻기 시작했다.

8월 5일, 월요일

오늘 로버트 제이 리프턴Robert Jay Lifton과 에릭 올슨Eric Olson이 쓴 《삶과 죽음Living and Dying》을 읽었다. 한 가지 주제가 새롭게 다가왔다. 히로시마 원폭에서 살아남은 이들에 관해 이야기하면서 지은이들은 이렇게 썼다.

생존자들 사이에는 죄책감이 급속도로 퍼져갔다. 사랑하는 가족과 이웃들을 비롯해서 수많은 이들이 죽어갔는데 혼자 살아남았다는 죄책감이기도 했고, 도움이 필요한 이들에게 손을 내밀 능력이 없다는 죄책감이기도 했다. 이런 죄의식은 '다들 죽었는데 어째서 나는 살아남았을까?'라는 물음으로 응축되어 생존자들이 몸부림치며 살아가게 만드는 핵심요인으로 작용했다. 이 질문은 더러 죽은 이들의 목숨 값으로 내 생명을 얻은 게 아닌가 하는 의구심으로 변형되어 끈질기게 괴롭히기도 한다. 의혹은 생존자들 틈에서 스스로 살아남을 가치가 없었다든지 어떻게 해서든지 죽은 이들과 비슷해져야 한다는 정서로 발전했다."[1]

책 전반에 걸쳐 일관되게 흐르고 있는 기본적인 전제는 "인간은 누구나 금세기의 홀로코스트에서 살아남은 생존자"라는 한 문장에 잘 압축되어 있다.

이미 읽어본 내용임에도 불구하고 새로이 충격을 받았다. 세계 곳곳의 감옥에서 고통받으며 죽어가는 이들에게 집착하고 굶주림에 신음하는 북아프리카 시민들에 대한 관심이 날로 커가는 현상에 생존자로서 느끼는 죄책감이 진하게 그림자를 드리우고 있는 게 아닌지 의심스러워하고 있었기 때문이다. "왜 내가 아니라 그이들인가?" "어째서 잘사는 사람들이 아니라 가난한 백성들이 그런 일을 당하는가?" 이런 정서의 이면에는 "저들의 고통에 동참해서 스스로 살아 있음을 정당화할 방도는 없을까?"라는 질문이 도사리고 있다.

오늘 아침 내내 수천 개에 이르는 빵 굽는 철판에 기름칠을 했다. 시끄러운 작업이었지만 나쁘지 않았다.

8월 6일, 화요일

예수님의 변모축일, 조용히 은둔하는 날이다. 함께 모여 간단한 성례를 치르고 저마다 조용히 묵상할 자리를 찾아 흩어졌다.

파스테르나크B. L. Pasternak 사건을 다룬 머튼의 기사[2]와 《나는 기억한다I Remember》와 《닥터 지바고Doctor Zhivago》(둘 다 파스테르나크의 작품이다)에서 발췌한 글을 읽었다. 특히 시편 91편에 관한 이야기는 놀라우리만치 아름다웠다. 닥터 지바고가 두 병사의 몸에서 이 시편이 적힌 쪽지를 찾아내는 대목이었다. 한쪽은 적군 빨치산이었고 다른 한편은 백군인 러시아 지원병이었다. 전자는 죽었고 후자는 부상을 입었다. 파스테르나크는 이렇게 썼다.

다들 이 쪽지가 기적을 일으키고 총알을 막아준다고 믿었다. 마지막 제국주의 전쟁 당시부터 병사들은 이 종잇장을 부적으로 사용했다. 수십 년이 지난 뒤에는 수감자들이 죄수복 안쪽에다 이 쪽지를 꿰매어 붙여 놓고 오밤중에 심문을 당하러 끌려 나갈 때마다 그 구절들을 입속으로 중얼거리곤 했다.[3]

너는 밤에 찾아오는 공포와

낮에 날아드는 화살과

어두울 때 퍼지는 전염병과

밝을 때 닥쳐오는 재앙을 두려워하지 아니하리로다(시 91:5-6).

적군이든 백군이든, 러시아 병사들은 이 기도를 드렸다. 흰옷을 입었든 검은 옷을 입었든 수도사들도 이 기도를 드렸다. 나도 이 기도를 드린다. 옷에 꿰매어 달 필요 없이 완전히 외워서 내 마음 가장 깊은 곳에 배어들게 해야겠다.

법사위원회는 표결로(스물한 명에 이르는 민주당 위원 전원과 공화당 위원 일곱 명이 찬성했다) 닉슨 대통령 탄핵안을 하원에 상정하기로 결정했다. 올여름 내내 이 사건으로 시끄러울 모양이다.

8월 7일, 수요일

저녁식사 전에 드리는 짤막한 공동기도인 '6시과'를 드리고 있는데 앨버릭 형제가 들어오더니 손짓으로 사람들을 불렀다. 수도사들 가운데 절반쯤은 종종걸음을 치며 밖으로 빠져나갔다. 나를 비롯해서 안에 남았던 이들은 무슨 일인지 그저 어리둥절할 따름이었다. 기도를 끝내고 저녁을 먹으러 식당으로 갔다. 밥을 먹는 사이에 나갔던 이들이 돌아왔다. 그제야 전말을 속 시원히 들을 수 있었다. 들판에 불이 나는 바람에 진화작업을 도울 일손이 필요했던 것이다.

헨리 수사가 벌을 치는 곳에 가서 오후 내내 함께 있었다. 벌과 이렇게 정면으로 마주하기는 이번이 처음이었다. 나름대로 조심했는데도 벌 한 마리가 바지 밑단을 파고들어 다리에다 침을 한 방 놓고는 장렬하게 사망했다. 녀석들의 세계도 주목해볼 만하다. 지금은 벌에 관한 글을 읽고 있다. 머리 호이트Murray Hoyt가 쓴《꿀벌의 세계The World of Bees》다. 미국식 사실주의의 전형이라고 할 만한 얘기도 실려 있다. 자못 감탄스러울 정도다.

미콜라 H. 헤이다크Mykola H. Haydak 교수는 이스라엘을 가리켜 '젖과 꿀이 흐르는 땅'이라고 했던 걸 토대로 그 두 가지가 완벽한 다이어트 식단이 될 수 있는지의 여부를 검증해보기로 했다고 한다. 우유와 꿀 다이어트를 시작한 지 두 달이 지나자 피부는 건조해졌고, 얼굴에는 온통 뽀루지가 돋았으며, 혀에는 희끄무레한 반점들이 생기는 등 전형적인 비타민C 부족 증상이 나타기 시작했다. "그래서 오렌지주스 280cc를 마셨더니 그런 증세가 완전히 사라졌다." 실험 내용을 설명하고 나서 호이트는 말했다. "그러므로 '젖과 꿀이 흐르는 땅'이라는 말은 '젖과 꿀, 그리고 오렌지주스 280cc가 흐르는 땅'으로 바꿔야 할지도 모른다."4)

8월 9일, 금요일

크리스천 수사는 누구한테 쪽지를 보내든 종이 꼭대기에 조그만 십자가를 그려넣곤 한다. 오늘 아침에도 빵 작업장까지 찾아와서 건포도 통에 머리를 깊이 들이밀고 작업하고 있는 내게 쪽지를 건넸다. 조그만 십자가 밑에 이렇게 적혀 있었다. "닉슨 대통령이 사임했음."

오후에는 차를 타고 로체스터로 치과진료를 받으러 갔다. 의사는 텔레비전을 진료실 한쪽 구석 높은 자리에 올려놓고 환자들이 진료를 받는 동안 볼 수 있게 해두었다. 정오가 되자 다들 닉슨 일가가 백악관을 떠난 지 30분 뒤에 거행된 제럴드 포드 신임 대통령의 취임식 중계를 시청했다. 치과진료용 의자에 앉아 입을 떡 벌린 채 미국을 이끌 새 지도자의 취임식을 지켜보는 환자의 모습은 '상황에 딱 맞는 자세'의 전형적인 모습으로 마음에 깊이 각인됐다.

8월 10일, 토요일

존 유드 원장, 그리고 브라이언 수사와 함께 솔트 크리크 냇가에서 석재 모으는 작업을 했다. 브라이언 형제는 픽업트럭을 물속까지 끌고 들어와서 골라놓은 암석들을 실었다. 큼지막한 돌들을 잔뜩 실은 트럭을 몰고 물 밖으로 나가기 위해 네 바퀴를 모두 구동시키자 차체가 심하게 요동치면서 실었던 석재 가운데 절반은 도로 강바닥에 떨어지고 말았다. 낡고 녹슨 흙받기는 완전히 망가졌다. 암석을 다시 싣고 차를 맨땅으로 끌어낸 다음에 무사히 수도원으로 돌아왔다. 시간이 빠듯해서 샤워를 마치고 서둘러 저녁기도에 참석했다.

8월 11일, 주일

로체스터에 다녀온 뒤로, 존 유드 원장이 전체모임에서 설교하면서 인용했던 머튼의 책, 《죄 많은 방관자의 추측 Conjectures of a Guilty Bystander》의 한 대목이 특별한 의미를 갖게 되었다. 지은이가 루이빌을 여행할 때 경험한 일을 설명하는 대목이었다. "루이빌, 그중에서도 상업지구 한복판에 있는 4번가와 월넛 가의 한구석에서 문득 눈에 보이는 이들을 전부 사랑하며, 모두가 내 식구이자 나 역시 그들의 가족이고, 설령 일면식조차 없는 사이라 할지라도 서로에게 외계인이 될 수는 없다는 깨달음이 파도처럼 밀려왔다. … 비록 수도사로 '세상에서 벗어나 사는' 처지지만 여느 사람들과 똑같은 세상, 그러니까 핵무기의 세상, 인종차별의 세상, 첨단기술의 세상, 매스미디어와 거대기업, 혁명과 그밖에 여러 가지 것들의 세상에 살고 있다. 우리는 이들에 대해 차별화된 자세를 취한다. 우리는 하나님께 속해 있기 때문이다. 그러나 다른 이들도 모두 주님의 소유다. 우리는 그저 우연히 사실을 알게 되었으며 그 깨달음을 고백할 따름이다. 그렇다고 해서 스스로 남들과 다르다고 여기거나 한발 더 나아가 낫다고까지 생각해도 괜찮은 걸까? 그건 처음부터 끝까지 상식에서 벗어난 생각이다.

하나님이 세상에 오실 때 친히 그 옷을 입으셨던 인간의 일원으로 태어난 게 한없이 기쁘다. 인간의 한계에서 비롯된 슬픔과 어리석음이 마치 덮치듯 짓누르지만 이제 나는 인간의 실체를 깨달아 알고 있다. 누구나 이런 깨달음에 이를 수 있다면 얼마나 좋겠는가! 하지만 이건 설명해서 될 일이 아니다. 저마다 해처럼 밝은 빛을 내며 돌아다니고 있다는 걸 알려줄 방도가 없다.

그래도 고독의 의미와 가치는 조금도 달라지지 않는다. 그러한 사실을 명확하게 깨닫게 하는 게 고독의 기능이기 때문이다. 다른 관심사와 환상을 좇으며 일사불란하게 기계적으로 사는 이들에게는 그처럼 명쾌한 인식이 불가능하다. 하지만 고독은 나만의 것이 아니다. 또한 그들의 것이기도 하며 나는 내 고독뿐만 아니라 다른 이들의 고독에 관해서도 일정 부분 책임이 있다. 우리는 한데 엮여 있는 까닭이다. 홀로 있을 수 있는 건 그들 덕이며 혼자 머물 때 저들은 그냥 '저들'이 아니고 나 자신이기 때문이다. 낯선 인간이란 존재하지 않는다."[5]

겟세마니에 루이빌이 있다면, 제네시에는 로체스터가 있다. 머튼은 수도원에서 15년을 보낸 뒤에 이 글을 썼다. 수도원에서 지낸 기간은 고작 아홉 달에 지나지 않았지만, 나 역시 로체스터에 갔을 때 비슷한 느낌을 받았다. 친구들에게 선물할 흰 국화와 노란 국화를 조금 사러

꽃집에 들어갔다가 눈동자를 반짝이며 "국화는 계절에 관계없이 사시장철 좋은 꽃"이라던 주인에게 깊은 사랑을 느꼈다. 거리낌 없고, 자유롭고, 편안한 마음으로 꽃과 대통령, 정직한 정치에 관한 토막 대화를 진심으로 즐겼다.

고독이 인간의 선한 면을 더 민감하게 하고 더 나아가 도드라지게 만들 수도 있다는 사실을 점점 더 실감하게 된다. 그렇다. 사람들이 "저마다 해처럼 밝은 빛을 내며 돌아다니고 있다는 걸 알려줄 방도가 없다." 하지만 서로 나누어 가진 은사를 더 깊이 의식한다면 누군가 품고 있는 하나님의 영광은 다른 이들 속에 있는 주님의 영광이 드러나게 한다. 하나님이 하나님에게, 성령이 성령에게, 사랑이 사랑에게 말하게 된다. 이 모두가 선물이며 은혜다.

8월 12일, 월요일

오늘은 존 유드 원장에게 지난 한 주 동안 제법 '부르주아'가 된 기분으로 살았노라고 했다. 다른 건 다 제쳐두고 뉴스에 온 신경을 쓰면서도 영적인 면에서는 또 그 나름대로 종전의 삶과 특별히 다를 게 없는 생활양식을 편안하게 이어갔다. 수도원 생활을 커다란 도전 없이 수월하고 안정적인 경험으로 정착시키고 싶은 마음이 들었다. 하지만 그렇게 된다면 신앙은 사실상 쓸 만한 일상용품일 뿐, 더 이상 영적인 모험이 될 수 없었다.

　원장에게 그런 얘길 했더니 크게 웃으며 한편으로는 편해졌다는 뜻이니 반가운 일이지만 다른 쪽으로는 처리해야 할 '일'이 있다고 했다. "하지만 걱정하지 마세요. 오래가지는 않을 겁니다. 묵상이 중요해지는 시점이 바로 지금입니다. 더 깊은 기도로 부르는 초대장인 셈이지요. 거기에 응하지 않으면 몇 주 안에 수도원 생활에 기강이 없으며, 청빈한 모습이 부족하고, 엄격하지 못하다고 불평하게 될 게 뻔합니다. 그러곤 예전에 있던 이들이 그랬듯이 여길 뛰쳐나가서 정말로 훨씬 덜 가난하고 덜 엄격한 삶을 살게 되겠죠."

　기도에 관해 이야기하면서 언뜻 지극히 기초적이고 다소 순진해 보일 만한 질문을 했다. "기도를 한다면 누구에게 하지요? '주님'이라고 할 때 거기엔 어떤 의미가 있는 겁니까?"

　존 유드 원장은 기대했던 것과는 달리 엉뚱한 대답을 내놓았다. "신부님이 제기할 수 있는 가장 진실한 질문이자 가장 중요한 물음입니다. 최소한 가장 주요한 의제로 삼을 만한 사안이죠." 원장은 정말 이 문제를 진지하게 받아들이길 원한다면 그밖에 다른 일들이 차지할 수 있는 여지는 거의 없어지게 된다는 점을 분명히 알아야 한다고 또박또박, 힘주어 강조했다. 그러곤 얼굴 가득 미소를 머금고 말했다. "예외가 있다면, 이 문제를 생각하느라 완전히 탈진했을 때 정도일 겁니다. 그럼 잠시 〈뉴스위크〉를 읽으면서 쉬어도 괜찮습니다." 원장은 다시 말을 이었다. "그 질문을 묵상의 중심으로 삼는 건 결코 쉬운 일이 아닙니다. 자신의 전영역이 이 질문과 연관이 있다는 사실을 알게 될 겁니다. '주님이라고 할 때 거기엔 어떤 의미가 있는가?'라는 물음은 곧장 '주께 기도하길 원하는 나는 누구인가?'라는 문제와 연결됩니다. 곧이어 또 다른 의문이 꼬리를 뭅니다. '어째서 공의의 하나님이 곧 사랑의 하나님이고, 두려운 하나님이 동시에 긍휼히 여기시는 너그러운 하나님이기도 하신 걸까?' 이 물음이 신부님을 묵상의 핵심으로 이끌어갑니다. 정답이 있을까요? 있기도 하고 없기도 합니다. 묵상을 하다 보면 저절로 알게 될 겁니다. 어느 날, 퍼뜩 깨달음을 얻을 수도 있습니다. 반면에 끝내 풀리지 않은 채, 하나님께 더 다가서게 만들 수도 있습니다. 하지만 그 질문은 수많은 의문 가운데 하나여서는 안 됩니다. 어떤 면에서는 무슨 일을 일을 하든지 그 중심이 될 수 있는 단 하나의 질문이 되어야 합니다. 묵상의 구심점으로 삼을 질문을 정하는 데는 확실한 결단이 필요합니다. 그렇게 작정을 하고 나면 비로소 먼 길, 아주 먼 길에 나섰음을 알게 될 겁니다."

8월 13일, 화요일

오늘 아침, 존 신부가 물떼새의 습성을 설명해주었다. 툭 터진 모래밭에 알을 낳아놓고는 일부러 다친 척해서 적의 관심을 돌리는 속임수를 쓴다고 했다. 멋지다! 심리적인 작용을 무기로 삼다니. 나 역시 드러내고 싶지 않은 문제에서 남들의 시선을 돌리기 위해 터무니없는 사안을 내세워 동정을 사려 했던 적이 얼마나 많은지 모른다.

때로는 어느 새든 방어수단 하나씩은 가지고 태어난 게 아닌가 싶다. 찌르레기는 다른 새의 둥지에 슬쩍 알을 낳아놓고 집주인이 품게 만든다. 꾀꼬리는 사나운 새의 울음소리를 흉내 내서 적들을 쫓아버린다. 붉은날개검은지빠귀는 고개를 쳐들고 쉴 새 없이 시끄럽게 울부짖는다. 상대는 소음에 질려서 서둘러 그 자리를 피하게 마련이다. 자신을 보호하기 위해, 또는 내 뜻을 관철시키기 위해 이런 수단들뿐만 아니라 그 이상까지 동원했던 내 모습을 떠올리는 데는 긴 시간이 필요치 않았다.

8월 15일, 목요일

성모승천축일은 수도사들에게 무척 중요한 날이다. 마리아는 이 호칭으로 모든 수도사의 수호자가 되기 때문이다. 수도원에 처음 들어왔을 때만 하더라도 그게 무슨 소린지 잘 몰랐지만 여기 머문 시간이 길어질수록 마리아야말로 수도사 전체를 대표하는 가장 순수한 관상가임을 깨달았다. 누가는 마리아를 구원의 신비를 깊이 묵상하는 인물로 그리고 있다. 목자들이 아기를 찾아왔던 사실을 기록한 후에 이렇게 덧붙였다. "마리아는 이 모든 말을 마음에 새기어 생각하니라"

(눅 2:19). 또 성전에서 율법선생들과 어울려 앉은 예수님을 찾아내는 장면을 묘사한 뒤에도 이렇게 적었다. "그 어머니는 이 모든 말을 마음에 두니라"(눅 2:51).

성모승천 교리는 마리아의 관상생활이 하늘나라에서 완성된다고 분명하게 못 박고 있다. 더할 나위 없이 완전하게 구속된 인간, 하나님이 가장 친밀한 방식으로 인류를 어루만지시는 통로가 되는 여인, 예수님과 그분을 믿는 이들 모두의 어머니는 하늘 아버지의 임재 가운데 머물면서 수도사와 크리스천들이 한마음으로 소망하는 큰 기쁨이 실현되는 현장을 지켜보며 영원히 즐거워한다.

제임스 형제가 여섯 달에 걸친 청원자 생활을 끝내고 수련기간에 들어갔다. 지극히 솔직하고, 담백하며, 경건해서 투명해 보이기까지 하는 아주 특별한 인물이다. '그 속에 간사한 것이 없는'(요 1:47) 근면하고, 정직하며, 단순한 농부다. 의식을 시작할 시간이 됐을 때 얼굴을 내밀지 않은 건 제임스 형제 하나뿐이었다. 수련책임자가 얼른 나가서 찾아다가 자리에 앉혔다. 원장은 아무렇지도 않게 말했다. "이제 모두 모였으니 시작합시다."

제임스 같은 인물 곁에 있을 수 있다는 건 영광스러운 일이다. 한결같은 헌신이 수많은 책보다 낫다는 걸 형제는 온몸으로 가르쳐준다. 성모송을 비롯해서 마리아와 관련된 텍스트들을 '자신만의 방식'으로 읽었으며 "전능하신 분께서 내게 큰일을 행하셨다"는 대목에 이르러서는 조그만 종이쪽지에서 눈을 들어 형제들의 얼굴을 똑바로 바라보았다. 감동적인 순간이었다. 이제 형제는 머리부터 발끝까지 온통 흰옷을 입었다. 새 수도복을 걸친 채 예전과 마찬가지로 발을 끌듯 걷고 있지만, 내면에서는 무언가 새로운 일이 일어났으며 제임스 형제 자신도 그 사실을 잘 알고 있다.

8월 16일, 금요일

"오렌지 세 개가 보이면 저글링을 해야 직성이 풀립니다. 탑 두 개가 보이면 그 사이를 걸어보고 싶어 안달이 납니다." 이렇게 멋진 말을 한 주인공은 외줄타기 곡예사 필리페 페티Philippe Petit다. 뉴욕 월드트레이드센터 한쪽에서 다른 쪽으로 달랑 장대 하나에 의지해 외줄을 탄 뒤에(오전 7시 50분) 이유를 묻는 경찰관에게 내놓은 대답이다. 파리 노트르담 성당의 두 탑을 보았을 때도 필리페는 똑같은 일을 벌였다. '예술을 위한 예술.' 그게 이 고공줄타기 예술가의 철학이었다.

오늘은 오며 가며 가끔씩 필리페 페티라는 근사한 사나이에 대해 생각했다. 경찰관에게 했던 대답은 정말 흥미롭지 않은가? 오래도록 묵상할 가치가 있는 명답이다. 인간은 늘 답 찾기가 불가능한 질문에 대답하고 싶어 한다.

왜 그녀를 사랑하는가? 이런 부류의 질문에는 어떤 답을 내놓든 우스꽝스러울 따름이다. 예뻐서? 아는 게 많아 보여서? 콧등에 난 뾰루지가 귀여워서? 어느 것도 속 시원한 답이 아니다.

왜 신부가 되었는가? 하나님을 사랑해서? 설교하는 게 좋아 보여서? 여자가 싫어서?

왜 수도사가 되었는가? 기도하는 게 좋아서? 조용한 분위기에 끌려서? 마음껏 빵을 구울 수 있어서? 그런 질문들에는 답이 없다.

다들 필리페 페티가 뉴욕시티에서 가장 높은 두 탑 사이에 걸린 가느다란 줄 위를 걷고 싶어 하는 까닭은 십중팔구 돈이나 인기, 또는 명예 때문일 거라고 생각했다. 하지만 필리페는 "오렌지 세 개가 보이면 저글링을 해야 직성이 풀립니다. 탑 두 개가 보이면 그 사이를 걸어보고 싶어 안달이 납니다"라고 대답했다.

더없이 뜻깊은 이 대답을 우리는 믿으려 들지 않는다. 정신이 나갔다고 생각한다. 실제로 당국에서는 필리페를 시립정신병원에 보내 정신감정을 받게 했지만, 지극히 건강하다는 판정을 받았다. 신문에 난 문구대로 "말짱하고 패기만만했다."

필리페의 답변이 진짜배기 대답이다. 왜 그녀를 사랑하는가? 보자마자 사랑했다. 왜 신부가 되었는가? 그래야 했기 때문이다. 왜 기도하는가? 하나님을 바라보면 기도할 수밖에 없기 때문이다. 도저히 설명할 수 없는 질문에는 내적인 당위성, 내면의 욕구, 은밀한 부르심 따위가 답변이 될 수 있다. 수도사에게 왜 수사가 되었느냐고 묻는다면 누구도 만족스러운 답을 얻지 못할 것이다. 어떤 아이도 "왜 공을 차느냐?"는 질문에 적절한 설명을 내놓지 못할 게 틀림없다. 꼬마들로서는 "공이 보이기에 그냥 차고 노는데요"라는 대꾸 외에는 달리 대답할 말이 없을 것이다.

무단침입과 업무방해 혐의를 적용하려던 방침을 바꿔서 센트럴파크에서 어린이들에게 고공묘기를 보여주겠다는 약속만 받고 풀어준 걸 보면 필리페 페티를 체포한 경찰당국에서도 그러한 사실을 잘 이해하고 있었던 걸로 보인다. 훈훈한 인정을 어느 정도 되살려낸 처분이었다. 아무튼 틈날 때마다 혼자 중얼거리고 있다. "오렌지 세 개가 보이면 저글링을 해야 직성이 풀립니다. 탑 두 개가 보이면 그 사이를 걸어보고 싶어 안달이 납니다."

8월 17일, 토요일

한동안 대기가 건조하고 햇살이 뜨겁더니 오늘 아침에는 거센 빗줄기가 요란스럽게 쏟아졌다. 막사식으로 야트막하게 지은 수도원 건물을 가로질러 걸으며 보송보송하고 편안한 상태로 사방에서 물이 쏟아지는 걸 보고 듣자니 아주 특별한 느낌이 들었다. 우리나라뿐만 아니라 세계 곳곳의 수많은 이들이 비를 기다렸다. 여기서는 일정한 기간마다 한 번씩 비가 내렸다. 밀 작황이 좋을 것이다.

오후에 존 유드 원장, 브라이언 수사, 로버트(새로 들어온 참관인이)와 함께 돌을 주워 모으러 냇가에 내려갔다. 트랙터가 끄는 납작한 짐칸에서 바라본 대지는 너무나도 아름다웠다. 신비로운 베일이 막 추수를 마친 벌판 위에 드리워 있었다. 뉴욕 주의 야트막한 언덕들이 촉촉한 공기를 기꺼워하며 새로운 아름다움을 드러내 보이고 있는 듯했다. 행복하고 감사한 마음으로 옛 생각에 잠겼다. 오늘 보고 느끼는 것들을 사랑하는 친구들도 다 같이 누렸으면 좋겠다. 물론 그럴 수 없음을 잘 안다. 지상에서는 대단한 아름다움을 체험하는 일이 신기하게도 깊은 고독을 경험하는 일과 직결된다. 그렇다면 내가 아직 목격하지 못한 아름다움, 외로움이 아니라 일치를 빚어내는 아름다움이 존재할 거란 생각이 든다.

시어도어 수사가 세척기에 집어넣은 수많은 건포도 알갱이 틈에서 조그만 쇳조각을 찾아내서 보여주었다. 모서리가 면도날처럼 예리했다. 건포도 빵을 먹게 될 이들 가운데 누군가는 시어도어 수도사 덕분에 위장출혈을 면하게 된 셈이다. 물론 시어도어로서는 감사인사를 받을 수 없겠지만. 그게 바로 예방의학의 운명이다.

8월 18일, 주일

성례전적으로는 정말 격렬한 주일이었다. 새벽 2시 30분에 공동으로 밤기도를 드리면서 요엘 선지자를 통해 주신 여호와의 말씀을 들었다.

> 너희는 모든 민족에게 이렇게 널리 선포할지어다.
> 너희는 전쟁을 준비하고
> 용사를 격려하고
> 병사로 다 가까이 나아와서
> 올라오게 할지어다.
> 너희는 보습을 쳐서 칼을 만들지어다.
> 낫을 쳐서 창을 만들지어다.
> 약한 자도 이르기를 나는 강하다 할지어다(욜 3:9-10).

예배를 드리면서 먼저 적들이 어떻게 예레미야를 구덩이에 던져 넣었는지 들었다. "구덩이에는 물이 없고 진창뿐이므로 예레미야가 진창 속에 빠졌더라"(렘 38:6). 이어서 히브리서 저자는 말한다. "자기에 대한 죄인들의 이러한 반항을 참아내신 분을 생각하십시오. 그리하면 여러분은 낙심하여 지치는 일이 없을 것입니다"(히 12:3, 표준새번역). 마지막으로 예수님의 말씀을 들었다. "내가 세상에 화평을 주려고 온 줄로 아느냐. 내가 너희에게 이르노니 아니라 도리어 분쟁하게 하려 함이로라"(눅 12:51).

성경의 이러한 측면을 곧잘 잊어버리곤 한다. 성경은 사실적인 책이며 인간 현실의 어느 한 구석도 회피하려 하지 않는다. 역사를 주관하시는 하나님의 관점에서 모든 남성과 여성 들의 삶과 생각, 개인사를 이야기한다. 이처럼 사실적인 속성을 늘 마음에 담아두는 게 좋다. 하나님은 평화롭고 조용한 곳뿐만 아니라 박해와 다툼, 분열과 갈등이 지배하는 자리에도 계신다. 실제로 주님은 장미꽃밭만을 약속하시지 않았다.

8월 19일, 월요일

〈뉴욕타임스〉에 실린 뉴스와 게시판에 붙어 있는 인도에서 온 편지, 그리고 날이 갈수록 커지는 돈과 음식, 의복을 요청하는 목소리를 보고 들을 때마다 나야말로 노아의 방주에 올라탈 수 있게 된 극소수의 행운아라는 생각이 든다. 이런 비유가 여기 있는 수도사들에게는 썩 어울리지는 않지만 세상에 물에 쓸려 내려가는 걸 산꼭대기에 앉아 지켜보고 있다는 생각을 지워버릴 수가 없었다. 이곳에선 밀농사가 아주 잘 되었지만 신문들은 인도에 홍수가 나서 수확을 앞둔 곡물을 모두 휩쓸어갔으며 북아프리카와 미국의 일부 지방에는 가뭄이 닥쳤다는 보도를 연일 내놓고 있다. 한쪽에선 빈곤으로, 다른 한쪽에서는 인플레이션으로 난리가 났다는 소식이 끊이지 않는다. 여기는 튼튼하고 건강해 보이는 이들뿐인데 사진에 난 얼굴들은 손수 만든 뗏목을 타고 정처 없이 표류하느라 바싹 여윈 모습들이다. 우리가 평화를 만끽하며 서로 신뢰하는 분위기 속에 지내는 동안 사이프러스, 그리스, 칠레, 브라질, 중동, 한반도 등지에서는 날이면 날마다 적대행위가 벌어지고 있다. 그럼에도 불구하고 온갖 고통과 문제로 범벅이 된 그 세계에 종종 향수를 느낀다.

더러 기도제목을 알려주는 게 마치 뉴스 프로그램 비슷해질 때가 있다. 저녁기도 시간에 마르첼로 신부가 제안했다. "한국 대통령의 부인을 위해 기도합시다." 하지만 최근 신문을 본 식구가 없음을 알아차리고 얼른 덧붙였다. "얼마 전에 암살당했거든요."

그러고 보니 누가 대통령의 아내를 죽이려 했는지 아무도 모를 거라는 생각이 퍼뜩 떠올랐던 모양인지 서둘러 토를 달았다. "어떤 사람이 대통령을 살해하려고 한 겁니다." 그런데 이번에는 수도사들이 사건의 결말을 알고 싶을 것 같았다. 그래서 결론 삼아 한마디 더 하고 기도제목 정리를 마무리했다. "대통령은 안전하게 피했습니다." 마르첼로 신부가 도서실에서 일하며 신문을 가장 먼저 읽은 탓에 생긴 해프닝이었다.

8월 20일, 화요일

성 버나드의 축일의 예배는 12세기를 누볐던 이 위대한 성인을 향한 온화하고 때로는 감미로운 찬사들로 가득했다. 밤 성무일과에서도 성인의 설교 한 편을 낭독했다. 버나드는 단순, 냉철, 금욕을 이상으로 삼았다. 몸소 이런 덕목들을 실천해 보였지만 사용한 언어만큼은 풍부하고, 수식이 많으며, 화려하고, 경쾌하며, 바로크풍에 가깝다. 아가서에 관한 설교는 문학적으로 세계에서 손꼽히는 고전에 속하지만 그 요인이 진지함에 있는 게 아닌 것만큼은 분명하다.

브라이언 수사가 명명축일을 기념했다. 이해가 가지 않았다. 처음엔 '브라이언'이 아일랜드 성인의 이름인 줄 알았다. 하지만 그렇지 않았다. 브라이언이란 성인은 아예 없었다. 브라이언이라는 유명한 왕이 있을 따름이었다. 브라이언이 겟세마니 수도원에 들어갔을 당시 원장으로 있던 돔 제임스 폭스가 '버나드'에 해당하는 게일어가 '브라이언'이니 그렇게 부르고 성 버나드의 축일인 8월 20일을 축일로 기념하라고 했다. 브라이언 수사는 거기에 순종해서 이렇게 굳어졌다. 오늘, 수도사들은 브라이언 형제를 위해 특별히 기도했다.

*8월 21*일, 수요일

어제 책에 걸려 넘어질 뻔했는데, 하나님이 그걸 거기에 두셔서 집어 들고 읽게 하신 게 아니었을까 하는 느낌이 든다. 《진리를 향한 열정*A Passion for Truth*》이라는 책이다. 에이브러햄 조슈아 헤셸A.J. Heschel의 마지막 책으로, 세상을 떠나기 불과 몇 주 전에 완성해서 출판사에 보냈다고 한다.

헤셸의 글을 읽으면 머튼의 책을 볼 때처럼 '집에' 돌아온 듯 편안하다. 둘 다 쉽고 분명한 말로 이야기할 줄 아는 이들이다. 영성을 다루는 다른 작가들도 그렇게 글을 써주면 얼마나 좋겠는가! 헤셸과 머튼은 마치 마주 보고 대화하는 것 같아서 '해석'이 거의, 아니 전혀 필요치 않다.

지난 몇 주 동안 적은 일기를 살펴보면서, 하나님의 임재에서 오는 즐거움, 수도원의 침묵과 고요, 수도사들의 사랑, 자연의 아름다움 따위에 대한 기록과 아프리카와 인도의 기근, 칠레와 브라질과 베트남에서 자행되는 고문, 곳곳에서 진행 중인 전쟁들, 세상에 만연된 비참한 현실 등에 대한 기록이 또렷하게 대비되고 있음을 확실히 볼 수 있었다. 마치 전혀 다른 삶을 경험하고 생판 다른 이야기에 귀를 기울이는 두 인격이 내 안에 존재하는 것 같았다. 어떻게 그 둘이 부대끼지 않고 평화롭게 공존할 수 있는지 부쩍 의심스러워지기 시작했다.

《진리를 향한 열정》 서문에서 지은이는 책을 쓸 수밖에 없었던 까닭을 설명한다. 헤셸에게는 어린 시절에서부터 영성생활에 이르기까지 중요한 역할을 한 두 인물이 있었다. 바알 셈 토브Baal Shem Tov와 코츠크의 레브 메나헴 멘들Reb Menahem Mendl인데, 둘 다 헤셸의 진면목을 보여준다. 하시디즘의 시조 격인 바알 셈 토브가 평안, 기쁨, 아름다움의 경험을 대표한다면 메나헴 멘들은 불안, 끊임없는 탐색, 엄격한 자기부정을 대변한다. 헤셸은 이렇게 썼다.

…바알 셈 토브와 코츠크 사람(메나헴 멘들) 양쪽의 인도를 받으면서 두 세력이 내 안에서 지속적으로 부대끼고 있음을 깨달았다. … 이상스럽게도 심령의 편안함을 느끼는 건 바알 셈 쪽이지만 실제로 내 삶을 몰아가는 건 코츠크 사람이었다. 메즈비시(바알 셈 토브)의 기쁨과 코츠크의 근심으로 쪼개진 마음을 가지고 살아도 괜찮은 것인가? … 선택의 여지가 없었다. 마음은 메즈비시에 가 있지만 정신은 코츠크에 묶여 있었다. 바알 셈에게서는 파내고 또 파내도 고갈되지 않는 의미의 광산에 관해 배웠고 코츠크 사람에게서는 길을 가로막고 서 있는 부조리의 거대한 산맥을 탐사하는 법을 전수받았다. … 한쪽은 이 땅에 하늘나라가 존재할 수 있음을 일깨워주었으며 다른 한편에서는 천국이나 다름없다고 주장하는 이 세상에서 지옥을 찾아내게 이끌어서 충격을 주었다. … 코츠크 사람이 번개처럼 날 뒤흔들었다면 바알 셈은 등불처럼 내 안을 비췄다. 정확하기로는 번갯불이 한 수 위임에 틀림없다. 그렇지만 등불을 의지하고 신뢰할 수도 있는 법이다. 등불에 기대서 평안하게 살 수도 있

다는 뜻이다. 바알 셈이 날개를 달아주었다면 코츠크 사람은 쇠사슬로 꽁꽁 묶어놓았다. 나로서는 사슬을 끊어버리고 정신적인 부족함을 껴안은 채 즐거움 속에 뛰어들 용기를 도무지 낼 수가 없었다. 바알 셈 덕에 희열을, 코츠크 사람의 도움으로 굴욕에서 오는 은총을 맛보았다."[6]

모든 게 명명백백하다. 강렬하고 선명하다. 헤셸이 표현하는 갈등을 지켜보는 것만으로도 신뢰와 인정을 받는 느낌이 든다.

수도사 둘이서 수신호로 활발하게 토론하는 걸 보았다. 손과 팔의 재빠른 놀림이 볼만했다. 무슨 얘길 나누는지 가만히 지켜보니, "저 방으로 가서 얘기해봅시다"라는 신호였다. 수신호로 의사소통하는 데는 분명히 한계가 있었다.

8월 22일, 목요일

회계업무를 맡고 있는 알렉시스 수도사가 날 구슬려서 스테이플러와 볼펜, 자를 플라스틱 통에 넣은 문구세트를 96센트에 사게 했다. 실제로는 아무것도 필요치 않았지만, 형제의 말을 듣고 있노라니 어느 것 하나라도 없으면 생활이 몹시 불편해질 것만 같았다. 알렉시스 수사는 대단한 장사꾼이다. 게다가 수도원에서는 내가 거의 유일한 구매자이므로 갖은 기량을 총동원해 날 구워삶았던 것이다.

알렉시스 수도사는 예리한 눈으로 '현명한 구매'를 할 줄 알았으며 할인판매를 한다는 특별세일 광고 하나도 허투루 보지 않았다. 그러다가 세일기간이 되면 사람을 그 가게에 보내서 할인가격에 나온 물품을 대량으로 사들인다. 상점 주인으로서는 싼 값에 내놓은 물품이 대단히 인기가 높으며 가격인하는 일생일대의 실수라는 인상을 받게 될지도 모를 일이다. 하지만 이런 데서는 무엇이든 날이 가고, 몇 주가 지나가고, 해가 지나가다보면 누군가에게 팔리게 마련이다. 스카치테이프나 볼펜이 떨어져서 트라피스트 수도회가 무너지는 일은 결코 없을 것이다. 테이프나 볼펜이라면 알렉시스 형제에게 무궁무진하게 있을 테니 말이다.

이제 스테이플러를 갖게 됐고 기적을 일으켜주길 바라지 않는 한 그럭저럭 잘 움직일 듯하다. 다만, 다섯 장이 넘는 종이를 한꺼번에 묶으려들면 심각한 고장을 일으키거나 끽 소리를 내며 망가져버릴 것이다. 하지만 다섯 장 이상 종이를 철하려고 덤비는 탐욕스러운 인간이 어디에 있겠는가?

8월 23일, 금요일

오늘은 새 브리태니커 백과사전의 덫에 단단히 걸려들었다. 1974년에 편집한 제15판이었다. 이제 막 도서관에 들어왔으니 다들 와서 새

식구를 구경하라는 쪽지가 게시판에 나붙었다. 잠깐만 살펴볼 작정이었는데 결국 30권을 다 훑어보느라 두 시간이나 머물렀다. 정말 게임을 하는 듯 즐거웠다. 마이크로피디어(짧은 글로 어휘를 설명한 일종의 소사전. 매크로피디어, 프로피디어와 함께 브리태니커 백과사전을 구성한다-옮긴이)에서 '그리스도'를 찾아보았다. "'나사렛 예수'를 보라"고 되어 있었다. 하나님의 이름이 다른 호칭들 가운데 하나가 돼버렸다. 색인에서는 예수회가 나사렛 예수보다 앞에 나온다.

8월 24일, 토요일

200장은 족히 돼 보이는 침대시트를 다림질하면서 함께 일하는 동료가 수도원에 들어오기로 결심하게 된 과정을 들려주었다.

가족들 사이의 관계가 유달리 끈끈한 동양계 가문에서 성장한 탓에, 크리스천으로 수도원에 들어가겠다는 뜻을 비추자 식구들이 선뜻 동의하기는커녕 도무지 납득할 수 없다며 비판적인 반응을 보였다고 한다. "아무리 설명해도 못 알아듣더군요." 한없이 서운한 표정으로 그가 말했다. "다시는, 설령 부모님 상을 당한다 하더라도 집에 돌아오지 못한다고 하자 다들 어떻게 그럴 수가 있느냐고 하더군요." 부대낌이 얼마나 심했을지 짐작이 가고도 남았다. 가족에 충실한 자세를 감안하면 그 역시 부모형제와 비슷한 감정을 가졌을 것이다. 하지만 수도사의 소명은 스스로의 욕구와 정면으로 거슬러가며 계속해서 그를 부르고 있었다. "5년을 지체했어요." 그가 말했다. "기도할 때마다 말씀드렸죠. '내일 하겠습니다, 주님. 내일이요, 오늘 말고요. 아직은 아니거든요.'" 그러다가 마침내 집을 나섰다.

아버지가 세상을 떠났지만 집에 가지 않았다. 해마다 어머니가 아들을 데리러 수도원으로 찾아왔다. 일흔다섯 살이 된 어머니는 이제야 간신히 아들이 결코 가족에게 돌아오지 않으리라는 사실을 인정한다. 받아들였다고 해서 이해하게 되었다는 뜻은 아니다. 그나마 위안거리가 있다면 자신의 장례식에 아들이 참석할 거란 생각뿐이다. 수도원 내규가 개정돼서 그게 가능해졌기 때문이다. 동양인들은 기독교에서 말하는 하나님이 어떤 분이든, 자식이 부모를 안장하지 못하게 막는다면 선한 하나님일 리가 없다고 믿는다. 오늘날에는 트라피스트 수도사들도 똑같은 생각을 갖게 됐다.

8월 25일, 주일

유명해지려는 욕망을 떨쳐버릴 좋은 방법을 찾는다면, 우주비행사 버즈 올드린이 쓴 《지구로의 귀환》을 읽는 것도 그 가운데 하나가 될 것이다. 이틀 전에 배달됐는데 읽어볼 가치가 충분해 보인다. 달나라 여행에 관한 설명은 많지 않고 그 이후 올드린 가족의 생활에 관한 이야기가 대부분이다. 올드린이 달에 발을 딛는 장면을 칠레에서 텔레비전으로 지켜보던 기억이 난다. 시내 빈민가에 사는 칠레인들 가운데는 우주인이 달 표면에 내려서는 순간 무언가 끔찍한 일이 터질까 두려워하는 이들도 적지 않았다. 신성을 훼손하는 무엄한 짓이라고 생각했던 것이다. 하긴, 무시무시한 일이 벌어지긴 했다. 칠레인들이 예상했던 사태는 아니었지만 어쨌든 달 표면을 걸었던 우주비행사는 점점 더 불행의 늪 속으로 빠져 들어갔다. 좀 더 읽어봐야겠다.

8월 26일, 월요일

존 유드 원장과 함께 순종에 관해 이야기했다. 내가 말했다. "수도사가 될 수 있을 거라고는 생각해본 적이 없습니다. 순종하는 걸 어려워하기 때문입니다. 글을 쓰거나, 책을 읽거나, 연구를 하는 따위의 일을 해야겠는데 신부님이나 다른 누군가 돌 줍는 작업을 하러 가라고 시킨다면 선뜻 받아들이기 어려울 것 같습니다. 안절부절 못하고 거부감에 시달리다가 조만간 떠나버릴 겁니다."

원장이 대답했다. "지금 이야기한 이유에서라면 수도사로서는 물론이고 교구 신부로서도 낙제점일 겁니다. 비단 수사가 되는 데만 문제가 되는 게 아니라는 뜻입니다. 하고 있는 일이나 하고 싶은 일을 내려놓지 못한다면 온전한 영성생활은 불가능합니다."

그렇게 해서 순종에 관한 이야기가 깊어지게 됐다. 대단히 유익한 대화였다. 존 유드 신부 덕분에 순종의 문제는 곧 친밀감의 문제라는 사실을 깨달을 수 있었기 때문이다. "권위를 가진 이에게 특별히 연약한 부분이 있다면 순종하기가 무척 힘들어집니다. 대놓고 규칙에 따르지 않는 건 결코 아니지만, '안 됩니다'라는 소리를 듣고 싶지 않은 사안들을 원장이 상급자에게 감추고 드러내지 않는 일종의 순종게임을 벌일 수 있습니다. 누군가에게, 그러니까 반드시 순종해야 할 대상에게 자신을 온전히 맡기려면 상당한 믿음이 필요합니다. 흔히들 재빨리 적응하되 진심으로 순종하지 않습니다. 전체적인 흐름에 따라가면서 쓸데없이 파장을 일으키지 않으려는 심산입니다. 그건 순종이 아닙니다. 그저 순종하는 시늉일 뿐입니다."

더 신뢰하고, 자신을 더 쉽게 열며, 더 부드러운 심령을 가질 수 있었더라면 순종이 그처럼 힘들지 않을 것이다. 거절당할 염려 없이 다른 의견을 제시하며, 원한을 품지 않고 항의하고, 독선에 빠지지 않고 다른 입장을 표현하는 게 가능하며 무엇보다도 논쟁을 끝낸 뒤에 "그럼에도 불구하고 여전히 하고 싶지 않은 일을 요구하신다면, 마음을 열고 하나님이 나를 위해 생각보다 훨씬 크고 중요한 무언가를 준비하고 계신다고 믿겠습니다"라고 이야기할 수 있을 것이다.

그런 마음가짐을 가져야 순종하는 삶이 진정 흥미진진해질 수 있다. 다음에 무슨 일이 벌어질지 전혀 알 수 없기 때문이다. 하지만 내 심령 가장 깊은 곳에 그런 태도를 받아들이려면 아직도 갈 길이 멀다.

8월 28일, 수요일

꿈이 갈수록 거칠고 격렬해지고 있다. 어젯밤에는 샌프란시스코 골든게이트브리지 난간 바깥에 붙은 벤치에 앉아 있었다. 바닥에는 푹신한 쿠션이 깔려 있었다. 벤치는 난간을 타고 이쪽 기슭에서 반대쪽으로 부드럽게 움직였다. 발 아래로 정기연락선들과 돛단배들이 바다를 가르며 환상적인 풍경을 연출하고 있었다. 머리 위로는 맑은 하늘에 어린 양처럼 생긴 구름들이 몽실몽실 떠다녔다. 말끔한 건물들과 높은 고층빌딩들이 늘어서 눈부시게 흰빛을 내는 시내로 서서히 다가갔다.

시가지에 이르자 친구 던과 클로드가 반기며 커다란 호텔로 데려갔다. 그러곤 바로 내려가서 바텐더와 유쾌하게 수다를 떨었다. 뿐만 아니라 우리를 무척 마음에 들어 하면서 특별회원만 들락거릴 수 있는 구역을 보여주었다. 어떤 문이든 다 열 수 있는 열쇠를 가지고 호화로운 접견실들을 여러 군데 돌아보게 해주었다. 여기저기 돌아다니는데 근사한 옷을 입은 남녀 한 무리가 실내 전체에 카펫이 깔리고 안락의자가 놓인 방으로 자리를 옮기는 게 눈에 띄었다.

바텐더를 따라서 다시 호텔 라운지로 돌아오자 트라피스트 성직자들 여럿이 하얀 수도복과 검은 제의 차림으로 모여 있었다. 제각기 다른 사교모임에 들어가서 예배를 인도할 거라고 했다. 엘리트들을 구별해서 특별하게 대우하는 정책을 신앙적으로 뒷받침하는 행태에 화가 치밀었지만 적극적으로 저항하지 못하고 그저 두 친구와 함께 그 자리를 박차고 나오는 데 그쳤다.

계시적인 의미가 큰 꿈이란 생각이 들었다. 낮에는 세상에 속해 있지 않으면서 거기 있으려고 노력하는 반면, 밤에는 사실상 세상을 떠나 있으면서도 완전히 거기에 빠져 산다.

8월 29일, 목요일

가끔은 글쓰기가 그야말로 일거리가 된다. 지난 며칠 동안, '마음의 기도'에 관한 글을 어떻게 써야 할지 골머리를 썩였다. 사막 교부들의 기도 전통에 관한 책을 여러 권 다시 읽고 전에 뽑아놓은 인용문들을 검토해보았지만 여전히 개운치가 않으며 글을 쓸 엄두를 낼 수가 없다. 오늘은 무작정 시작하고 어떻게 되나 보기로 했다. 고작 두 문장을 썼을 뿐인데, 펜이 예상했던 것과는 정반대방향으로 잡아 이끄는 것 같았다. 한 쪽 한 쪽 써내려가다 보니 그동안 사막 교부들에 집중하느라 쓰려는 글 전반에 더 잘 부합되는 중요한 사항들을 놓치고 있었던 게 아닌가 하는 생각이 들었다.

아이디어와 어휘들이 술술 흘러나오는 게 그야말로 놀라웠다. 마치 항상 준비를 갖추고 있었지만 표현될 기회를 얻지 못했던 것 같았다.

한편으로는 내게 글쓰기란 집중해서 온갖 생각과 감정들을 명쾌하게 정리하는 데 대단히 유용한 도구가 된다는 사실을 갈수록 깊이 깨달았다. 한 시간이고 두 시간이고 일단 펜을 잡고 종이 앞에 앉으면 진정한 평온과 조화가 밀려드는 걸 실감한다. 결국 자질구레한 일상사들을 처리할 마음이 들고 또 그럴 수 있게 된다. 글 한 줄 안 쓰고 그저 독서나 육체노동만으로 하루를 보내고 나면 전반적으로 정신적인 변비에 걸린 느낌이 든다. 잠자리에 들면서도 해치웠어야 할 일을 마치지 못했다는 묵지근한 기분을 떨쳐버릴 수가 없다.

이런 것들을 모두 의식하게 된 건 좋은 일이다. 지난 몇 년 동안 뉴헤이븐에서 지내면서 적잖이 불쾌한 느낌에 시달렸던 까닭을 어느 정도 이해할 수 있을 것 같다.

8월 30일, 금요일

일다운 일은 거의 없고 부산스럽기만 한 작업에 바친 하루다. 네 시간 넘게 건포도를 씻었음에도 불구하고 다 마무리 짓지도 못했다. 서둘러 신경을 써야 할 편지를 수북이 받았다. 인생사와 관련해서 도움을 청하는 여러 손님들 가운데 한 명과 몇 시간이나 대화를 나눴다. 마지막으로 〈유에스 뉴스 앤드 월드 리포트〉를 펴놓고 날 우울하게 만드는 기사들을 읽었다. 수도사가 아니라 비즈니스맨에게나 어울릴 소식들뿐이었다.

여기 들어오기 전의 생활을 돌아보면 이건 특별하달 게 없는 사실상 '평범한' 날이었다. 분주하고, 정신없이 돌아가고, 많은 말을 하지만 그 무엇에도 집중하지 못하는 피상적인 나날들이었다. 그처럼 '평범한 날들'은 가능한 한 피하는 게 좋겠다.

8월 31일, 토요일

기도에 관한 글을 쓰는 게 종종 고통스럽다. 문장으로 옮겨내고 있는 바람직한 상태와 자신이 얼마나 동떨어져 있는지 자꾸 의식하게 되기 때문이다. 독자들은 글이 글쓴이의 삶을 반영하고 있다고 믿는 경향이 있다. 이로운 점이 있다면 읽는 이들이 상담가요 안내자가 되어준다는 점 하나뿐이다. 독자들은 글에 쓴 생각과 관념을 삶으로 살아내도록 초대하고 도전한다.

이번 주에는 책을 읽든 글을 쓰든, 죄다 기도에 관한 것들이었다. 그러느라 너무 바쁘고 자주 감격에 빠져서 정작 기도할 틈을 내지 못했다. 하나님께 간구하려고 해도 거기에 몰입하지 못하고 기도에 관련된 생각에 빠져들곤 했다.

기도하기 위해서는 하나님이 채우시도록 마음과 영혼을 비워놓아야 하지만 다른 한편으로는 기도에 관한 감정과 생각들도 마음과 영혼에서 정리해내야 한다. 그렇지 않으면 기도가 기도하는 행위를 가로막게 된다.

  지성의 틀이 기도에 도움이 되면서 동시에 큰 장애물일지도 모른다는 강한 의구심이 든다. 독특한 깨달음을 얻으려는 욕심을 버리고 속사람과 장시간 토론을 벌이지 않으면서 기도하기란 쉬운 노릇이 아니다. 마음에 특별한 통찰이 떠오르면 그걸 어떻게 강의나 설교, 또는 기사에 써먹을까 궁리하느라 마음은 당장 하나님으로부터 천리만리 멀어지고 신경이 온통 자기 꿍꿍이를 키워가는 데 쏠리게 된다. 예수 기도가 특별히 유익한 까닭이 거기에 있는지도 모른다. 러시아 농부가 그랬던 것처럼 "주 예수 그리스도여, 자비를 베푸소서"라는 단순한 기도를 수백, 수천, 수만 번 되풀이하는 것만으로도 마음은 서서히 정결해지고 하나님이 개입하실 여지를 열어드릴 수 있게 된다.

4

9월
—
세상을 위한 기도

세상을 위해 기도하면 세상이 된다.
헤아릴 수 없이 많은 이들의 필요를 위해 간구하면,
내 영혼은 폭이 넓어져서 모두를 끌어안고
하나님의 임재 가운데로 인도하고 싶어진다.
하지만 그런 체험의 한복판에는 그 연인이 내 것이 아니며
하나님이 주신 선물이라는 깨달음이 단단히 자리 잡고 있다.
나는 세상을 품에 안을 수 없지만 하나님은 그러시고도 남는다.

The Genesee Diary

9월 1일 주일

여기서 보내는 네 번째 달의 시작이다. 이제 고작 네 달 남았다는 생각을 하면 초조하다. 크리스마스 무렵에는 어디에 있게 될까? 하지만 그따위 질문을 할 까닭이 뭐란 말인가. 사도 바울은 말한다. "아무 것도 염려하지 말고 다만 모든 일에 기도와 간구로, 너희 구할 것을 감사함으로 하나님께 아뢰라. 그리하면 모든 지각에 뛰어난 하나님의 평강이 그리스도 예수 안에서 너희 마음과 생각을 지키시리라"(빌 4:6-7). 그걸로 충분하다.

어제 성령에 관한 글을 써달라는 원고청탁서를 받았다. 스스로 세운 수련일정에 충실하기 위해 정중히 사양하는 편이 나을 것 같다는 취지의 답장을 써 보냈다. 하지만 오늘 아침에 묵상을 하다 언뜻 정신을 차려보니, 청탁을 받아들였더라면 어떤 글을 썼을지 궁금해하며 성령님에 대한 온갖 '흥미로운' 발상에 몰두하고 있었다. 정신적인 방랑에서 깨어난 나는 혼자 중얼거렸다. "성령님에 관한 생각에 마음을 빼앗기지 말고 기도하는 데 신경 써!" 그러다가 성령님이 원하시는 것도 바로 그것이란 깨달음이 들어서 피식 웃고 말았다. 곁길로 새나가기가 얼마나 쉬운지! 하지만 성령님에 관한 글을 쓸 생각으로 마음을 가득 채우는 태도와 심령을 비워서 성령님이 그 안에 거하시며 기도할 수 있게 하는 자세에는 현격한 차이가 있다. 하나님에 대해 이야기하는 것과 하나님과 더불어 대화하는 것만큼이나 판이하게 다른 일이다. 무엇이 됐든 자신을 가다듬는 수련은 이러한 차이를 깨달을 때 비로소 시작되며 그 의미를 온몸으로 살아내겠다는 소원이 있어야 비로소 진정한 과제로서 가치를 갖게 된다. 이건 대단히 어렵지만 마음을 짓누르지 않으며 까다롭지만 도전적이다.

스티븐 신부가 오늘 쉰 번째 생일을 맞았다. 저녁기도 시간에 나온 기도제목을 통해 이 사실이 알려졌다. 그가 나보다 나이가 많으리라고는 꿈에도 생각지 못했었다. 수도사들이 일반적으로 젊어 보이는 편이지만 스티븐 신부는 한층 동안이다. 그러나 우리 모두가 그러하듯, 그 역시 나이를 먹어가고 있다. 암석을 주워 모으는 일을 얼마나 열성적으로 하는지 보고만 있어도 존경하는 마음이 깊어진다. 진실로 그 단순한 작업을 소명으로 승화시켰음에 틀림없다. 동료들을 이끌고 암석을 주우러 갈 때마다 신부는 한없이 진지해진다. 그 나이에 이끼가 끼지 않는 '구르는 돌'이 될 수 있다는 건 정말 대단한 내공이다.

9월 2일, 월요일

오늘 묵상시간에 이런 글을 읽었다.

…기도에는 한 점 부족함 없는 노력이 필요하다. 하나님은 그 수고를 보시고 구하는 걸 채워주실 것이다. 인간의 노력으로는 진정한 기도를 드릴 수 없다. 그건 하나님의 선물이다. 구하라, 그러면 얻을 것이다.[1]

…어떤 측면이 됐든 영성생활에서 거둔 성과는 하나님의 은혜에서 비롯된 열매임을 반드시 기억해야 한다. 영성생활은 처음부터 끝까지 가장 거룩하신 주님의 영에서 시작된다. 인간에게도 나름의 영이 있지만 빈 공간과 같아서 아무 능력이 없다. 하나님의 은혜가 그리로 흘러들어 갈 때 비로소 힘을 얻기 시작하는 것이다."[2]

영성생활이 침체되어 있다는 건 곧 기도가 은혜라는 사실을 잊었다는 의미가 아닐까 싶다. 영성생활의 열매는 모두 하나님의 선물이라는 점을 깊이 깨달은 크리스천은 미소를 잃지 않으며 제아무리 심각한 상황에서도 자유로울 수 있다. 온 힘을 다해 눈을 질끈 감고 두 손을 힘닿는 데까지 단단히 모은다 해도, 하나님은 스스로 원하실 때만 말씀하신다. 이러한 사실을 알고 나면 누르고, 밀고, 당기는 짓이 다 부질없어 보인다. 가끔은 눈만 감으면 세상이 다 사라진다고 생각하는 어린애처럼 행동할 때가 있다.

하나님이 간섭하실 여지를 드리기 위해 취할 수 있는 모든 조처를 다 취했다 하더라도 상황을 주관하시는 분은 여전히 주님이시다. 하지만 우리에게는 소망의 근거가 되는 약속이 있다. 사랑의 약속이다. 그러므로 인생으로서는 기대를 품되 웃음을 잃지 않고 인내하며 기다리는 게 바람직하다. 그리하면 주님이 오실 때 진실로 크게 놀라며 기쁨과 감사가 넘치게 될 것이다.

오늘, 다음 월요일 오전에 코네티컷 주 이민 및 귀화국 사무실에 출두해서 미국 영주권을 받으라는 전갈을 받았다. 그러자면 하루 동안 이곳을 비우고 집에 가서 자야 한다.

9월 4일, 수요일

석 달 넘게 육체노동을 해보니 진정으로 작업을 즐기지 못하는 게 분명했다. 새롭고 신기한 느낌이 사라지면 금방 지루해졌다. 하루나

이틀, 오후에 작업하는 데는 어려움이 없었지만 석 달이 지나자 일을 하는 내내 '언제 끝날까?'라는 질문이 머리에서 떠나지 않았다. 컨베이어벨트에서 뜨거운 빵을 집어내고, 포장하고, 건포도를 씻고, 침대 시트를 다림질하고, 암석을 주워 모으는 일들이 다 마찬가지였다. 조금이나마 지루함을 덜어주는 게 있다면 함께 일하는 성품 좋은 동료들뿐이었다.

이런 느낌을 존 유드 원장에게 모두 이야기했다. 육체노동이 따분한 작업에 그치지 않고 기도의 일부가 되게 할 방도를 찾아보는 게 대단히 중요하다는 판단이 들었기 때문이다. 원장이라면 내 기분을 충분히 이해할 수 있을 것 같았다. 놀랍게도 존 유드 신부는 대다수 수도사들, 특히 나이 든 이들일수록 나처럼 생각하기보다 주어진 일을 즐기고 있다고 했다. 그렇지 않아도 줄곧 그 까닭이 궁금했다. 원장은 이런 유형의 노동이 비연관성을 절감하는 계기가 된다는 사실을 일깨워주었다. 다른 상황에서는 지성적인 방어와 강력한 억압 탓에 비연관성을 통감하지 못할 수도 있다. 연구하거나, 글을 쓰거나, 강의를 할 때는 일종의 조작을 통해서 흥미를 부여할 수 있다. 그러나 빵 작업장이나 냇가에서는 일을 재미있게 바꾼다는 게 불가능하다. 결국 '무조건 해야 할 일'에 직면하는 것 말고는 달리 방도가 없음을 깨닫고 깊은 소외를 실감하게 된다. 진정으로 그 일이 내 세계에 연관되어 있다고, 그 일부라고 느낀다면 답답하고 지루하다고 불평하지 않을 것이다.

수도사는 흥미 없는 노동을 통해 비연관성에 부닥치게 되는데, 그런 충돌 속에서 기도는 성장한다. 비연관성의 경험이 기도로 연결되지 못한다면 수도사는 수도원을 떠나게 될지도 모른다. 기도 가운데서 나와 만물을 사랑으로 창조하신 하나님과 만날 수 있다. 기도 가운데서 새로운 소속감을 찾을 수 있다. 가장 깊게 연결되는 자리가 바로 그곳인 까닭이다.

육체노동은 환상을 벗겨낸다. 내 벌거벗은 실체와 무기력함, 유한성, 연약함 따위에 직면하지 않기 위해 흥미롭고, 신나며, 정신을 쏙 빼놓을 만한 활동들을 끊임없이 찾아 헤매고 있음을 단적으로 드러내 보여준다. 따분한 단순작업은 무방비상태의 밑바닥을 공개해서 더 연약한 심령을 갖게 한다. 이 새로운 연약함이 두려움이나 분노에 사로잡히게 만드는 게 아니라 하나님의 은혜에 마음을 활짝 열도록 이끌어주길 소망하며 기도한다.

9월 5일, 목요일

미국의 영주권자가 되기 위해서는 공산주의자가 아니며 매독에 걸리지 않았음을 입증해야 한다. 공산주의자 여부를 가리기 위해서는 면담이, 성병 감염을 판별하기 위해서는 혈액검사가 필수적이다.

오후에 혈액검사를 받으러 가장 가까운 거점도시인 바타비아에 갔다. 다들 상냥하고, 친절하며, 협조적이다. 바서만Wassermann 혈액검사

결과를 받으러 내일 군 청사에 다시 나가야 한다. 상쾌한 나들이였다. 축구연습을 마치고 집으로 돌아가는 십 대 아이들 둘이 차를 세우기에 가는 데까지 태워주었다. "내일이 개학이에요." 아이들 중 하나가 말했다. 고작 넉 달이 지났을 뿐인데도 학교에 간다는 어린 친구들의 얘기가 생소하게 들렸다. 학생으로든 교사로든 학교에 적을 두지 않았던 여섯 살 이후로, 단 한 학기나마 교정을 떠났던 기억이 없다. 학교를 뜻하는 영어단어 'school'이 '스콜라(schola, 자유시간)'라는 말에서 나왔음을 감안한다면, 내게는 지금이 진정한 학창 시절인지도 모른다.

9월 7일, 토요일

오후에는 굴착기를 운전해야 했다. 커다란 삽을 들어 올리고 내려가며 흙을 퍼 담는 법을 배웠다. 거대한 기계를 몰고 차고로 돌아왔을 때 문제가 생겼다. 셔터를 끝까지 올려놓지 않은 차고 문을 통과하기에는 삽과 연결된 대가 너무 높다는 사실을 감지하지 못한 것이다. 갑자기 우지끈하는 소리가 들리기에 돌아보니 문짝 아래쪽이 박살이 나 있었다.

마이클 수도사는 이 해프닝을 처음부터 죽 지켜보았다. 그리고 여느 때처럼 웃음기 가득한 얼굴로 "용은 그 꼬리로 하늘의 별 삼분의 일을 휩쓸어서 땅으로 내던졌다"는 계시록 말씀이 떠오른다고 했다. 그러곤 눈동자를 반짝이며 덧붙였다. "이런 사건들은 늘 성경말씀을 더 잘 기억하게 해주죠." 마이클 형제의 위로 덕분에 집으로 돌아오자마자 실수에 대해서는 새카맣게 잊어버릴 수 있었다.

내일은 미국 영주권자가 되기 위해 코네티컷 주로 돌아가야 한다.

9월 9일, 월요일

오후 4시 정각에 수도원의 내 '집'으로 돌아왔다. 사방에서 따듯한 환영인사가 날아왔다. 존 유드 원장이 다가와서 말했다. "어서 오세요!" 앤서니 수도사는 쪽지를 보냈다. "돌아와서 기쁩니다." 기껏해야 스물여섯 시간 자리를 비웠을 뿐인데… 고작 몇 시간 보이지 않았음에도 다들 그리워해주었다는 게 기분 좋았다.

탈진 직전이다. 두통에 치통까지 있다. 배가 고프고 졸리다. 전반적으로 신체기능이 떨어진 상태다. 하지만 잘 먹고 푹 자면 금방 괜찮아질 것이다. 돌아와서 즐겁고 여기서 석 달을 더 머물 수 있어서 행복하다.

9월 11일, 수요일

뉴헤이븐에 다녀오는 짧은 여행은 수도원 생활 후반기를 시작하는 남다른 감회를 갖게 해주었다. 수도원으로 돌아오는 데 정말 고향집에 가는 느낌이었다. 이곳을 얼마나 편안하게 생각하는지 알 것 같았다. 수도사들을 알고(비단 이름만이 아니라) 생활방식을 안다. 수도원 건물뿐만 아니라 내규까지 두루 꿰고 있다. 수사들도 나를 편안하게 봐주고 삶의 일부로 여기는 듯하다. 모두가 만족스럽게 들리지만 그게 도리어 진짜배기 유혹이기도 하다. 언젠가부터 친밀한 느낌이 영성생활에 꼭 좋은 것만은 아니며 하나님께 시선을 고정하고 이곳에 편안하게 안주하지 않으려면 의식적으로 새로운 노력을 기울여야 한다는 각오를 다지고 있다. 주변에서 갖가지 소소하지만 흥미롭고 즐거운 활동들을 긁어모아서 수도원 생활을 통해 확보한 하나님과 단 둘이 머물 빈 공간을 조금씩 채워갈 수도 있다. 기도에 관한 글을 쓰는 일이 도리어 기도하지 않는 핑계거리가 될 수도 있다. 수도사들의 다채로운 관심사에 일일이 반응하다 보면 진정으로 혼자 있기가 어려워질지도 모른다. 설령 죽는 날까지 수도원에 머문다 할지라도 이곳은 영원한 집이 아니며 그렇게 될 수도 없음을 확실히 인식하기 위해 앞으로 남은 몇 달 동안 특별한 노력을 기울일 필요가 있다.

오늘, 에이브러햄 헤셸의 《진리를 향한 열정》에서 코츠크 사람(코츠크의 랍비 메나헴 멘들)의 말을 읽었다. "끝냈다고 생각하면 끝난다."[3] 얼마나 정확한 지적인가! 도달했다고 주장하는 이들은 길을 잃은 것이다. 목표에 도달했다고 믿는 이들은 목적을 상실한 것이다. 자신을 성인으로 여기는 이들은 마귀들이다. 갈망하고, 기다리고, 소망하고, 기대하는 일은 영성생활의 중요한 부분들이다. 장기적인 관점에서 볼 때, 자발적인 통회는 스스로 완성된 존재가 아님을 기억하는 데 반드시 필요한 필수요소다. 선의의 비판이나 좌절감을 주는 일상사, 주린 배, 피곤한 눈 따위는 기대를 일깨우고 기도의 깊이를 더하는 데 도움이 된다. "오소서, 주 예수님. 오소서!"

9월 12일, 목요일

침묵, 그것은 내게 참으로 중요하다. 지난 한 주 동안, 쉴 새 없이 의논하고 의견을 주고받으며 뉴헤이븐에 다녀오고, 꼭 필요한 것처럼 보이는 전화를 수없이 걸고 받았으며, 수도사들과도 적잖은 대화를 나눴다. 그러는 사이에 내 삶에서 침묵이 차지하는 비중이 점점 줄어들었다. 침묵이 사라져간 곳에 내면이 오염되었다는 감각이 자리를 잡았다. 처음에는 어째서 자꾸 지저분하고, 찜찜하고, 불순한 느낌이 드는지 몰랐지만 시간이 갈수록 침묵의 결핍이 주원인이라는 걸 또렷이 알 수 있었다.

말을 통해서 한마디로 정의할 수 없는 애매한 감정들이 삶에 들어온다는 사실을 깨달아가고 있는 중이다. 말을 하는 한 반드시 죄를 지을 수밖에 없다는 생각까지 든다. 한없이 고상한 토론을 벌인다 할지라도 정체를 알 수 없는 무언가가 침투해서 분위기를 흐려놓는 듯하다. 이상하게도 말을 하다 보면 총기가 흐려지고 방어적이며 자기중심적이 된다. 지난 주일, 뉴헤이븐의 학생들과 토론하고 나서는 피로감이나 긴장감뿐만 아니라, 건드리지 말아야 할 걸 만진 것만 같은, 입에 올리기만 해도 뒤틀리는 이야기를 한 것 같은, 바람을 움켜쥐려고 안간힘을 쓴 것 같은 느낌이 들었다. 나중에는 마음이 가라앉지 않아서 잠을 이룰 수가 없었다.

사도 야고보의 글은 과장이 아니다. "혀는 곧 불이요 불의의 세계라. 혀는 우리 지체 중에서 온몸을 더럽히고 삶의 수레바퀴를 불사르나니 그 사르는 것이 지옥 불에서 나느니라. 여러 종류의 짐승과 새와 벌레와 바다의 생물은 다 사람이 길들일 수 있고 길들여 왔거니와 혀는 능히 길들일 사람이 없나니"(약 3:6-8).

성 베네딕트는 침묵에 대한 입장이 아주 명쾌했다. 우선 선한 일을 이야기하는 것보다 침묵하는 편이 낫다고 보았다. 악한 요소를 건드리지 않고 선에 관해서만 언급한다는 건 사실상 짐승을 죽이지 않고 고기를 먹는 일이나 매한가지여서 현실적으로 불가능하다는 뜻을 넌지시 내비쳤다. "…침묵은 심각한 문제이므로 웬만해서는 완벽한 제자들에게조차 입을 열도록 허락해서는 안 된다. 선하고 거룩하며 의식을 끌어올리는 내용이라 할지라도 마찬가지다. 성경에 '말이 많으면 허물을 면하기 어려우나 그 입술을 제어하는 자는 지혜가 있느니라'(잠 10:19)고 적혀 있기 때문이다. '죽고 사는 것이 혀의 힘에 달렸나니 혀를 쓰기 좋아하는 자는 혀의 열매를 먹으리라'(잠 18:21)는 말씀도 있다. 말하고 가르치는 건 스승의 몫이며 제자들의 본분은 침묵하고 귀 기울여 듣는 일이다."⁴⁾

학교로 돌아간 뒤에는 더더구나 침묵을 내 삶의 중요한 일부로 삼을 필요가 있다. "말이 많으면 허물을 면하기 어려우나 그 입술을 제어하는 자는 지혜가 있느니라." 이야기를 해달라고 부탁하는 이들은 수두룩했지만 침묵해달라고 요청한 경우는 지금껏 단 한 번도 없었다. 말을 많이 할수록 입 밖에 낸 말에 충실하기 위해 더 침묵해야 한다는 걸 알았다. 다들 이야기에서 너무 많은 걸 기대한다. 침묵에서 바라는 건 거의 없으면서.

9월 13일, 금요일

존 유드 원장과 대화. 요즘 주로 관심을 쏟는 일들은 지금부터 석 달 반 뒤면 여기서 떠나게 된다는 사실과 관련이 있다. 여기서 쌓은 수련이 장차 내 생활에 어떤 영향을 미칠지 궁금하다. 한 가지 소망은 분명하다. 원장과 더불어 제네시 공동체와 지속적인 관계를 갖는 일이다. 네덜란드에 있는 동료 성직자들을 한없이 존경하고 존중하며 감사하는 마음을 가지고 있지만 더 친밀하게 교제하려는 영적인 욕구를 채우기에는 너무 멀리 떨어져 있다.

존 유드 원장은 충분히 납득할 수 있고, 현실적이며, 뜻깊은 소망이라면서, 그렇다면 앞으로 몇 달 동안은 미래의 생활방식에 관한 생각들을 진전시켜보자고 했다. 무엇보다도 충격적이었던 건 일단 내 쪽에서 기도, 활용할 수 있는 자원, 잠자리에 들고 일어나는 시간 따위를 구체적으로 정해놓고 거기에 따라 살면 친구들과 학생들이 그런 생활방식을 지지하고 지원하게 되리라는 의견이었다. 원장은 머잖아 그런 생활방식에 매력을 느끼고 동참하는 이들이 생길 거라고까지 했다. 다시 말해서, 명확하고 가시적이며 잘 정리된 생활방식을 갖게 되면 다른 이들과 연결되는 더 좋은 통로가 열리게 되고 긴밀한 관계로 키워나갈지 결정하는 기준이 생긴다는 것이다.

존 유드 원장은 '시간전례'(하루를 일정한 시간으로 나누어 기도하는 전례-옮긴이)와 '묵상'을 두 가지 집중해볼 만한 포인트로 제시했다. 또 이른 아침과 잠자리에 들기 전을 가능성이 높은 시간대로 지목했다. 하루하루 훈련하지 않으면 수련을 되풀이해도 실질적인 성과를 얻을 수 없다고 보는 쪽이었다. 일정한 리듬에 따라 지속적으로 기도하지 않으면 드문드문, 또는 규칙적으로 수련기간을 갖는다 해도 일상생활과 연결되기 어렵다는 것이다.

아울러 기도와 노동을 잘 통합하는 게 얼마나 중요한지에 관해서도 의견을 나누었다. 강의, 설교, 집필, 연구, 상담 따위의 활동은 규칙적인 기도생활을 통해서 더 풍성해지고 깊이를 더하게 된다. 원장은 토머스 머튼의 사례를 들려주었다. 오직 '작업시간'에만 글을 썼음에도 불구하고 기도하는 중에 새로운 생각과 주제가 샘솟듯 흘러나왔으므로 아무런 어려움이 없었다는 것이다. 비서 역할을 하는 두 수도사가 하루는 불만 섞인 목소리로 윗분이 하루하루 쏟아내는 아이디어를 따라가기가 너무 버겁다고 하소연했을 정도였다. 하지만 머튼 자신은 억지로 생각을 쥐어짜내지 않았다. 거침없이 편안하게 글을 써내려갔다. 글쓰기는 묵상생활의 일부였다. '마음을 뒤흔드는' 이야기였으며 그 자체가 중요한 제안이었다.

명확하고 구체적인 결단을 내리고 일정한 기간 동안 그 결심을 확고하게 유지하는 게 중요해 보인다. 그러고 나서 리더와 함께 그사이의 경험을 평가하고, 방향을 수정하고, 얼마쯤 다시 시도해보고, 다시 평가하는 과정을 반복해서 언제라도 오류를 시정할 수 있는 열린 마음가짐을 갖되 기본적으로는 끈질기게 지속되는 거의 항구적인 생활방식을 확립해야 한다. 활동적인 직업을 가진 이들에게는 유연성과 지속성이야말로 신령한 생활방식을 유지하는 데 결정적인 요소다.

오늘 아침, 시어도어 수사가 건포도 더미 속에서 단추 하나를 찾아냈다. 형제가 내미는 단추를 보는 순간, 캘리포니아의 뜨거운 햇살 아래서 포도를 따는 가난한 멕시코 이민자가 떠올랐다. 아마도 포도알갱이가 가득 담긴 상자를 트럭으로 나르는 도중에 단추 하나를 떨어뜨리고 말았을 것이다. 오늘 트라피스트 수도원의 건포도 세척기 위에서 그 단추가 모습을 드러냈다. 불쌍한 이민자와 그 가족이 먹을 빵을 빈 건포도 상자에 가득 담아 단추와 함께 돌려보내줄 수만 있다면 얼마나 좋겠는가! 하지만 늘 그렇듯, 가난한 이들은 이름도 주소도 남기지 않는다.

9월 14일, 토요일

수도사들은 하나님을 만나러 수도원을 찾는다. 하지만 수도원 안에서 마치 진즉에 하나님을 만난 듯 사는 이들은 진정한 수도사가 아니다. 개인적으로는 하나님과 더 '가까워지기' 위해 여기에 왔지만, 언제라도 남들보다 주님과 더 친밀해졌다고 믿는다면 바로 그 순간 자신을 속이는 꼴이 될 것이다. 하나님을 추구하는 건 마땅한 일이지만 주님을 발견할 수는 없다. 그분이 우리를 찾아내실 뿐이다.

엘리 비젤Elie Wiesel의 《불타는 심령Souls on Fire》을 읽노라면 두 군데서 이 역설을 선명하게 드러내 보여주는 대목을 볼 수 있다. 둘 다 코츠크 사람을 설명하는 내용이다. 첫 번째 단락은 이렇다.

한 제자가 코츠크 사람에게 고민을 털어놓는다. "저는 리즌에서 왔습니다. 거기서는 모든 게 단순하고 만사가 명쾌하지요. 기도하면 기도하고 있다는 걸 알았습니다. 공부를 하면 공부하고 있다는 걸 인식했습니다. 이곳 코츠크에서는 모든 게 뒤죽박죽이고 혼란스럽습니다. 랍비여, 그 때문에 괴롭습니다. 끔찍할 정돕니다. 길을 잃었습니다. 예전처럼 기도하고 연구할 수 있게 도와주십시오. 고통을 그치게 해주십시오." 랍비는 울먹이는 제자를 물끄러미 바라보며 묻는다. "하나님이 그대의 공부와 기도에 관심이 있다고 누가 그러던가? 그대의 눈물과 아픔을 더 좋아하신다면 어찌할 심산인가?"[5]

두 번째 단락은 이렇다.

"어떤 체험은 말로 전파되지만 더러는(이편이 더 심오한데) 침묵으로 퍼져나간다. 심지어 침묵을 통하지 않고는 전할 수 없는 경험들도 있다"(코츠크 사람). 신경 쓰지 말라. 누가 경험을 나누는 것이라고 하던가? 체험이란 살아낼 수 있을 따름이다. 그게 전부다. 진리를 드러내야 한다고 말하는 이가 도대체 누구인가? 진리는 그저 추구될 뿐이다. 달리 방도가 없다. 비애가 진리를 가리고 있다는 판단이 다른 데서 그걸 찾아야 할 이유가 되는가?[6]

두 대목 모두 키르케고르적인 성향이 있다. 코츠크 사람과 키르케고르 사이의 유사성에 헤셸이 크게 놀랐으리라는 점에는 백번 공감할 수 있다. 하지만 초기 사막 교부들에게서 볼 수 있는 분위기도 거기에 짙게 배어 있다. 하나님은 이해의 대상이 될 수 없다. 주님은 인력으로 파악할 수 있는 분이 아니다. 진리는 인간의 용량을 초과한다. 진리에 가까이 다가서는 유일한 방법은 진리를 '소유'하거나 '유지'하는 사람의 능력에는 한계가 있음을 끊임없이 강조하는 길뿐이다. 인간은 하나님도, 역사 속에 임하신 그분의 임재도 설명해낼 수 없다. 특정한 사건이나 상황 속에서 하나님을 확인하자마자 주님을 가볍게 처리하고 진리를 왜곡하기 일쑤다.

그러므로 하나님이 결코 우리를 저버리지 않으시며 불가해한 삶의 부조리 가운데서도 한결같은 음성으로 부르고 계신다는 사실에 매달리는 것 말고는 할 일이 없다. 이러한 사실을 마음 깊이 새기는 게 중요하다. 하나님이 어디서 역사하시고 또 어디서 침묵하시는지, 언제 임하시고 또 언제 떠나시는지 자신과 남들에게 제시하려는 크고도 교묘한 유혹이 존재하는 건 엄연한 사실이지만, 하나님에 관해 '특별한' 지식을 가진 크리스천이나 성직자, 수도사는 단 한 명도 없다. 하나님은 인간의 생각과 예측으로 제한할 수 없는 분이시다. 우리의 정신과 마음보다 훨씬 크시며 그 무엇에도 매이지 않고 스스로 원하는 시간과 장소에서 자신을 드러내신다.

9월 15일, 주일

오늘 아침기도 후에, 여러 해 동안 몬트리올에 있는 성 베네딕트 조셉 라브르 하우스의 책임자로 일하는 캐나다인 토니 월쉬가 수도원 식구들에게 강연했다. 대단히 인상적인 인물이었다. 60대쯤 됐을까? 강한 인상을 주는 여윈 얼굴에 검소하고 소박한(남루하다는 의미가 아니다) 차림이었다. 지적이고, 위트가 넘치며, 공감할 줄 알고, 따뜻하고, 좋게 말해서 폭이 넓어 보였다. 토니 월쉬는 말했다. "복음이 충격효과를 잃지 않도록 지킬 필요가 있습니다. 아무도 복음을 완전히 이해했다고 주장할 수 없습니다. 늘 목말라하고 결코 만족하지 못하는 상태여야 합니다."

이처럼 멋진 어른을 만나게 돼서 참으로 기쁘다. 특히 복음을 복잡하게 만들고 그 메시지를 약하게 만드는 것이야말로 가장 큰 유혹임을 깨우쳐주었다는 점에서 그렇다.

9월 16일, 월요일

"하나님이 기도를 하신다면, 어떻게 하실 것 같은가?" 247년에 세상을 떠난 유명한 현자, 압바 아리카는 이렇게 말했다. "자비가 분노를 뛰어넘고 다른 속성들을 이겨서 자비로운 성품으로 자녀들을 대하고 그들 편에 서서 준엄한 정의의 한계까지는 가지 않는 게 내 의지가 되기를!"[7]

우리는 늘 하나님이 어떻게 자비로우신 동시에 공의로우실 수 있는지 이해하는 데 진땀을 흘린다. 주님은 사랑과 공의라는 양쪽 측면에서 모두 최고 수준에 이르신 분이다. 하나님의 신비로움이 거기에 있다. 하지만 인간은 그럴 수가 없다. 하나님의 사랑은 공의를 조금도 제한하지 않는다. 주님의 공의는 자비를 눈곱만큼도 가로막지 않는다. 그러나 우리로서는 자비를 생각하다 공의가 부족해지지 않도록, 또는 공의를 내세우다 사랑이 결핍되지 않도록 안간힘을 써야 한다. 그러므로 수많은 미국인들이 닉슨 전 대통령에 대한 후임 포드 대통령의 사면조처를 심각한 불공정행위로 보는 것도 충분히 이해할 수 있는 일이다.

9월 17일, 화요일

오늘 아침, 존 유드 원장에게 물었다. "어떻게 하면 분주한 일터로 돌아간 뒤에도 깊은 기도생활을 유지할 수 있을까요? 크고 작은 일들을 가능한 한 빨리 처리하려는 성향이 있습니다. 따라서 끝내지 못한 과제가 산더미처럼 남아 있으면 도저히 기도할 수가 없습니다. 정리해야 할 온갖 일들을 생각하는 데 기도할 시간을 다 써버리기 때문입니다. 늘 기도보다 더 시급하고 중요한 게 있는 것처럼 보입니다."

존 유드 원장의 대답은 간단명료했다. "영적인 리더와 상의하기 전에는 결코 깨뜨리지 않을 기도일정을 잡는 게 유일한 해결책입니다.

적절한 시간을 정하되, 일단 작정한 뒤에는 하늘이 두 쪽 나는 한이 있어도 지키십시오. 그걸 가장 중요한 과제로 삼으십시오. 이 일정만큼은 절대로 바꾸지 않겠다는 사실을 모두에게 알리고 그 시간에 어김없이 기도하십시오. 아침에 일을 시작하기 전에 한 시간, 잠자리에 들기 전에 30분씩 기도하는 데서 시작하는 게 좋습니다. 정확한 시간을 설정하고 철저하게 지키십시오. 시간이 되면 파티를 하다가도 박차고 나오십시오. 제아무리 긴급하고, 중요하고, 결정적인 것처럼 보일지라도 그 어떤 일도 불가능한 것으로 못 박아두십시오. 성실하게 따라가다 보면 여러 가지 문제들에 관해 생각하는 게 부질없음을 서서히 알게 될 겁니다. 어차피 그 시간에는 처리할 수가 없기 때문입니다. 이처럼 자유로워진 시간을 보내는 내내 '이제 아무 일도 없으니 마음껏 기도할 수 있겠다!'고 자신에게 이야기해주십시오. 그렇게 하면 기도가 먹고 자는 일만큼이나 중요해질 겁니다. 기도하기 위해 비워낸 시간이 예전 같으면 단단히 묶였을 일들에서 좋은 의미로 아주 자유로워지는 시간이 될 것입니다."

원장은 말을 이었다. "처음에는 생각이 이리저리 돌아다니겠지만 조금 지나면 하나님의 임재 안에 조용히 머무는 게 훨씬 쉬워지는 걸 실감하게 됩니다. 걱정근심이 머리를 꽉 채우고 있다는 판단이 들면 시편구절이나 집중하는 데 보탬이 될 만한 다른 성경말씀을 읽는 게 조용히 묵상할 준비를 갖추기에 한결 도움이 될 겁니다. 충실하게 약속을 지키면 차츰 더 심오한 방식으로 자신을 체험하게 됩니다. '중요하거나 긴급한' 일을 전혀 처리할 수 없는 이 쓸모없는 시간을 통해서 자신이 태생적으로 무력하다는 사실을 받아들이며 본질적으로 자신이나 남의 문제를 해결한다든지 세상을 변화시킬 능력이 없음을 통감하게 되는 까닭입니다. 그러한 체험을 회피하지 않고 겪어낸다면 수많은 프로젝트와 계획, 의무 따위가 가졌던 시급성과 중요성은 줄어들고 삶을 지배할 힘을 잃어버립니다. 결국 하나님과 더불어 시간을 보낼 수 있도록 자유롭게 풀어주고 저마다 삶 속에서 적절한 자리를 찾아들어가게 됩니다."

한마디 한마디가 모두 믿음직스러우며 더 나아가 명확하다. 남은 과제는 단 하나, 순종하는 마음으로 무조건 실천하는 것뿐이다.

9월 18일, 수요일

훗날을 위해 세워둔 멋진 계획들은 지금 당장 거기에 따라 살아야 현실이 된다는 사실이 갈수록 새롭게 다가온다. 예배당에서 많은 시간을 보내왔으면서도 아직도 묵상시간을 꼭 집어 정하지 못했다. 그래서 오전 10시 45분부터 11시 15분까지 30분을 묵상을 위해 비우기로 했다. 그러기 위해서는 다른 일들을 접어야 했다. 이처럼 자신과 시간약속을 하는 게 얼마나 중요한지 실감했다. 마음에는 온갖 계획과 아이디어, 걱정거리가 꽉 차 있었지만 아무것도 하지 않고 그저 예배당에 가만히 앉아 있는 행위는 그 자체로 특별한 경험이었다.

오늘 아침에는 묵상이 그저 재미있기만 했다. 갖가지 생각들이 사납게 날뛰다가 어디론가 흩어졌다. 자아가 이야기하는 걸 실제로 들었다. "어차피 여기에 30분은 있어야 하니까 그 시간에 기도를 하는 것도 나쁘지 않을 거야." 조바심이 천천히 가라앉고 시간이 빠르게 흐르기 시작했다.

기도하면서 겪게 되는 것 가운데 하나는 아무 일도 일어나지 않는 것만 같은 느낌이다. 하지만 꿋꿋이 머물러 간구하며 얼마쯤 세월이 흐른 뒤에 돌아보면 변화가 있었다는 사실을 퍼뜩 깨닫게 된다. 가장 가깝고, 익숙하며, 현재적인 것들일수록 가까이서는 체감할 수 없으며 얼마쯤 떨어져서 봐야 눈에 들어오는 법이다. 심란하게 앉았을 뿐이라고, 그저 시간을 낭비하고 있을 따름이라고 생각하는 바로 그 순간에도 너무 가까워서 알아채거나, 이해하거나, 체감하지 못하는 무슨 일인가 벌어지고 있다. 나중에 돌아보면 그제야 아주 중요한 일이 일어났음을 깨닫게 된다. 중대한 인생사들이 다 이런 식이 아닐까? 깊이 사랑하는 이와 함께 있을 때는 관계에 관해서 거의 이야기하지 않는다. 사실 둘 사이의 관계는 너무도 중요해서 도리어 화제가 되지 못한다. 하지만 서로 멀리 떨어져서 편지를 쓰게 되면 그 관계가 얼마나 중요한지 절감하고 거기에 관한 이야기를 적게 된다.

나만 해도 그렇다. 기도를 생각하면서 거기에 대해 감동적인 말을 하고 확신이 넘치는 글을 쓸 수 있지만, 어느 쪽이 됐든 실제로 기도

하는 게 아니라 얼마쯤 떨어져서 면밀히 살펴보는 데 그친다. 그러나 정작 기도에 뛰어들어보면 중언부언하고, 더듬거리고, 진부하고, 엉뚱한 데 정신을 팔기 일쑤다. 하나님은 늘 곁에 계시지만 너무 가까워서 체험하기 어렵다. 주님은 나보다 나에게 더 가까이 계시므로 느낌이나 생각의 대상이 되지 못하는 것이다.

이런 점에 관해서라면 사도들이 체험했던 일을 겪고 있는 게 아닌가 하는 생각이 든다. 예수님이 함께 계시는 동안, 사도들은 무슨 일이 일어나고 있는지 완전히 깨닫거나 이해하지 못했다. 그러다가 그리스도가 떠나신 후에야 실제로 주님이 얼마나 가까이 계셨는지 감지하고, 느끼고, 이해했다. 부활사건 이후의 체험은 장래를 향한 기대의 근거가 되었다.

9월 19일, 목요일

오늘, 기본적으로는 모든 게 아주 간단하다는 느낌을 강하게 받았다. 마음과 영혼, 뜻을 다해 하나님을 사랑하면 세상의 모든 존재를 껴안고도 남을 만큼, 그리고 자질구레한 일들에 상심하지 않을 만큼 넉넉한 내면의 자유를 경험하게 될 것이다. 몇 시간 동안 하나님의 임재가 지극히 명확하고 주님을 향한 사랑이 너무도 강렬해서 인간존재의 온갖 복잡다단한 요소들이 한 점으로 수렴되고 단순하면서도 선명해지는 걸 느꼈다. 마음이 나뉘지 않고, 온 정신이 하나님께 집중되며, 영혼이 사랑으로 충만할 때, 만사가 단일한 관점으로 통합되며 아무것도 거기서 벗어나지 않게 된다. 한결같은 마음과 편협한 마음 사이에는 큰 차이가 있음을 알 것 같았다. 난생처음으로 실제로 한결같은 마음이 드는 걸 감지했다. 정신세계의 폭이 넓어지면서 갈라지고 혼란스러운 상태에 있을 때와는 비교할 수 없을 만큼 많은 것들을 받아들일 수 있을 듯했다. 온 관심이 창조주와 구원자와 성령님께 집중되면, 고통스러울 뿐만 아니라 즐겁기도 한 인생을 전체적으로 조감할 수 있으며 모든 피조물이 주님의 사랑 안에서 하나가 되는 걸 깨닫게 된다.

  그때쯤이면 어째서 그토록 괴로워하며 고민하고, 죄에 사로잡힌 채 불안해하며, 서두르고 초조해했는지 고개를 갸우뚱거리게 될 것이다. 그 모든 고통들은 보지 못하고, 듣지 못하고, 이해하지 못해서 생긴 그릇된 아픔인 듯 보인다. 진정한 아픔은 하나님 안에서만 찾을 수 있다. 주님은 세상의 모든 고통을 통하여 그분의 거룩한 친밀감 속으로 들어가게 하신다. 하나님의 임재를 경험한다고 해서 고통을 면할 수 있는 건 아니다. 하지만 너무나 심오해서 도리어 놓치고 싶지 않게 되는 고난이다. 그 아픔을 통해 하나님의 임재에서 오는 기쁨을 맛볼 수 있기 때문이다. 이러한 사실은 인류의 지각능력을 뛰어넘는 일이므로 한계가 명확한 인간의 머리로는 이해할 수 없다는 점을 감안할 필요가 있다. 모두가 얼토당토않은 얘기처럼 들릴 것이다. 하나가 되게 하시는 하나님의 임재를 실감하는 체험은 곧 즐거움과 아픔의 구별을 넘어서 새로운 삶이 드러나기 시작하는 경험이기도 하다.

9월 20일, 금요일

헤셸은 코츠크 사람에 관한 이야기를 하면서 크리스천의 삶 가운데서 현실적으로 찾아보기 어려우며 나 역시 지금껏 살아오면서 단 한 번도 중요하게 여겨본 적이 없는 영성의 일면을 노출시켜 보여준다. 하나님께 이의를 제기하는 측면이다. 헤셸은 이렇게 썼다.

하나님의 이름으로 제시되는 거친 길을 받아들이지 않고 거부하는 것 역시 참다운 기도임에 틀림없다. 사실, 이스라엘의 옛 선지자들은 하나님의 가혹한 심판에 습관적으로 동의하지 않았다. 무조건 고개를 끄덕이며 '주님의 뜻이 이루어지이다'라고 고백하지 않았다는 뜻이다. 선지자들은 '그래봐야 소용없을 겁니다'라고 말하는 듯 도전하기 일쑤였다. 하나님이 선포하신 말씀을 논박하기도 하고 심지어 무효화시키려 들기도 했다.[8]

정직하게 사는 사람은 깊은 불안감에 시달리면서도 짐짓 괜찮은 듯 행세하며 지나치지 않는다. 대담하게 토로해야 한다. 설령 주님 앞이라

할지라도 굴복할 필요가 없다.⁹⁾

개중에는 사랑으로 받아들이고 잠잠히 견뎌야 하는 고난이 있다. 그러나 다른 한편으로는 '싫어요!'라고 말해야 하는 고민도 있는 법이다.¹⁰⁾

이런 태도는 유대인들이 이의를 제기할 수 있을 만큼 하나님을 친밀하게 여기고 있었음을 보여준다. 오직 순종의 맥락에서만 관계를 맺어간다면 그 말씀에 반대의사를 표현할 때보다 하나님으로부터 훨씬 동떨어지게 된다. 그러므로 주님과의 이러한 친밀감은 눈곱만큼도 생각해본 적이 없지만 대단히 중요한 감정과 연결되는 데, 그게 바로 하나님을 향한 연민이다. 이보다 더 놀라운 일이 또 있을까!

헤셸은 '아우슈비츠에서 벌어진 참극' 때문에 기도를 집어치운 폴란드 유대인의 얽힌 멋진 이야기를 들려준다. 나중에 그는 다시 기도를 시작했다. "왜 마음을 바꿨죠?"라고 묻자 그 유대인이 대답했다. "문득 하나님이 얼마나 외로우실까 하는 생각이 들었습니다. 누가 주님과 함께 남아 있는지 보게 된 겁니다. 그분이 참 안됐다 싶더군요."¹¹⁾

이런 마음가짐은 하나님과 그분의 백성들을 서로 긴밀하게 이어준다. 거룩한 자녀들이 하나님을 '더불어 고난을 받으시는 분'으로 인식하게 되는 것이다.

헤셸은 또 "하나님이 공의와 사랑의 주님이라면 어째서 악이 그대로 존속되도록 허용하시는가 하는 중차대한 이슈는 어떻게 인간이 하나님을 도와서 그분의 공의와 사랑이 편만해지게 할 것인가 하는 문제와 직결되어 있다"[12]고 썼다. 헤셸의 말 가운데 가장 강렬한 대목은 "믿음은 연민, 즉 하나님을 향한 연민의 출발점이다. 하나님이 땅이 꺼져라 한숨을 내쉬시는 순간은 또한 우리가 모든 부조리를 뛰어넘는 의미와 진리, 사랑이 엄연히 존재한다는 깨달음에 이르는 시점이기도 하다"[13]라고 한 부분이다. 적극적인 반항과 소극적인 순종이 한데 어울리며, 야곱이 천사와 씨름하듯 인간이 하나님과 부대끼는 심오한 신비를 체험하는 현장이 바로 이 지점이다.

9월 23일, 월요일

"기도하겠습니다." 쉽게 하는 말이지만 실제로 얼마나 자주 그 본질에 충실한 간구를 드리고 있는가? 이제는 누군가의 심중으로 깊이 들어가서 그 중심으로부터 기도하는 법을 알았다. 기도로 돕고 있는 여러 친구와 지인들을 내면 가장 은밀한 자리까지 끌어들여서 진실로 그 아픔과 씨름, 울부짖음을 내 심령으로 체감할 때, 말하자면 자신을 초월하여 상대방이 될 때 비로소 긍휼히 여기는 마음을 품게 된다. 연민은 한 하늘 아래에 사는 인간들을 위해 드리는 기도의 핵심을 이룬다. 세상을 위해 기도하면 세상이 된다. 헤아릴 수 없이 많은 이들의 필요를 위해 간구하면, 내 영혼은 폭이 넓어져서 모두를 끌어안고 하나님의 임재 가운데로 인도하고 싶어진다. 하지만 그런 체험의 한복판에는 그 연민이 내 것이 아니며 하나님이 주신 선물이라는 깨달음이 단단히 자리 잡고 있다. 나는 세상을 품에 안을 수 없지만 하나님은 그러시고도 남는다. 나는 기도할 수 없지만 주님은 내 안에서 간구하실 수 있다. 하나님이 우리처럼 되셨을 때, 다시 말해서 주님이 우리 모두를 그분의 내밀한 삶에 받아들이신 순간, 거룩한 연민을 공유하는 게 가능해진 것이다.

누군가를 위해 기도하면서 나는 자신을 넘어서서 상대방이 된다. 그렇게 변화된 내 모습은 오직 너그럽고 따뜻한 품안에 온 인류를 껴안고 계신 분의 거룩한 사랑을 통해서만 찾을 수 있다.

9월 24일, 화요일

어제 존 유드 신부와 남들을 위해 드리는 기도에 관해 의견을 나누었다. 원장은 내 생각을 확인해주었을 뿐만 아니라 한 발 더 나아가 긍휼히 여기는 마음이 묵상생활의 핵심요소에 속한다는 점을 말해주었다. 상대방의 입장이 되고 또 그렇게 하나님의 임재 가운데 들어갈 때, 묵상다운 묵상이 성립된다는 것이다. 진정한 의미의 묵상가는 자기 영혼을 구원하기 위해 속세를 등지는 게 아니라 세상으로 뛰어들어 그 중심에 서서 하나님께 기도하는 이들을 가리킨다.

9월 25일, 수요일

오늘은 내 속의 자아가 핀과 바늘로 가득한 자리라는 상상을 해보았다. 내면에 여유 공간이 전혀 남아 있지 않은데 어떻게 누군가를 맞아들여서 마음껏 편안하게 쉬게 할 수 있겠는가? 집착과 질투, 분노 따위의 감정들이 그득하다면 누구든 거기에 들어서기가 무섭게 다치고 말 것이다. 깊고 깊은 내면의 자아에 빈자리를 만들어서 아무나 들어와 상처를 치유하게 해야 한다는 생생한 깨달음을 얻었다. 남을 위해 기도한다는 건 그 필요와 아픔을 귀 기울여 들어줄 아늑한 공간을 제공한다는 뜻이다. 그러므로 긍휼히 여기는 마음을 품기 위해서는 철저한 자기검증을 통해 관대한 심성을 가꿔야 한다.

온화한 '내면'(돌같이 차가운 심장이 아니라 체온이 느껴지는 마음, 맨발로 걸어 다녀도 조심스럽지 않을 만큼 적절히 얼룩이 진 방)을 마련한다면 거기서 하나님과 친구들이 서로 만날 수 있을 것이다. 그리고 내 마음의 중심은 이웃들을 위해 드리는 기도를 하나님이 들으시고 사랑으로 그들을 껴안아 주시는 공간이 될 것이다.

9월 26일, 목요일

오늘 아침에, 아니, 밤에, 시프리언 수도사가 한 시간이나 일찍 빵

반죽을 시작했다. 늦잠을 자다가 한 시간 늦게 일을 시작하는 게 보통이건만, 형제는 새벽 한 시가 아니라 자정에 판을 벌였고 나중에야 그 사실을 깨달았다. 발효가 인간의 실수를 감안해서 늦게 일어나는 법은 없으므로 제빵 작업장 전체가 한 시간 일찍 가동되었다. 한 시간 당겨 빵을 오븐에 넣었다가, 그만큼 일찍 꺼내서, 그만큼 일찍 썰었고, 그만큼 일찍 포장했으며, 한 시간 일찍 가격 스티커(값이 좀 올랐다)를 붙였다. 덕분에 한 시간 일찍 새날을 맞을 준비가 끝났다. 하지만 어쩐지 일정이 어그러진 것 같은 느낌이 들었고 오후 내내 몹시 피곤했다.

책을 읽어도 집중이 되지 않았으므로 빵공장 남쪽으로 산책을 나갔다. 도중에 곡물화차 두 대에 밀을 싣고 있는 앨버릭 수도사를 만났다. 철도국에 이야기해서 낡은 철로를 수리해 수도원 경내로 열차가 진입하게 만들었던 인물이다. 덕분에 화차가 수도원 가까이까지 와서 곡물을 실을 수 있게 되었다. 적어도 화차 네 량은 채우고 남을 만큼 밀이 쌓여 있었다. 금빛 낟알들이 나선형 벨트를 타고 올라가서 은빛으로 빛나는 깔때기꼴 최신 화차에 쏟아지는 모습이 볼 만했다. 더 넓은 시야를 확보하기 위해 지붕으로 올라갔다. 엄청나게 많은 알곡이 실리고 있었다. 수도원이 곡식을 팔아 얻은 수입으로 인도와 필리핀, 나이지리아, 페루를 비롯한 여러 나라의 굶주리고 가난한 아이들을 돕고 있다고 생각하니 뿌듯했다.

9월 28일, 토요일

끝기도 시간, 존 유드 원장의 세 살배기 조카는 내내 신나게 떠들더니 삼촌이 성수를 뿌리기 시작하자마자 곧장 앞으로 달려 나갔다. 수도사들은 꼬맹이를 앞줄에 세웠다. 녀석이 예상했던 것보다 훨씬 많은 물을 머리에 뒤집어쓰는 순간, 다들 환하게 미소 지었다.

9월 29일, 주일

오늘 강론에서 존 유드 신부는 "우리 기도가 영속적이지 않다면 아직 마음이 순결하다고 말할 수 없다"고 했다. 마음을 뒤흔드는 말이었다. 원장은 성례전뿐만 아니라 영적인 독서와 육체노동도 기도임을 강조했다.

성 베네딕트는 예배의식 Opus Dei과 영적인 독서 Lectio Divina, 그리고 육체노동 Labor Manuum을 수도원 생활의 뼈대를 이루는 세 가지 측면으로 꼽았다. 모두 다 기도의 본질적인 요소들이다. 육체노동을 통해 더 이상 하나님께 가까이 가지 못한다면, 쉬지 말고 기도하라는 부르심에 제대로 따르지 못하고 있는 셈이다.

어떻게 노동을 기도로 삼을 수 있을까? 손을 움직일 뿐만 아니라 마음으로 노동할 때, 즉 일이 하나님의 창조, 그리고 주님의 세상에서 일하는 과업과 긴밀한 관계를 맺게 될 때 기도가 될 수 있다.

영적인 글 역시 마음으로 읽을 때 의미가 있다. 이런 유형의 독서는 성경에, 성인들의 삶 가운데, 그리고 신학자들의 성찰을 통해 자신을 드러내시는 하나님과 친밀하게 교제하는 데 도움이 되어야 한다.

육체노동과 영적인 독서가 더 이상 기도가 되지 못하고 단순히 돈벌이나 정신적인 자극에 불과하다면 마음의 순결을 잃고 만다. 갈래갈래 나뉘어서 한결같은 시선과 뜻을 가질 수 없다.

물론, 이 모든 일의 전제가 되는 단순성을 확보하기란 쉬운 일이 아니다. 내 삶은 시시때때로 복잡해지고 분열될 위기에 처한다. 기도하는 삶은 기본적으로 대단히 단순한 삶이다. 그러나 단순성은 금욕과 노력의 산물이다. 저절로 단순해질 길은 없다는 말이다. 이른바 '이차적 천진성'이다. 위대한 성인들은 너나없이 '하나만을 바라보는 일념'(키르케고르), 또는 "극히 값진 진주 하나를 발견하매 가서 자기의 소유를 다 팔아 그 진주를 사는"(마 13:46) 마음을 가지고 있었다.

오늘 오전에는 다섯 시간 동안 빵 작업장에서 일했다. 처음 두 시간 반은 포장하는 작업을 했고 다음 두 시간 반은 봉투에 가격표를 붙였다. 몹시 지루했다. 안경을 깨뜨려서 일 미터 남짓 떨어진 물체도 구분할 수 없을 지경이었던 탓에 머리가 지끈거렸다. 아무튼 인플레가 일어나고 있음을 피부로 느낄 수 있었다. 두통에도 인플레가 있는 모양이다.

5

10월
—
날로 담대한 우정

이 사건은 내 연약함을 가차 없이 드러내고
지극히 사소한 빌미만 있어도 성숙하지 못한 행동이
튀어나온다는 사실을 여실히 보여주었다.
지금 할 수 있는 말은 이 한마디 뿐이다.
나중에 생각해도 변명의 여지가 없는 일이었다.
무조건 미안하다고 이야기할 수 있기를,
그리고 그분을 거의 이해하지 못하고 있음을 알려주신 하나님께서
손수 상처를 치유해주시기를 소망할 따름이다.

10월 2일, 수요일

    수도원에서 유통을 위탁하고 있는 판매업자가 '수도사의 빵' 가격을 55센트에서 59센트로 갑자기 인상했다. 수도사들은 옛 가격이 인쇄된 비닐봉지 50만 장을 막 받아놓은 상태였다. 결국 앞으로 적어도 석 달 동안은 가격이 적힌 부분에 '59센트'라고 인쇄된 스티커를 덧붙여야 했다. 오늘 아침만 하더라도 포장기에서 쏟아져 나오는 빵 수천 덩어리에 가격표를 새로 붙였다. 따분한 작업을 몇 시간씩이나 했더니 감각이 없어지고 짜증이 났다. 난데없는 가격 인상으로 최소한 한 달은 스티커작업을 해야 할 거라는 생각도 마음의 평안을 회복하는 데 별 도움이 되지 못했다. 드디어 교대시간이 됐다. 땀범벅을 해가지고 잔뜩 골이 난 채 걸어 나오려는데 작업라인 끄트머리에서 수도사 둘이 똑같은 봉투에 '특별할인, 53센트!'라고 적힌 스티커를 하나 더 붙이고 있는 게 보였다. 분통을 터뜨리며 베네딕트 수도사에게 말했다. "옛 가격보다 2센트 낮으니까 그냥 특별할인 스티커만 붙이면 될 일을 왜 이런 식으로 처리하는 겁니까?" 하지만 자본주의를 훨씬 더 잘 이해하고 있음에 틀림없는 베네딕트 수사는 재빨리 대꾸했다. "2센트 깎아서는 손님을 끌 수가 없어요. 지금처럼 하면 6센트를 낮춰주는 셈이죠. 이 정도 차이를 두면 사고 싶은 마음이 한결 간절해질 겁니다."

똑같은 빵을 두고 값을 올렸다 내렸다 하는 사이에 엄청난 작업시간이 소모되고 있었다. 수도사들의 노동 치고는 기괴하기 짝이 없었다.

마침내, 에드윈 올드린에게 편지를 썼다. 《지구로의 귀환》을 받는 데 긴 시간이 걸렸지만 책을 다 읽고 충분히 이해하는 데도 그만큼 오랜 기간이 필요했다. 닐 암스트롱, 마이클 콜린스와 더불어 달을 여행하는 이야기는 대단히 흥미로웠다. 현대 과학기술의 위대한 승리에 관한 이야기여서가 아니라 우주인들의 개인적이고 은밀한 경험들을 다루고 있기 때문이다. 달에 첫 발을 내딛는 대열에 합류하기 위해 벌인 엄청난 경쟁과 선두다툼, 그 이후에 경험한 낯선('달 표면을 걸었던' 인물로서 온 세계를 돌아다니며 뭇 대통령과 왕, 여왕들과 악수를 나눈) 일들에 관한 이야기를 미국 중산층 가정을 배경으로 풀어내고 있어서 자못 읽어볼 만했다.

올드린의 책은 지극히 솔직한 기록이다. 인간의 보편적인 경험을 그처럼 특별한 탐사여행의 맥락에 담아낸 경우를 본 적이 없다. 자신의 우울증, 대중 앞에서 연설하기를 두려워하는 공포감, 방향상실, 성문제, 정신치료, 아내와의 갈등, 그리고 결국은 가족에게 더 깊이 헌신해가며 평범한 인간의 삶을 살기 위해 노력했던 일들을 담담히 적고 있다.

일상적인 가정생활을 소재로 쓸 만한 책을 써낸 사례는 좀처럼 찾아보기 힘들다. 하지만 올드린의 글은 영웅적인 우주여행을 밑그림으로 깔고 있어서 독자들의 관심을 끈다. 달에 관해서보다 현대인들이 영위하는 가정생활의 기묘한 공허함에 관해 더 많이 알게 되는 것 역시 그 때문이다.

어째서 이 책에 그토록 매료됐는지 아직도 정확하게 집어 말할 수 없다. 현대문명이 당면한 위기의 핵심을 건드리는 측면이 있어서가 아닌가 싶다. 《지구로의 귀환》이 그토록 소외감을 느끼게 만드는 요인은 어쩌면 영적인 것, 하나님을 의식하게 하는 것, 초월적인 것들이 이상하게 빠져 있는 탓인지도 모른다. 올드린은 우주선 안에서 영성체의식을 치르는 등 성공회신자로서의 면모를 과시했지만, 묘하게도 달 탐사 프로젝트 전반에 흐르는 분위기는 영적인 것과는 상당히 동떨어져 보인다. 우주여행 이후에 벌어진 일들에서는 이러한 특성이 더 명확하게 도드라진다. 긴장과 갈등이 커져가는 상황을 맞았지만 도무지 탈출구를 찾지 못한다. 올드린은 달에 다녀왔다. 달에 치어 파멸하지 않으려면 이제 삶의 본질을 향한 탐사를 시작할 필요가 있다.

10월 3일, 목요일

내일은 아시시의 성 프란시스를 기념하는 축일이다. "내 삶에 진정으로 가난이 깃들 자리가 있는가?"라는 질문에 답을 찾기 위해 수많은 가르침이 필요한 나로서는 특별히 주목해야 할 날이다. 통계적으로 보자면 세상에서 부유하게 사는 소수에 속한다. 필요 이상의 수입을 벌어들인다. 음식과 좋은 옷, 쾌적한 거주공간을 넉넉히 가지고 있으며 어려운 일이 생기면 당장 달려와 도와줄 가족과 친구들에 둘러싸여 산다.

하지만 가난한 삶을 살려는 일정한 노력 없이 진실한 크리스천을 자부한다는 건 천부당만부당한 얘기다. 소유를 모두 나눠주는 건 비현실적이다. 가진 게 많지 않을 뿐더러 돈을 톡톡 털어 내주고 나면 결국은 그렇잖아도 걱정거리가 많은 이들에게 손을 벌릴 수밖에 없다.

그래서 계속해서 옷을 새로 장만할 필요 없이 평생 수도복 하나만 입고 지내는 것도 가난의 한 형태가 될 수 있겠다고 생각했다. 그렇게 되면 스스로 경건한 삶을 살기를 원하며, 그 소망에 어울리지 않는 생활방식을 가까이하고 싶지 않다는 뜻을 누구에게나 쉽게 알리는 부수적인 효과도 거둘 수 있을 것이다. 존 유드 원장과 두 차례에 걸쳐 여기에 관해 대화를 나누었다. 처음에는 썩 훌륭한 아이디어인 것 같았는데 나중에 생각해보니 근무환경에 비추어 이상한 인물로 취급받는 건 물론, 가난의 상징이 남다름을 과시하는 사치스러운 도구로 변질될 게 뻔했다. 이제는 수도복을 입지 말아야겠다는 결의가 평상복으로 삼아야겠다는 예전의 결심만큼이나 확고하다. 존 유드 원장이 부적절해 보인다는 의견을 밝힌 뒤로 수도복 종류의 복장에 대한 관심이 말끔히 사라졌다. 장래의 생활방식을 그려보면서 잠시나마 그런 생각에 사로잡혔다는 게 믿어지지 않았다.

세 가지 측면에서 가난에 접근하고 싶다. 우선 소박하고 수수하게 생활하며, 둘째로 동료들보다 튀어 보이는 모습을 자제하며, 셋째로 상당한 시간을 가난한 이들과 함께 일하는 데 쏟으며 가난을 줄이려고 노력하는 이들을 돕는 데 힘닿는 데까지 손을 보태고 싶다. 구체적인 방법을 찾아내도록 성 프란시스가 도와주면 좋겠다.

체스터턴G. K. Chesterton은 《아시시의 성 프란시스St. Fransis of Asisi》라는 책에서 가난에 대한 성 프란시스의 입장을 이렇게 적었다. "헌신된 사람은 특별히 가로막는 게 없는 한, 어떤 부류의 사람들 속에라도 들어갈 수 있어야 한다. 설령 지극히 사악한 인간들이라 해도 마찬가지다. 평범한 이들처럼 아무런 의무감이나 필요를 느끼지 못한다면 그저 평범한 사람이 되고 말 것이다."[1]

때마침 넬슨 록펠러의 부통령인준 상원청문회가 열리고 있는 시점인지라 가난이 인간을 자유롭게 한다는 사고는 한층 더 관심을 끈다. 청문회의 관심사는 주로 후보의 재산에 집중되고 있다.

10월 4일, 금요일

 체스터턴은 놀라운 통찰력을 발휘해서 성 프란시스의 회심을 '공중제비를 도는 재주꾼'으로 묘사했다. 하나님을 기쁘시게 해드리기 위해 물구나무를 서는 광대라는 것이다. 프란시스는 세상을 거꾸로 보면서 "나무와 건물들이 머리를 아래로 향하고 있는" 모습에서 의존적인 본성을 발견했다. '의존'이라는 단어는 '매달려 있음'을 뜻한다. 자신이 사는 세상과 도시를 뒤집는 경험을 통해 똑같은 세상과 똑같은 도시를 다른 방식으로 살폈던 것이다. "프란시스라면 요지부동의 견고한 도시임을 자랑하는 대신, 바다로 곤두박질치지 않고 붙잡아주신 전능하신 하나님께 감사했을 것이다."[2]
 이러한 회심, 이러한 방향전환, 이처럼 새로워진 시각을 통해 하나님께 깊이 기대지 않고는 존재할 수 없는 세상을 재발견한 프란시스는 그 중심에 찬양하고 감사하는 마음을 품을 수밖에 없었다.
 여기서 우리는 금욕과 기쁨이 서로 어루만지는 신비로운 접점에 이르게 된다. 프란시스는 엄격한 금욕생활을 했음에도 불구하고 기쁨이 충만했던 성인으로 널리 알려져 있다. 피조물들을 보고 그토록 즐거워했던 건 세상만물이 하나님께 깊이 의지하고 있음을 꿰뚫어보았기 때문이다. 금식과 청빈을 통해 프란시스는 자신은 물론이고 다른 이들에게도 하나님의 주인 되심을 일깨웠다. 또한 찬양과 감사의 노래들을 통해 창조주께 순종하는 온갖 피조물들의 아름다움을 잘 드러내 보였다.

10월 6일, 주일

"그에게 인간은 늘 인간일 뿐, 모래알이 사막에 묻히듯, 빽빽한 군중들 틈에 사라질 수 없는 존재다. 그는 모두를 존중했다. 즉, 모든 이들을 사랑했을 뿐만 아니라 존중했다. 그처럼 탁월한 인성의 힘을 가질 수 있었던 비결이 여기에 있었다. 교황에서부터 걸인에 이르기까지, 호사스러운 궁궐에 머무는 시리아의 술탄에서부터 숲을 기어 다니는 남루한 도적들에 이르기까지, 그 간절한 갈색 눈망울 안에 들어오는 이들 가운데서 프란체스코 베르나르도네Francis Bernardone가 요람에서 무덤까지 개인적인 내면생활에 관심을 보이지 않는 경우는 단 한 명도 없었다. 인간 그 자체를 소중히 여기고 진지하게 받아들였으며 사회정책의 성과나 사무적인 자료에 이름을 올리는 데 그치지 않았다. …인간 집단 전체를 왕들의 집단으로 대우했다"[3]라고 프란시스의 궁휼에 관해 체스터턴이 썼다.

10월 8일, 화요일

오후에 암석 덩어리를 여러 개 닦았다. 돌덩이들을 주워 모으는 단계는 지난 것처럼 보인다. 이제는 바윗돌을 씻어내는(화강석 위에 들러붙은 석회를 긁어내는) 작업이 한창이다. 그러는 사이에 예배당은 제법 꼴을 갖춰가기 시작하고 있다. 뼈대를 이룰 기둥들이 세워지고 건물의 형태가 잡혀간다. 수도사와 방문자들이 어울리는 친밀한 자리가 될 듯하다. 개인적으로는 들어서기만 해도 저절로 묵상이 되는, 쉽게 기도의 문이 열리는 조용한 공간이 될 것 같다.

10월 11일, 금요일

저녁식사 직전에 제이가 나타났다. 그 친구를 볼 수 있어서 한없이 기쁘고도 놀라웠다. 다음 주까지 며칠 동안 머물 작정을 하고 있었는데, 자동차를 도난당하는 바람에 차편을 이용하지 못하고 로체스터까지는 비행기 편으로, 수도원까지는 지나가는 차를 얻어 탔다고 했다. 일주일간 있을 계획이라는데 모쪼록 즐거운 시간이 되길 바란다. 제이는 그간 가르친 학생들 가운데 이 수도원을 찾은 첫 손님이다. 지난 네 달 동안 느끼고, 보고, 경험한 것들을 제이도 남김없이 다 맛보게 되길 바라지만, 하나님은 한 사람 한 사람에게 제각기 다른 방식으로 역사하신다는 걸 잘 안다. 그저 고요와 침묵 가운데 충분히 침잠하면서 하나님의 음성을 듣게 되길 빌어본다.

10월 13일 주일

오늘 아침 강론시간에 존 유드 신부는 가을 이야기를 꺼냈다. 풍요로운 계절, 자연의 풍성함이 넘치도록 드러나는 절기지만 또한 스쳐 지나가는 아름다움의 허무함을 통해 그 이면을 가리켜 보여주는 시기라고 했다. 우선, 자연의 미덕을 노래하는 시편 64편을 읽었다. 이 시편을 거론하기에 맞춤한 날이었다. 건물 밖으로 걸어 나오는데, 눈앞에 펼쳐지는 멋진 풍광에 숨이 턱 막혔다. 멀리 내다보이는 제네시 계곡에선 온갖 나뭇잎이 뿜어내는 화사한 색채의 향연이 어지럽게 펼쳐져 있었다. 히코리나무의 노란색, 단풍나무와 떡갈나무의 짙고 연한 붉은 색, 버드나무의 녹색 따위가 한데 어울려 환상적인 장면을 연출했다. 하늘에선 신비로운 형상을 한 구름들이 가득 들어차 있었다. 방문객 숙소 쪽으로 막 내려서려는데 한 줄기 햇살이 구름을 뚫고 쏟아져 내려와 대지를 환하게 비췄다. 들판의 옥수수밭이 황금빛 융단처럼 보였다.

이곳에서 보는 가을은 말로 다 옮길 수 없을 만큼 아름답다. 나로서는 시편 기자의 입을 빌 수밖에 없다. "골짜기마다 오곡이 가득하니,

기쁨의 함성이 터져 나오고, 즐거운 노랫소리 그치지 않습니다."

지금부터 2주 뒤면, 낙엽은 땅에 떨어져 뒹굴고 나무들은 옷을 벗으며 겨울과 눈의 세상이 다가오고 있음을 알릴 것이다. 온 산이 희게 변하며 초록색 겨울밀도 차가운 눈 담요를 두텁게 뒤집어쓸 때까지 이제 고작 몇 달 남았을 뿐이다. 하지만 우리는 오래 참고 견디다가 다시 눈을 뚫고 올라올 힘센 녀석들이 그 아래 숨어 있음을 잊지 않을 것이다.

10월 14일, 월요일

종이에 써내려간 아이디어가 어떻게 떠올랐는지 되짚어보면, 십중팔구 수많은 이들과 끊임없이 교감해서 얻은 열매임을 깨닫는다. 나는 스스로의 역사와 경험들을 토대로 글을 써내려가고 다른 이들은 저마다 가진 나름의 개인사와 체험을 바탕으로 거기에 반응하는데, 그처럼 두 갈래의 이야기가 서로 상호작용하는 지점에서 사고가 틀을 잡게 되는 것이다.

더러는 내 글을 읽으면서 글쓴이마저 파악하지 못했던, 그러나 본래의 생각 못지않게 유용한 사실을 찾아내기도 한다. 이런 일이 일어나도록 여지를 남기는 게 중요할 듯하다. 내 사상에서 '그릇된' 함의를 유추해낼 틈을 완전히 메워버리려고 발버둥 친다면 스스로 모든 의미를 다 꿰뚫고 있다는 유혹에 빠질 가능성이 높아진다. 어쩌면 참뜻을 다 헤아리지 못하는 걸 기쁘게 여겨야 할지도 모른다. 그래야 전혀 다른 사연을 가진 여러 사람들이 알쏭달쏭한 관념과 의견, 관점의 행간을 파고들어 자신의 생각과 견해, 시각을 펼쳐낼 수 있지 않겠는가! 어쨌든 인간이란 누구의 말에도 귀를 기울이지 않고 자신의 판단, 다시 말해서 스스로의 내면에서 키워낸 생각을 따라가게 마련이다.

10월 15일, 화요일

아침에 제이와 함께 일라이어스 수사를 찾아갔다. 즐거운 나들이였다. 오전 7시 15분에 숲길을 걸어 오두막으로 갔다. 자연이 막 깨어나는 참이었다. 구름은 무겁게 깔리고 오솔길은 큰비에 쓸려 가지에서 떨어진 낙엽에 덮였다.

거룩한 감격이라고 해야 할까? 일라이어스는 우리를 아주 반갑게 맞아주었다. 예배당 제단 앞에서 침묵으로 짧게 기도한 뒤에 이야기를 나누었다. 체험을 들려주는 수사의 눈이 얼마나 밝게 빛나던지, 제이와 나는 거룩한 사람 앞에 있음을 실감할 수 있었다. "하나님은 정말 좋으신 분이에요. 내게는 더할 나위 없이 멋진 분이죠." 일라이어스는 되풀이해가며 말했다. 그러곤 해와 구름, 비와 바람, 밀과 잡초, 더위와 추위가 한결같이 자신과 더 친밀하게 교제하기 위해 주님이 주신 커다란 선물이라고 했다.

　박장대소와 미소, 다정함과 확고함, 면밀한 관찰과 황홀한 표현들이 자연스럽게 쏟아져 나왔지만 우리에게는 분명히 다른 세계의 일면을 보여주는 이야기들이었다.

　"비가 아름답지 않아요?" 수도사가 말했다. "어째서 다들 비를 피하려고만 할까요? 비에 푹 젖어야 할 순간에도 왜 햇살만을 원하는 걸까요? 자녀들이 은혜와 사랑에 푹 빠지길 하나님은 바라세요. 이처럼 다채로운 경로를 통해서 그분을 느끼고 점점 더 잘 알아갈 수 있다니, 정말 놀랍지 않습니까? 지금도 주위를 둘러싸고 있는 모든 것들 가운데서 주님의 임재를 경험하게 하시죠. 얼굴을 맞대고 하나님을 만난다면 어떤 기분이 들지 상상해보세요."

　제이는 기쁨에 넘쳐 얼굴 가득 미소를 담은 채 일라이어스를 바라보았다. 눈앞의 수도사가 주님에 관해 이야기할 뿐만 아니라 그분의 언어를 구사하고 있다고 생각하는 듯했다. 일라이어스는 '주님'이라는 단어를 입에 담을 때마다 기쁨으로 전율했으며 하늘나라의 만족에 겨워 활짝 웃곤 했다. 그 밖에도 여러 가지 주제를 가지고 대화를 나눴다. 일라이어스 수사의 부모가 살았던 레바논, 제2차 바티칸 공회에서 복자로 인정받은 은자 샤벨, 요가, 금식, 묵상, 성경읽기, 성인들에 관한 책들을 비롯한 여러 가지 화제가 도마에 올랐다. 하지만 주제는 오직 하나, 주님이 얼마나 좋으신 분인가 하는 것뿐인 것만 같은 느낌이 들었다.

수도원으로 돌아오면서 제이와 나는 경건한 인물을 만날 수 있어서 참 감사하다는 생각을 했다. 덕분에 우리 사이도 훨씬 가까워진 게 아닌가 싶었다.

10월 17일, 목요일

오후에 제이를 공항까지 태워주었다. 지난 한 주간이 무척 행복했노라고 했다. 일라이어스 수사와의 만남으로 기쁨이 가득했으며, 마음이 그처럼 넓고 깊어서 인간과 자연의 아름다움을 다 끌어 담을 수 있는 인물을 알게 된 걸 엄청난 특권으로 여겼다.

공항에서 잠시 대화를 나누었는데, 마치 쓰라린 상처를 주는 영에 씌기라도 한 것처럼 이 사람 저 사람에게 선물을 보냈으나 한마디 대꾸가 없다는 불평을 잔뜩 쏟아냈다. 그것도 모자라서 제이 한 사람을 콕 집어서, 감동받았던 책을 비싸게 주고 한 권 더 사서 보냈는데 가타부타 답신을 보내주지 않아서 무척 서운했다는 얘기까지 해버리고 말았다. 제이도 지지 않고 무언가를 보낼 때마다 보답을 기대하는 게 아니냐고 지적했다. 반응을 원하는 욕구 자체가 기본적으로 불안하다는 증거라면서 일라이어스 수사를 이상적인 모델로 정해놓고 열심히 따라가는 게 좋겠다는 충고까지 곁들였다. 차츰 수세에 몰리면서 토론이 시들해졌다.

이런 일이 생기지 않기를 얼마나 간절히 바랐던가! 차를 몰고 수도원으로 돌아오면서 기분이 바닥까지 가라앉으면서 머리가 지끈거렸다. 관용이라곤 찾아보기 힘든 '밴댕이 속'이란 것 말고는 아무 생각도 나지 않았다. 한 주를 잘 보내놓고 어쩌다가 마지막 순간에 그렇게 쩨쩨한 분위기를 만든단 말인가!

이 사건은 내 연약함을 가차 없이 드러내고 지극히 사소한 빌미만 있어도 성숙하지 못한 행동이 튀어나온다는 사실을 여실히 보여주었다. 지금 할 수 있는 말은 이 한마디뿐이다. 나중에 생각해도 변명의 여지가 거의 없는 일이었다. 무조건 미안하다고 이야기할 수 있기를, 그리고 그분을 거의 이해하지 못하고 있음을 알려주신 하나님께서 손수 상처를 치유해주시기를 소망할 따름이다.

10월 24일, 목요일

오전 4시 15분부터 뜨거운 빵 라인에서 작업을 시작한 분주한 하루였다. 오븐에서 빵이 너무 빨리 쏟아져 나오는 바람에 시렁에 얹어서 냉각실로 가져갈 틈이 없을 정도였다. 다행히도 존 뱁티스트 수도사가 손을 보태줘서 빵 덩어리가 사방팔방 흩어지는 걸 막을 수 있었다. 그러는 사이에 뜨거운 철판에 팔을 데었다. 멍청이 같으니라고!

'오븐을 먹여 살리느라' 바쁜 시어도어 수도사가 오늘 수도원에 들어온 지 25주년을 맞았다.

오후에는 냇가에 나가서 예배당 짓는 데 쓸 암석을 좀 더 긁어모았다. 석공들은 아직 지붕을 다 완성하지 않은 상태일 때 제자리에 앉혀야 한다며 크고 육중한 화강암을 구해오라고 했다. 지붕을 다 얹고 나면 낮게 내려오는 처마에 삽차의 팔이 걸려서 무거운 암석을 적절한 곳에 옮길 수가 없게 된다는 것이다. 포클레인에 달린 삽에다 커다란 바윗돌 여섯 개를 실었다. 육중한 기계는 강물 속에서 잘도 움직였다. 스티븐 신부는 굽은 길과 장애물들을 요리조리 피해가며 그 '괴물'을 정교하게 조종했다. '포획물'을 자랑스럽게 꺼내놓자 수석석공인 조는 썩 만족스러운 기색이 역력하면서도 먼저 석회를 닦아내야 쓸 수 있겠다고 오금을 박았다.

오늘 제단, 그러니까 덩치 큰 석회암 덩어리가 제자리를 잡았다. 지붕에 들보를 얹기 전에 제단을 정해진 위치에 내려놓아야 했다. 너무 크고 무거워서 나중에 문으로 들여보낼 수가 없기 때문이다. 커다란 기중기를 써서 무사히 작업을 마쳤다.

중장비로 무거운 재료를 옮기는 일이므로 자칫하면 큰 사고가 날 수도 있었다. 어제는 들보 하나가 떨어지면서 쿠엔틴 형제의 왼팔을 쳤다. 손가락 세 개를 심하게 다쳤다. 가까운 보건소에 가서 찢어진 상처를 꿰매고 진통제를 맞았다. 금방 돌아와서 마치 아무 일도 없었다는 듯 돌아다니는 걸 보고 깜짝 놀랐다.

10월 26일, 토요일

어젯밤, 오늘 아침, 그리고 오후까지 제네시오 주립대학 뉴먼센터에서 찾아온 대학생 스물다섯 명과 함께 수련하며 보냈다. 이렇게 강론하고 묵상하는 건 지난 5월 이래 처음이다. 마차에 다는 커다란 바퀴를 보여주며 하나님(삶의 축)께 가까이 갈수록 설령 제각기 전혀 다른 길(바퀴살)을 간다 하더라도 서로에게 더 다가설 수 있음을 지적했다. 그리고 수련회를 마칠 때까지 방 한복판에 바퀴를 그대로 두었다.

분위기는 따듯하고, 수용적이며, 우호적이며, 온화했다. 참석자들과 한 식구가 된 기분이었다. 하지만 밤 11시쯤 잠자리에 들 무렵엔 완전히 파김치가 됐다. 강의를 하는 데 평소보다 훨씬 큰 에너지가 소모된다는 느낌이 들었다. 하나님과 기도에 관해 마음에서 마음으로 메시지를 전달한다는 건 얼마나 힘든 일인가! 강의 요청을 받아들이는 걸 얼마나 조심해야 하는지 조금 알 듯하다. 말은 침묵에서 자라나야 한다는 점을 생각하면 김빠지고 피상적인 말을 하지 않기 위해서는 지금보다 훨씬 잠잠할 필요가 있다.

학생들이 꺼내놓은 기도 이야기들은 아름답고도 뜻깊었다. 정작 자신들만 그러한 사실을 모르고 있었다. 어젯밤, 숙소로 돌아가며 생각했다. '성실하게 하나님을 찾아가며 제 몫의 삶을 잘 살아내고 있는 이 친구들에게 도대체 무슨 얘길 해야 할까?' 하지만 금방 깨달았다. 젊은이들이 이미 심중에 간직하고 있는 것들을 큰 소리로 역설해서 정말 자신의 것으로 받아들이며 감사하는 마음으로 확인하게 하는 일이야말로 내가 감당해야 할 유일한 사명이었다.

10월 27일, 주일

오늘 전체모임에서 존 유드 원장은 수도사의 소명을 이야기했다. 베데 신부, 프란시스 신부, 시어도어 형제의 수도원 생활 25주년과 존 뱁티스트 수사의 서원 25주년을 기념하는 자리였기 때문이다. 날짜는 저마다 달랐지만 오늘 한꺼번에 축하하기로 한 것이다.

존 유드 신부의 강론 가운데 한 대목이 깊은 감동을 주었다. 원장은 하나님의 사랑에 반응하는 것이야말로 위대한 믿음의 행위라고 했다. 그리고 살아오면서 오랫동안 사랑받지 못해 늘 거절당하고 고립된 느낌에 시달리다가 어느 날 갑자기 관심을 가지고 돌봐주는 이를 만난 사람에 빗대어 설명했다. 그런 이들에게는 상대방의 보살핌에 진정과 진심이 담겨 있다고 믿기 어렵다는 것이다. 주어진 사랑을 받아들이고 의혹과 불신이 아니라 스스로 사랑받을 가치가 있다는 내면의 확신을 품고 살아가기 위해서는 커다란 믿음의 결단이 필요하다.

죄에 물들고 연약하며 비참한 현실이 사무치게 다가오는 순간에도 하나님은 변함없이 사랑하신다는 사실을 믿으며, 그 믿음으로 자신을 하나님께 드리는 것이야말로 수도사들이 당면한 엄청난 모험이다.

요즘 들어 수도사들에게 닥치는 가장 큰 유혹 가운데 하나는 하나님의 사랑에 대한 의심이라는 사실이 부쩍 자주 눈에 들어온다. 평생 머물 뜻을 가지고 관상 수도원에 들어가려는 이들은 깨지고 상해서 구원이 절실한 자신의 현실을 또렷이 파악하고 있어야 한다. 수도사 생활이 죄성에 대한 병적인 집착으로 이어진다면 결국 하나님을 추구하려고 수도원에 왔다가 도리어 멀어지는 꼴이 될 것이다. 그러므로 묵상하는 이들은 자신의 죄와 연약함을 깊이 인식할수록 하나님의 사랑과 보살핌을 더 절절하게 느낄 수 있어야 한다.

성찬식에서 존 유드 신부는 회개한 세리의 비유를 언급하면서, 수도사가 꼭 다른 이들보다 더 고상하거나 거룩한 건 아니라고 했다. 오히려 더 연약하고 나약해서 공동체의 도움을 받지 않고는 성실하게 하나님을 좇으며 주님의 끝없는 사랑에 반응할 수 없기에 수도원에 들어온 이들이라는 것이다.

원장의 생각에 큰 감명을 받았다. 드물게 투명하고 명쾌한 논리였다. 공동체의 한 식구라는 사실에 감사했다. 아울러 여기에 들어온 게 강건함이 아니라 연약함의 상징임을 더 깊이 깨달았다.

저녁식사를 하면서 차이콥스키의 제5번 교향곡을 들었다. 음악이 강렬한 멜로디의 흐름으로 날 압도했으며 심원한 희열을 안겨주었다.

10월 28일, 월요일

어젯밤, 노트르담에서 가까운 친구 클로드와 던이 왔다. 아침기도 시간에 잠깐 보았으며 뜨거운 철판들을 옮기는 작업을 마친 후에 다시 만나 빵 작업장을 구경시켜주었다. 빵을 구울 때 입는 작업복 차림으로 어울릴 것 같지 않은 상황 속에 들어와 있는 게 두 사람에게는 아주 재미있었던 모양이다. 나눌 게 너무 많아서 내년까지 그 사연을 모두 간직한 채 기다리기로 했다. 두 친구는 여름 내내 라틴아메리카를 여행하고, 노트르담 대학에서 가르치면서 수없이 새로운 체험을 했으며, 미래에 관해서도 갖가지 계획을 세워놓은 듯했다. 내게도 다섯 달 동안 수도원 생활을 하면서 보고 들은 일들이 수두룩했다. 그래서 사흘이라는 짧은 시간을 서로 상대방의 얘기를 쫓아가는 기회가 아니라 진정한 수련 경험을 쌓는 기간으로 삼기로 했다.

   비록 며칠이기는 했지만, 좋은 친구들을 다시 만나고 어울려 생활하게 돼서 참으로 기뻤다. 여기서 내가 얻은 경험이 어느 정도 두 사람의 것이 되지 못한다면 함께하는 수련의 깊이가 한결 줄어들게 될 게 분명하다.

내일 아침에는 존 유드 신부와 더불어 시간을 보낼 텐데, 그렇게 되면 원장과도 나날이 돈독해지는 우정을 키워갈 수 있을 것이다.

10월 29일, 화요일

던과 클로드, 두 친구와 함께 존 유드 신부와 의미 있는 만남을 가졌다. 성 버나드가 미친 정치적인 영향을 지적하면서 수도원운동이 일으킨 정치적인 파장에 관해 원장에게 질문하는 것으로 대화를 시작해, 수도원 생활의 의미에 대한 토론으로 넘어갔다.

존 유드 신부는 수도원 생활이 정치적·사회적·심리적·경제적 의미를 가질 수 있지만 애당초 그걸 염두에 두고 수도원에 들어오는 이들은 곧 떠나게 될 거라고 못 박아 말했다. 자신의 소명은 주님의 세계에 반응하는 것이지만 그건 하나님, 오직 하나님만을 목표로 한다고 했다.

원장은 어떻게 수도원 생활이 금욕의 실천*praktikos*, 사물의 내적인 관계에 대한 깊은 이해*theoria physica*, 신비로운 하나님 체험*theologia*이라는 세 가지 측면을 갖게 되는지 풀어서 이야기했다. 수도사들은 금식, 순종, 안정 같은 자기부정을 통해서 세상의 세력을 더 잘 이해하며 그 너머에 계시는 하나님을 바라보게 된다는 것이다. 아울러 크리스천의 삶은 '금식, 구제, 기도'로 구성된다는 금언의 참뜻도 설명해주었다. 금식이 자기부정을, 구제가 너그러운 관용을, 기도가 하나님과 연합하려는 갈망을 의미할 때 이 짧은 문구가 크리스천의 삶 전체를 압축한 표현이 될 수 있다고 했다.

존 유드 원장은 위대한 정치가일수록 단순한 모사의 수준에 머물지 않는 법이라고 힘주어 말했다. 책략이나 술책의 차원 이상을 보지 못하면 균형감과 거리감, 행동과 연관 지을 수 있는 비전을 잃어버리고 만다는 것이다. 플라톤에게 정치인은 곧 철학자였던 까닭이 여기에 있다.

클로드는 존 원장이 자신과는 정반대 입장에서 접근하는 듯하다고 했다. 자신은 정치에 신앙적인 차원을 덧대려는 연구를 하고 있는데, 원장은 그걸 넘어선 무언가를 가리키는 방식으로 정치를 상대화하는 걸 중요하게 여긴다는 것이다. 원장과 클로드가 말만큼 서로 반대되는 건 아니다. 하지만 강조점이 다르다는 건 명백해 보인다.

존 유드는 수도원 생활의 정치적 의미를 부정하지 않았다. 결혼생활의 정치적 의미를 누구도 부정할 수 없는 것이나 같은 맥락이다. 혼인제도의 정치적인 성격 때문에 결혼하는 남성이나 여성이 단 한 명도 없는 것처럼, 그 어떤 수도사도 정치적인 의도를 가지고 수도원에 들어가지 않는다. 한마음으로 관심을 쏟는 대상은 하나님뿐이다.

던과 클로드가 존 유드 신부를 만날 수 있게 돼서 참 기뻤다. 그렇게 해서 원장은 두 친구에게 내가 자주 대화를 나누는 지인 전체를 통틀어 가장 의미 있는 인물이 되었다.

10월 30일, 수요일

피곤한 날이었다. 빵 작업장에서 일하고, 답장을 쓰고, 볼리비아에서 온 옛 친구와 대화하고, 클로드랑 던과 어울려 시간을 보냈다.

스스로 공허하고 지친 상태임을 깨닫는 건 좋은 일이다. 왜 그럴까? 잘 모르겠다. 어쩌면 수도원의 분위기를 깨지 않으려고 애쓰면서 방해가 된다 싶으면 무엇이든 의식적으로 물리치고 있기 때문인지도 모른다. 한편으로는 편지를 너무 많이 주고받거나 다른 이의 삶에 지나치게 개입하지 말아야 한다고 생각하지만, 다른 한편으로는 그런 일들이 필요하다고 본다. 그러니 갈등이 생길 수밖에 없다. 악의가 섞이지 않은 방해요소들을 선선히 받아들이고 즐기는 대신 뒤로 물러서서 중얼거린다. "이렇게 말을 많이 해서는 안 돼. 기도를 해야지."

하지만 모든 게 다 유익하고 유쾌했다. 대화는 '수다'와 무척 다르다. 깊은 수준의 인격적인 교류, 그것이 대화다.

10월 31일 목요일

던과 클로드가 떠나기 전에 다 함께 묵상하는 시간을 가졌다. 던의 제안에 따라 로마서 12장 3-21절까지를 깊이 되새겼다. 이미 며칠 동안 함께 어울려 지낸 터라, 사도 바울의 말씀은 모두에게 새롭고 확실한 능력이 되었다. 개인적인 회복과 소속된 신앙공동체의 갱신, 그리고 세상에 속하지 않고 살아남는 문제에 관해 나누었다.

우리가 선택한 말씀에서 사도 바울은 이 모든 화두를 한데 아우르고 있다. "너희는 이 세대를 본받지 말고 오직 마음을 새롭게 함으로 변화를 받아 하나님의 선하시고 기뻐하시고 온전하신 뜻이 무엇인지 분별하도록 하라. … 사랑에는 거짓이 없나니 악을 미워하고 선에 속하라. 형제를 사랑하여 서로 우애하고 존경하기를 서로 먼저 하며 부지런하여 게으르지 말고 열심을 품고 주를 섬기라. 소망 중에 즐거워하며 환난 중에 참으며 기도에 항상 힘쓰며 성도들의 쓸 것을 공급하며 손 대접하기를 힘쓰라"(롬 12:2, 9-13).[4]

본문 전체를 압축하는 한 구절을 고르라면 단연 "너희는 이 세대를 본받지 말고 오직 마음을 새롭게 함으로 변화를 받아 하나님의 선하시고 기뻐하시고 온전하신 뜻이 무엇인지 분별하도록 하라"(롬 12:2)[5]는 말씀이다. 필립스 번역본은 같은 구절을 "주변 세계가 여러분을 자기 틀에 맞추지 못하게 하십시오"라고 풀이했다. 그동안 세상이 제멋대로 제 틀에 끼워 맞추도록 내맡겨왔으며 그 결과 하나님이 가장 깊은 자아에 들어오셔서 마음과 생각을 마음껏 변화시키실 여지를 충분히 드리지 못했음을 요 며칠 사이에 실감했다.

서로 아주 가까워지고 확신을 품은 채 헤어질 수 있게 해주는 유익한 묵상이었다.

6

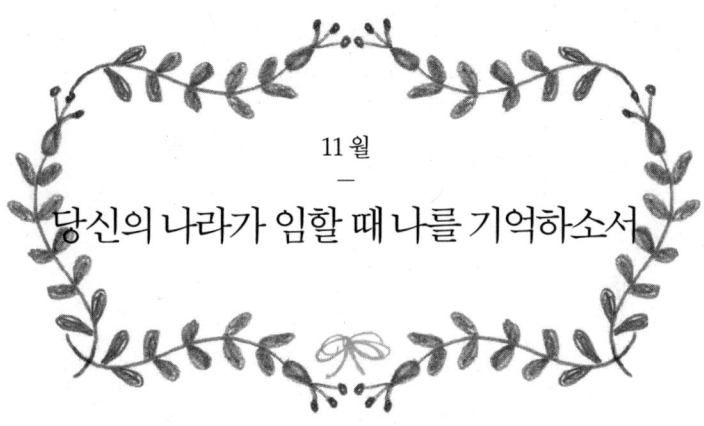

11월
—
당신의 나라가 임할 때 나를 기억하소서

내가 좋아하는 방식이 아니라
주님이 원하는 방법으로 묵상하는 법을 서서히 익혀나가야 한다.
어쩌면 주님이 어떤 분이신지 전혀 모르고 있는지도 모른다.
그러나 주님의 방식으로 그분을 발견할 때,
걱정근심을 모두 내려놓고 고통으로 끌려 들어가게 될 수도 있다는 두려움도 없이
온전히 복종하게 될 것이다.

The Genesee Diary

11월 1일, 금요일

　만성절(모든 성인을 기리는 날-옮긴이)축일. 주로 계시록을 읽는 독서 시간에 영광스러운 새 예루살렘을 마음에 그려보았다. 아름다움과 위엄이 가득하고 눈부시게 빛나는 성문들이 달린 도시의 모습이다. 하나님의 옥좌와 흰옷을 입고 머리에 금관을 쓴 장로들이 앉은 스물네 개의 보좌 이야기도 들었다. "보좌로부터 번개와 음성과 우렛소리가 나고 보좌 앞에 켠 등불 일곱이 있으니 이는 하나님의 일곱 영이라"(계 4:5).
　온종일 영광스러운 환상과, 영광스러운 음성과, 영광스러운 광경이 심령을 가득 채웠다. 이런 식으로 장차 다가올 세상의 이미지를 보여주신 게 분명했다.

하지만 동시에 〈뉴욕타임스〉의 주간 리뷰를 읽으며 세계의 비참한 현실에 기겁하기도 했다. 먹구름이 이 세상을 점점 더 두텁게 뒤덮고 있다. 아시아, 아프리카, 라틴아메리카, 유럽, 미국을 비롯한 전 세계가 기근과 전쟁, 폭력, 가난, 억류를 몰아오는 어두운 세력을 걱정하며 더 나은 미래의 소망을 제시할 비전과 능력을 갖춘 인물이 없을까 두리번거리고 있다.

이처럼 대조적인 파노라마에 깊은 충격을 받았다. 두 장면 사이에는 어떤 상관관계가 있는 걸까? 어디서 교차되고 또 엇갈리는 것일까? 교회가 하늘나라의 영광을 상당 부분 미리 맛보게 해줄 능력을 가진 것처럼 보이지는 않는다.

만성절의 비전은 '하늘 높은 곳'에 있는데, 우리가 사는 이 어두운 세상에서 구체적인 변화를 일으켜 그 환상을 더 가까이 끌어당기려는 진지한 시도들은 그다지 성공적이지 못한 듯하다. 이런 현실이 만성절을 어딘가 모르게 애매모호한 축일로 만드는 게 아닌가 싶다.

11월 3일, 주일

"수도원은 세상의 중심이다." 존 유드 신부가 오늘 아침모임에서 이처럼 극적인 메시지를 전하는 걸 들으면서 겟세마니 수도원에 첫발을 디딘 토머스 머튼이 했던 똑같은 선언을 떠올렸다.

수도원은 세상을 등지고 앉은 장소가 아니라 하나님이 거하실 수 있는 곳이다. 성례전, 하루와 한 주와 한 해의 리듬, 기도와 영적인 독서와 육체노동이 조화를 이룬 수도원의 생활방식 전체가 하나님이 머무실 공간을 마련하기 위한 과정이다. 수도사의 이상은 하나님의 임재 가운데 살면서 거룩하신 주님과 더불어 기도하고, 독서하고, 노동하고, 먹고, 자는 것이다. 수도원 생활은 하나님의 신비를 계속해서 관상하는 삶이기도 하다. 조용히 묵상하는 동안만이 아니라 일상 전체가 그렇다.

수도원이라는 곳이 세상에서 하나님의 임재가 가장 명확하게 선포되고 의식에 새겨지는 자리가 되는 한, 그곳은 진정으로 세상의 중심이다. 인간이 몇 발짝 뒤로 물러서서 여지를 열어드리는 곳에만 하나님이 거하신다는 사실을 수도사는 그 누구보다도 잘 알고 있기에 겸비하고 정결한 마음으로 이렇게 고백할 수 있는 것이다.

제네시 수도원을 찾는 이들은 하나같이 이러한 사실을 잘 알고 있으며 비록 짧은 일정일지라도 방문을 마치고 돌아간 뒤에는 한결 하나가 된 느낌을 품는 것 같다. 더러는 "주님을 보았다"고 믿기도 하고 일상의 삶과 맞부딪혀 씨름할 새로운 힘을 얻기도 한다.

11월 6일, 수요일

오전 10시에 존 유드 신부와 주례 만남을 가졌다. 사람들과 어울릴 때마다 어김없이 나타나 성가시게 구는 피로감의 정체를 물어보았다. 특히 제네시오 대학 학생들과 수련모임을 가진 뒤부터 부쩍 문제가 심각해졌다.

원장은 몸 상태를 인정하고 잠을 조금 더 자야 한다면서도 심리적인 현상이라는 점을 분명히 했다. 누구를 만나든지 마치 함께 있을 가치가 있는 존재임을 번번이 새로이 입증하기라도 해야 하는 것처럼 지나치게 많은 에너지를 쏟는다는 것이다. "정체성 전체를 걸고 덤벼드는 거죠. 매번 맨 처음부터 다시 시작하고요." 존 유드 신부는 제안했다.

"지금은 기도와 묵상이 중요합니다. 그 안에서 가장 깊은 정체성을 발견할 수 있고, 그래야 누군가와 함께 일할 때마다 자아를 온전히 내걸고 달려들지 않게 됩니다." 정기적으로 묵상하는 이들에게는 긴 잠이 필요 없다는 게 입증된 바 있다고도 했다. 그런 사람들은 자아와 괴리가 상대적으로 적고 자신의 정체성을 확인하는 씨름에 남들을 끌어들이지 않는다.

예전에도 이런 이야기를 나누었지만 오늘은 더욱 새롭게 다가왔다.

11월 8일, 금요일

지난 몇 주 동안 수도원을 방문한 신학교 교수를 강사로 금요강좌를 열었다. 삼위일체 교리와 특히 성령님에 관해 이야기했다. 이번 강의는 아주 독특한 경험이었다.

그토록 마음을 빼앗겼던 건 강력한 기시감을 불러일으킨 까닭이다. 강사의 설명을 들으면서 마치 신학교로 돌아간 느낌에 사로잡혔다. 당시의 감정들이 새록새록 되살아났다. 강의를 무척 좋아하고 호기심을 느꼈으며 일 분 일 초도 놓치고 싶지 않았다. 하지만 불만도 없지 않았다. 주로 그때는 이해하지 못했지만 지금은 조금 더 또렷하게 파악하고 있는 차원의 문제들이었다. 서품을 받고 난 뒤에 신학연구를 계속해보는 게 어떠냐는 제안을 받았다. 주교에게 요건을 조금 바꿔서 심리학을 공부하게 해달라고 요청했다. 언제부터인지 신학은 삶의 체험 전체를 손댈 수 없는 영역으로 남겨두고 있다는 생각이 들었다. 심리학이 그 필요를 채워주길 바랐다. 그리고 지극히 간접적이기는 했지만, 얼마쯤은 뜻을 이뤘다.

강의를 듣는 체험은 내 안에 잠자고 있던 신학교 시절의 감정을 다시 살려냈다. 계속해서 중얼거렸다. "정말 재미있군! 아주 매력적이야! 통찰력이 대단한걸!" 다른 한편으로는 스스로에게 되물었다. "그래서 어쩌라고? 아버지 하나님, 아들, 그리고 성령님에 관한 이 얘기들이 지금 여기에 있는 나와 무슨 상관이라는 거지?" 나는 아주 익숙한 신학용어의 울타리에서 빠져나오자마자 담론 전반에 대해 극도의 거리감이 들었다.

어떻게 성령님을 명확하며 구체적인 삶의 체험과 관련지어 이야기할 수 있는가? 1954년에 가졌던 의문인데 지금 다시 고개를 쳐들고 있다. 다만 지금은 문제를 조금 더 잘 이해하고 있다는 점이 다를 뿐이다.

11월 9일, 토요일

오후 내내 망치를 휘두르며 큰 들보에 대못을 박느라 끙끙거렸다. 멀리서 볼 때는 늘 수월해 보였는데, 유독 내가 집는 못들만 나무에 완전히 박히기 전에 휘어지는 버릇이 있는 것 같다. 발판 위에 서서 망치질을 '제대로' 해보려고 안간힘을 썼다. 마이클 수사가 무조건 못을 목재에 우겨 넣으려 하지 말고 '손목의 힘'을 써보라고 자상하게 설명해주었다. 마음은 굴뚝같은데, 아직 기술이 따르지 못한다. 네 개를 박으면 끝까지 가는 건 하나뿐이다. 나머지는 후대 사람들이 눈치채지 못하기만 바라면서 커다란 절단기로 잘라낸 뒤에 나무에 박아버리는 걸로 마무리 짓는다.

하지만 신나는 오후였다. 쿠엔틴과 마이클은 끝없는 인내와 함박웃음을 보여주었으며, 함께 일하는 로스는 초짜 시절에 고생했던 얘기를 들려주며 위로했다. 하지만 두말할 것도 없이 나보다는 훨씬 나았다. 한편으로는 암석을 모으는 작업에서 못질로 일감이 바뀌어서 정말 잘됐다는 생각이 들었다. 몇 번만 더 해보면 성공률이 한결 높아질 것이다.

그러는 사이에 예배당이 얼추 모양을 갖추기 시작했다. 건물이 완공되고 수도사들이 이곳을 중심으로 생활하게 될 날을 생각하면 행복한 기대감이 든다. 오늘 성례전에서는 로마에 있는 성 요한 라테라노 성당의 봉헌을 기념했다. 다들 로마에 있는 옛 성당보다 이곳에 있는 새 예배당에 더 마음이 쓰이는 게 분명하다.

11월 11일, 월요일

아주 평범한 하루였다. 뜨거운 빵 라인에서 세 시간, 편지에 답장하는 데 두 시간, 다음 학기 학사일정에 들어갈 도서목록을 만드는 데 세 시간을 썼다.

중간에 짬이 나기에 저녁식사 때 낭독하는 히치콕Hitchcock의 책, 《거룩함의 회복The Recovery of the Sacred》을 두고 존 유드 신부와 '논쟁'을 벌였다. 개인적으로는 진정한 역사의식 없이 전후관계를 무시하고 논리를 전개해 나가는 탓에 기본적으로 편협하고, 편견에 사로잡혀 있으며, 극단적으로 보수적인 데다가, 때로는 공격적이기까지 한

한담閑談에 지나지 않는다고 보았다. 의견을 들은 원장은 과잉반응이라고 했다. 지은이는 무책임하게 전례를 실험하는 사례가 많았음을 지적하고 있을 따름이며 그 점은 분명히 짚고 넘어갈 가치가 있다면서 자신은 재미있게 듣고 있다고 했다. 게다가 그렇지 않아도 내가 부정적인 반응을 보일 줄 알았다는 말까지 했다. 은근히 부아가 돋았다.

이야기는 돌고 돌면서 아무런 결론도 내리지 못했다. 내가 과민반응이라는 존 유드 신부의 생각에 동의할 수 없었다. 원장 역시 객관적이지 못하고 한쪽으로 치우친 지지를 보내고 있다는 내 주장에 수긍하지 않았다.

그렇다고 별일이 있었던 건 아니다. 한바탕 웃음으로 토론을 마감했을 뿐이다. 어떤 점에서는 이렇게 감정을 표출하는 게 불편하지는 않았지만, 이런 식의 논쟁을 벌이는 데 원장이나 내 시간을 낭비하지 않는 편이 더 낫겠다는 결론을 내렸다. 지치게 만드는 데다가 단기간 체재할 뿐임을 감안할 때 원장에게도, 다른 수도사들에게도, 내게도, 그 누구에게도 유익할 게 없기 때문이다.

조금 어지럽고 멍하다. 좀 자두는 게 좋겠다.

11월 12일, 화요일

신령한 삶을 산다는 건 하나님의 임재 안에 산다는 뜻이다. 한없이 단순한 이 진리를 절실히 깨닫게 해준 건 17세기 프랑스의 카르멜 수도사 로렌스 형제였다. 《하나님의 임재연습The Practice of the Presence of God》이라는 책은 그가 나눈 대화 네 편과 직접 쓴 편지 열다섯 통을 담고 있다. 로렌스 수사는 이렇게 썼다.

하나님과 함께하기 위해 늘 예배당에 붙어 있어야 하는 건 아니다. 마음 한구석에 기도실을 마련해두고 시시때때로 들어가서 하나님과 온유하고 겸손하며 사랑하는 심령으로 이야기를 나누면 된다. 더하고 덜 한 점은 있겠지만, 누구나 하나님과 그처럼 친밀하게 대화할 수 있다. 우리가 무얼 할 수 있는지 주님은 아신다. 일단 시작해보자. 어쩌면 그분이 우리에게 기대하시는 건 넉넉한 결심뿐인지도 모른다. 용기를 내라.[1]

제대로 하나님의 임재를 연습하려면 마음에서 잡다한 것들을 깡그리 몰아내야 한다. 주님은 심령을 독차지하고 싶어 하시기 때문이다. 모든 걸 다 비워내지 않으면 그분 홀로 마음을 소유하실 수 없다. 그러므로 하나님께 중심을 비워드리지 않는 한, 주님은 거기서 역사하시거나 기뻐하는 일을 행하실 수 없다.[2]

로렌스 형제의 메시지는 지극히 단순하면서도 이루 말할 수 없이 심오하다. 하나님과 가까이 교제했던 그에게는 모든 게 하나다. 중요한 건 하나님 한 분뿐이다. 하나님의 사랑 안에서 모든 인간과 사물은 사랑으로 받아들여진다. 그러나 하나님의 임재 가운데 머문다는 건 정결한 마음과 단순한 사고, 그리고 거룩한 뜻을 전적으로 수용하는 자세를 가지고 사는 걸 말한다. 참으로 분명한 선택과 결단, 커다란 용기가 필요한 일이다. 그것이야말로 진정한 성화의 상징이다.

11월 13일, 수요일

"하나님은 진실로 기도를 들으신다." 캘리포니아에서 걸려온 뜻밖의 전화를 받은 뒤로 온종일 이런 즐거운 생각과 감정에 사로잡혀 지냈다.

로스앤젤레스 출신으로 가깝게 지내던 친구 리처드는 1971년에 사고를 당했다. 그때부터 등에 통증이 시작됐는데 날이 갈수록 심해지기만 했다. 네덜란드로 찾아왔을 무렵에는 고통이 너무 심해서 입원하지 않고는 견딜 수 없는 지경에 이르렀다. 할 수 없이 로스앤젤레스로 돌아갔지만 통증은 좀처럼 가라앉지 않았다. 그날부터 친구의 삶은 차츰차츰 무기력한 환자로 몰아가는 고통을 이겨내기 위한 긴 싸움이 되었다. 수술을 받고, 척추지압 전문가를 찾아가고, 침을 맞고,

동부해안까지 날아가 용하다는 신경과 전문의를 만나고, 심리치료를 받고, 월풀 욕조에 들어가 반신욕을 하고, 몇 주 동안이나 바다에 누워 지내고, 마치 아무렇지도 않은 것처럼 행세해보는 등 백방으로 노력했다. 그리고 엄청나게 많은 약을 먹었다. 그럼에도 불구하고 바로 두 주 전까지만 해도 편지를 보내서 "좋은 소식은 없다네(빌어먹을!). 통증은 끝없이 심해져만 가고 난 점점 더 까부라져가지"라고 하소연하는 형편이었다.

한 달 전쯤, 제임스 수도사에게 리처드 이야기를 하면서 부탁했다. "제발 내 친구를 위해 기도해주세요. 형제의 기도가 절박하게 필요한 친구입니다. 문제는 등만이 아닙니다. 치유해야 할 곳이 한두 군데가 아닙니다." 제임스 수도사는 기도했다. 심지어 어느 날인가는 저녁기도 시간에 큰 소리로 '우리의 간구가 필요한 이'를 위해 기도하기도 했다.

리처드가 마지막으로 보낸 절망적인 편지에 답장하면서 이렇게 적어 보냈다. "자네를 위해 기도하고 있네. 정말일세. 머잖아 통증이 나아질 거라고 확실히 믿네. 아직도 회복되지 않고 있다는 사실에 기가 막히다 못해 화가 나려고 하네." 보통은 리처드에게 이런 식의 표현을 쓰지 않았다. 하나님, 교회, 성직자, 기도, 예수님 따위의 말들이 도리어 친구의 분노와 짜증, 적대감을 불러일으킬 수도 있다고 생각했기 때문이다. 하지만 이번에는 눈 딱 감고 써버렸다.

오늘 아침, 존 유드 원장이 문간에다 리처드에게 전화하라는 쪽지를 남겼다. "급하지만 나쁜 일은 아님"이라고 적혀 있었다. 오전 10시에 전화했더니, 수화기 너머에서 친구가 기쁨에 겨운 목소리로 말했다. "벌써 닷새째 약을 안 먹었어. 이렇게 기분 좋은 건 난생 처음이야."

그리고 자초지종을 들려주었다. 라틴아메리카 역사를 주제로 세미나를 진행하고 있었는데 나이든 학생들 가운데 하나가 말했다. "제가 선생님을 고쳐드리겠습니다." 처음에는 웃어넘겼지만 결국 그 집을 찾아갔다. 학생은 리처드더러 소리 지르고, 팔다리를 허우적거리고, 펄쩍펄쩍 뛰라고 했다. 통상적으로 등이 아픈 이들에게 시키는 일들이 아니었다. 그런데 한 시간쯤 시키는 대로 따라했더니 통증이 한결 가셨다. 아직 불편한 구석이 많이 남아 있기는 했지만 예전에 비하면 딴사람이 된 것만 같았다. 지난 며칠 동안 얼마나 고함을 질러댔는지 목소리가 달라진 것 같았다. 목이 쉰 건 물론이다. 뿐만 아니라 제자리뛰기를 비롯해서 온갖 '동작'을 다 해보였으며 시간이 갈수록 기분이 상쾌해졌다. 리처드의 표현에 따르자면, 치료를 해준 여학생은 책임감이 투철하고 환자가 가진 문제의 핵심을 짚어낼 줄 아는 듯했다. 몇 차례 치료를 받고 나서 병세가 눈에 띄게 호전되자 크게 감격한 친구는 전화로라도 그 소식을 전하고 싶었던 것이다. 리처드는 논문을 마치고 파라과이에 가는 걸 비롯해서 갖가지 새로운 계획들을 세웠다. 반갑고 기뻤지만 설령 차질이 생기더라도 포기하지 말라고 이야기해주었다.

저녁식사를 마친 뒤에 제임스 수사에게 상황을 알렸다. 제 일처럼 기뻐하며 얼굴이 환해졌다. 형제에게 당부했다. "부디 멈추지 말고 계속 기도해주십시오. 이건 그저 시작일 뿐입니다." 제임스 수도사가 말했다. "하나님이 기도를 들어주신다는 걸 나우웬 신부님은 깊이 실감하지 못하는 것 같습니다. 주님이 제 부탁에 귀를 기울여주셔서 얼마나 기분이 좋은지 모르겠습니다." 그러곤 곧장 예배당 앞으로 나아가서 무릎을 꿇었다. 이번 기회에 리처드가 모든 면에서 새로운 삶을 시작할 수 있게 해주시길 함께 기도했다.

11월 14일, 목요일

큰 관심을 가지고 이블린 언더힐Evelyn Underhill의 《교회의 신비주의자The Mystics of the Church》를 읽었다. 지은이는 이 책에서 서방교회에서 손꼽히는 신비주의적인 인물들을 생생하고도 예리한 필치로 다루고 있다.

하나님의 사랑이 더없이 온전하게 살아 숨 쉴 때 한 점 사심 없이 이웃을 위해 헌신할 수 있다는 주장이야말로 기독교 신앙 전체를 통틀어 가장 확실한 논리 가운데 하나다. 한없이 황홀한 체험을 거친 뒤에 신비주의자들이 놀라운 일을 행할 수 있게 된 경우가 얼마나 많은지 언더힐은 상세하게 소개한다. 바울이 대표적인 사례지만 어거스틴, 아빌라의 테레사, 시에나의 캐서린을 비롯해서 수많은 이들이 똑같은 능력을 보여준다. 신비주의는 세상에서 물러나는 걸 의미하지 않는다. 도리어 정반대다. 하나님과 친밀하게 연합함으로써 현실사회에 가장 창의적인 방식으로 개입하는 것이다. "주님과 하나가 되었다는 서서히 내면화된 확신, 그리고 새로운 능력과 인내"[3]가 차츰 황홀한 감격과 환상을 대신하는 것처럼 보인다. 격동적인 시기에 "돌발적으로 강렬한 감정의 물결에" 휩쓸리는 일이 잦기는 하지만 신비주의자들은 "뭇 사람들과 실질적으로 어울릴 때는 평온하고 진지한 태도를 조금도 잃지 않는다."[4]

11월 15일, 금요일

여기에 들어온 이래로 예수기도가 대단히 중요해졌다. 수도원에서 첫 주를 보내면서는 예수기도가 핵심적인 역할을 했던 헤시카즘(동방교회 수도사들의 묵상과 기도 방법. 헤시카즘이라는 말은 고요를 뜻하는 그리스어 헤시키아에서 나옴-옮긴이)과 관련된 글과 책들을 많이 읽었다.

그런데 요즘 들어, 서방교회에도 예수님의 이름에 집중하려는 흐름이 동방교회 못지않게 강했음을 깨달았다. 이렇게 간구하는 법을 이미 알고 있었지만 실제로 깊은 기도에 들어가는 통로라기보다는 낭만적인 경건쯤으로 치부하는 편이었다.

클레보의 성 버나드는 예수님의 이름에 집중하는 데 결정적인 역할을 했다. 다섯 번째 아가서 설교에서 그는 이렇게 밝혔다. "예수님의 이름을 부를 때, 마음이 온유하고 겸손하며, 친절하고, 진중하며, 순결하고, 자비롭고, 누가 봐도 흠 없이 올곧고 거룩한 분을 앞세우게 된다. 생명의 길로 나를 치료하시고 한결같은 지지로 힘이 되시는 바로 그분, 전능하신 하나님이시다. 예수님의 이름을 듣는 내내 이 모든 게 내 안에 메아리친다."[5]

그러므로 예수님의 이름은 참으로 모든 기도의 요약이자 핵심적인 표현이 된다. 과거에는 성 버나드의 작품으로 알려졌지만 지금은 이름을 알 수 없는 영국 시토회 수사의 글로 추정하는[6] '장밋빛 연시(*Jesu dulcis memoria*)'는 그러한 사실을 아름다운 운율에 담아 보여준다. 첫 번째 노래구절은 이렇다.

> 예수님에 관한 기억은 달콤하기도 하구나.
> 마음에 참다운 기쁨을 주네.
> 하지만 꿀보다, 그 모든 것보다 감미로운 건
> 주님의 향기로운 임재.

예수님을 기억하는 게 어떻게 그분을 기쁘시게 하며 그분의 임재가 어떻게 주님을 기억하게 하는지 여기서 다시 한 번 또렷이 보았다. 예수님의 이름을 부르는 기도 가운데서 주님에 관한 기억과 하나님의 임재는 하나이며 동일체가 되어 그분과 친밀하게 연합하게 해준다.

11월 18일, 월요일

스스로 수도사라고 생각해보라. 주위에 있는 이들이 뜻대로 일이 풀리지 않을 때마다 습관적으로 험악한 욕설을 내뱉는 우스꽝스러운 행태를 보인다면 어떻게 하겠는가? 이건 신학적인 질문이 아니다. 수도사들이 착한 성품과 거친 입을 가진 일꾼들과 예배당 건축현장에서 한데 어울려 일하면서 빈번하게 겪는 상황이기 때문이다.

어떻게 반응해야 좋을지 당황스러웠다. 대꾸하지 않고 조금씩 화를 눌러 쌓다가 결국 분통을 터뜨리며 "욕지거리를 해선 안 되는 걸 모르세요!"라고 소리칠 수도 있다. 그러면 모두가 화를 내고 분위기가 삭막해져서 따듯한 마음이라고는 찾아보기 어려워질 것이다.

앤서니 수도사가 나름대로 개발한 대처방법을 들려주었다. 예수님 이름을 '만홀히' 부르는 게 들리면 '무언가 반응을 보여야 하지 않을까?'라고 생각한다. 그리고는 자신에게 말한다. '안 될 게 뭐야.' 그러다 다음에 누가 목재를 떨어뜨리거나 못이 휘어진 걸 못 참고 주님의 이름을 '헛되이' 들먹이면 팔뚝을 단단히 잡고 한마디 한다. "이봐요, 여기가 수도원인 거, 잘 알죠? 우린 전부다 그분을 사랑하거든요." 상대는 이편을 돌아보고 웃으며 말한다. "사실은 나도 그래요." 양쪽 다 한바탕 웃고 끝낼 수 있게 되는 것이다.

예수기도와 그 이름에 담긴 권능에 관한 글을 수없이 읽었지만 이 멋진 이야기만큼 감명 깊은 사연은 없었다. 정말로 주님의 이름을 헛되이 부르지 말고 반드시 열매 맺는 일에만 사용해야겠다.

11월 19일, 화요일

헨리 수소Henry Suso가 쓴 《영원한 지혜에 관한 소책자Little Book of Eternal Wisdom》에 나오는 다음과 같은 이야기에서 큰 감동을 받았다. 예수님은 말씀하신다. "회색 재뿐만 아니라 때로는 하얀 밀가루도 금방 눈을 가려서 앞을 똑바로 보지 못하게 한다. 사랑하는 제자들 사이에 거하는 내 임재만큼 악한 구석이 없는 인간존재가 있을 수 있었겠느냐? 거기에는 불필요한 말도, 방자한 몸짓도, 신령한 주제로 시작했다가 쓸데없는 수다로 끝나는 대화도 없었다. 진정과 온전하고 절대적인 진리만이 교제를 지배할 따름이었다. 하지만 성령님을 받아들이도록 제자들을 준비시키기 위해서는 육신적인 임재를 거둘 수밖에 없었다. 그러니 인간의 존재가 얼마나 큰 장애가 되겠느냐? 누군가 자아 속으로 이끌어주기도 전에 수천 명이 달려들어 밖으로 끌어낸다. 교리로 단 한 번 가르침을 받기도 전에 나쁜 본보기들에 미혹돼 수없이 헷갈려 하게 된다."[7]

우리가 살고 있으며 알다시피 수많은 고통이 존재하는 이 세상은 그리스도께서 스스로 물러나신 영역처럼 보인다. 어떻게 이러한 세상에서 우리가 성령을 받을 준비를 끊임없이 갖추어가고 있다고 믿을 수 있겠는가? 하지만 이게 바로 소망의 메시지라고 생각한다. 하나님은 물러서지 않으셨다. 아들을 보내셔서 인간의 한계를 똑같이 체험하게 하셨고, 그 아들은 다시 성령을 보내서 거룩한 생명의 교제로 인도하셨다. 성령님, 곧 사랑의 영이 친히 모습을 드러내시는 곳은 인간의 혼돈스러운 고통 그 한복판이다. 하지만 우리는 그분의 임재를 알아보고 있는가?

11월 20일, 수요일

오늘 존 유드 원장과 만나서 그리스도를 향한 전적인 헌신에 관해 물었다. 지난 몇 주 동안 언뜻언뜻 그 의미에 관한 통찰이 뇌리를 스칠 때가 있었다. 조건 없이 그리스도께 헌신한다는 것, 온전히 주께 복종한다는 것의 실체를 슬쩍 엿보았던 것이다. 그리고 거기에 비추어 내가 얼마나 갈라진 마음으로 살고 있고 자신을 온전히 드리기를 주저하며 포기하기를 망설이는지 알았다. 그리스도를 유일한 관심사로 삼는다면 전체적으로 얼마나 새로운 삶을 살게 될지 인식하는 동시에 여전히 '옛' 생활에 매여 있음을 깨달았다. "그리스도께 깊은 관심이 있지만 그밖에 여러 가지 일들에도 마음이 끌린다"는 얘기를 속으로 수없이 되풀이해가며 살아왔다. 얼마나 헌신되어 있지 않으며, 또한 헨리 수소가 설파한 경험과 얼마나 동떨어져 있는지 보여주는 실례다.

어쩌면 신체적, 정신적 고통을 두려워하는 공포감도 그걸로 설명할 수 있을지 모른다. 수많은 이들이 당했던 고문에 관한 글을 읽을 때마다 그처럼 가혹한 정신적, 신체적인 압박을 받는 상황에서 얼마나 오랫동안 믿음을 지킬 수 있을지 회의하곤 했다. 그리고 언제나 내가 참으로 연약하며, 믿음이 부족하고, 포기하지 않고 헌신하려는 자세를 갖추지 못했다는 결론을 내렸다.

존 유드 원장은 이러한 질문과 관심들이 모두 같은 문제에서 비롯되었다고 지적했다. 자신의 가치를 의심하는 증세에 시달리는 한, 끊임없이 주변 사람들에게서 만족을 찾으려 하고 정신과 육체를 가리지 않고 어떤 종류의 고통에도 쉬 굴복하게 마련이라는 것이다. 하지만 차츰 사람들의 인정을 받으려는 욕구에서 벗어나서 주님과 참다운 관계를 맺지 않고 진정한 자아를 발견할 수 없음을 절감할 때, 비로소 조건 없이 그분 앞에 엎드릴 수 있으며 늘 그렇게 되기를 꿈꾸게 되고, 사람들이 안겨주는 고통이 중심을 건드리지 못하게 된다. '자아'는 사람이 아니라 하나님 안에 닻을 내리고 고통에 더 완강하게 저항할 수 있다.

잠시 고문과 세뇌에 관해 이야기했다. 존 유드 신부는 정신과 실습 시간에 전쟁에 나갔다가 포로가 되어 엄청난 고문을 받았지만 눈곱만큼도 굴복하지 않은 남성을 만났던 경험을 들려주었다. 정치적으로나 이데올로기적으로 복잡한 구석이 거의 없는 단순하고 현실적인 인물이었다. 하지만 그 어떠한 압박으로도 자백을 끌어낼 수 없었다. 원장은 그 남자의 정체감에서 요인을 찾았다. 자기회의나 불안, 잘못된 죄책감이 전혀 없었으므로 적이 비집고 들어갈 틈새가 전혀 없었다는 것이다.

어떻게 해야 이런 단순함, 이처럼 내면화된 자존감, 자기가치에 대한 믿음을 가질 수 있는 것일까? 원장의 대답은 간단했다. "묵상하세요. 그리고 불안감의 심지에 불을 붙이는 자질구레한 일상사들을 자세히 살피세요. 묵상을 하면 거리를 두는 게 가능해집니다. 일정한 간격을 둘 수 있는 것들이라면 또한 떨쳐버릴 수도 있는 법입니다."

대화는 좀 더 심오한 주제로 옮겨갔다. 오직 주님만이 내 정체성을 결정하게 맡겨드린다면, 주님을 알게 될 것인가? 또는 묵상하면서조차도 사람 대하듯, 다시 말해서 조종하고 투사하는 식으로 주님과 관계를 맺는 게 아닌가? 사람들과 접촉하면서 긍정적인 반응을 불러일으킬 만한 행동을 하듯이, 주님과 교제하면서도 나름대로의 방법을 동원해서 그분이 나를 좋아하게 만들려고 노력할 수 있다. 하지만 그럴 경우에 여전히 주님보다는 자신에게 관심을 두고 있는 셈이다.

내가 좋아하는 방식이 아니라 주님이 원하는 방법으로 묵상하는 법을 서서히 익혀나가야 한다. 어쩌면 주님이 어떤 분이신지 전혀 모르고 있는지도 모른다. 어쩌면 지금까지 단 한 번도 그분을 내 중심과 진에 모셔 들여서 진정한 자아, 즉 내 정체성을 넘겨드린 적이 없는지도 모른다. 그러나 주님의 방식으로 그분을 발견할 때, 걱정근심을 모두 내려놓고 고통이나 고난으로 끌려 들어가게 될 수도 있다는 두려움도 없이 온전히 복종하게 될 것이다.

안다. 알지만 도대체 언제나 하나님이 내 방어벽을 모조리 허물어서 정신만이 아니라 마음으로 깨닫게 해주신다는 말인가?

목재를 헛간에서 예배당으로 옮기는 작업을 했다. 6월에는 나뭇짐을 창고에 쟁이는 작업을 도왔는데 지금은 꺼내는 일에 손을 보태고 있다. 커다란 원을 그리고 제자리로 돌아온 것 같은 느낌이다. 문득, 예배당 지붕을 완성하는 작업을 하고 있을 뿐만 아니라 동시에 이곳에 머무는 일정을 마무리 지어가고 있다는 생각이 들었다. 지금부터 5주 뒤에는 네덜란드에 있으면서 이 일곱 달이 내게 어떤 의미를 갖는지 되새기고 있을 것이다. 아직은 수도원에 있지만 끝이 또렷이 보이고 천천히 새로운 경험을 향해 움직이고 있음을 알겠다. 요 몇 달 사이 하나님이 거하실 새 공간인 예배당이 세워졌다. 내 안에도 주님의 집이 세워졌을까?

11월 22일, 금요일

앙드레 말로André Malraux는 《반회상록Anti-Memoirs》에서 언젠가 인간은 성품뿐만 아니라 기억을 갈무리하는 형식으로도 서로를 구분할 수 있게 되리라는 사실을 깨달았다고 했다. 나는 어떤 형태로 기억을 선택해서 간직하는지 궁금하다. 개인적으로는 자아에 따라 크게 달라지리라고 본다. 좋든 나쁘든, 창조적이든 파괴적이든 사건에 관해서는 할 얘기가 거의 없지만 그걸 기억하는 방식, 즉 인생의 이야기 가운데 어떤 형태로 집어넣느냐에 대해서는 할 말이 많다. 자주 혼자 중얼거린다. "오늘을, 이 실망감을, 이 갈등을, 이 오해를, 이 성취감과 기쁨을, 이 만족스러운 느낌을 어떻게 기억하게 될까? 언제나 진행형인 자기해석 작업에서 이런 요소들이 어떤 기능을 하게 될까?"

11월 23일, 토요일

토머스 머튼의 영향력은 1968년 12월에 세상을 떠난 이후로 점점 커져온 게 아닌가 싶다. 수많은 이들이 석사 및 박사 학위 논문의 주제로 머튼을 선택한다. 관련 서적과 기사가 끊임없이 쏟아져 나온다. 수도원에 있는 사이에도 세 권의 책이 새로 출간되었다.[8]

충격적인 점은 머튼이 마치 성경처럼 되어가고 있다는 사실이다. 언제 어디서나 머튼이 거론된다. 보수진영이든 진보진영이든, 자유주의자든 급진주의자든, 변화를 위해 투쟁하는 이들이든 그걸 불만스러워하는 쪽이든, 정치적인 활동가든 탈정치적인 이상주의자든 너나없이 머튼을 인용해서 사상과 신념을 표현한다. 댄 베리건Dan Berrigan, 짐 포레스트Jim Forest, 짐 더글러스Jim Douglas에게 영감을 준 것으로 보이며 수많은 수도원 식당에서 '마음 놓고' 선택할 수 있는 영적인 독서 교재로 활용되고 있다. 외부인들은 머튼을 수도원 언저리에 살면서 평화와 정의를 위한 투쟁에 깊이 관여한 사회비평가로 보기를 더 좋아하는 반면, 수도사들은 기본적으로 묵상가였음을 인정하지 않으면 그 정신을 제대로 파악할 수 없다고 말한다. 크리스천을 자부하는 이들은 머튼의 정통성을 강조하려 하지만, 극동지역으로 눈을 돌려 새로운 영성을 추구하는 수많은 비그리스도인들 역시 그를 모델이요 지지기반이라고 주장한다. 아시아에서 말년을 보내면서 자신은 늘 크리스천이며, 영원히 그러할 것이라고 단호하게 밝혔음에도 불구하고, 조만간 불교에 귀의할 계획을 가지고 있었다고 주장하는 이들까지 있다.

여기에 대해 어떻게 생각해야 할 것인가? 누가 옳고 누가 그른가? 머튼은 체계적인 사람이 되려고 애쓴 적도, 일관성에 신경을 써본 적도 없다. 사고와 경험의 단계가 달라질 때마다 노련하고 세련되게 설명했으며 과거에 가졌던 사상과 체험을 남들이 어떻게 평가하느냐에 개의치 않고 새로운 발견을 향해 계속 움직여갔을 뿐이다. 이제 머튼은 세상에 없다. "진의가 무엇인가?" 따위의 질문에 더 이상 대답할 수 없게 된 것이다. 설령 살아서 그런 부류의 질문을 받는다 하더라도 십중팔구 짜증을 냈을 것이다. 하지만 죽음은 머튼이라는 한 인간을 살았을 당시보다 더 강력한 존재가 되게 하는 촉매 구실을 했다. 머튼은 자신의 삶을 언제든지 열어주어서 다른 이들이 스스로의 길(그가 발견한 길이 아니라)을 찾도록 돕는다. 그런 점에서 예나 지금이나 머튼은 남들이 들어와 저마다의 삶에 들려주시는 하나님의 음성에 귀 기울일 수 있는 공간을 창출해내는 진정한 목회자다.

11월 24일, 주일

오늘은 왕이신 그리스도의 축일이다. 개인적으로는 편치 않는 날이다. 제2차 바티칸 공의회(가톨릭교회가 지향할 방향을 결정하기 위해 1962년부터 1965년 사이에 열렸던 회의. 개신교를 형제로 인정하고 각 나라 말로 미사를 드릴 수 있도록 하는 등 이념과 실천, 양면에 걸쳐서 획기적인 결정들이 내려졌음―옮긴이) 이전에 받았던 예수회식 양육의 성향이 상당 부분 남아 있는 탓에 이날을 교회 안에 존재하는 모종의 승리주의와 공격적인 영성이라는 차원에서 바라보았기 때문이다. 한편으로는 교회내부의 권위문제에 부닥치는 날이기도 했다. 수없이 많은 이들이 예수님의 이름으로 교회에서 왕노릇을 하고 있는지 잘 알고 있는 까닭이다. 결국 왕이신 그리스도의 축일은 도무지 풀리지 않는 순종과 복종의 문제와 더불어 한판 씨름을 벌이는 날이 돼버렸다. 더구나 수도원이란 원장이 명확한 권위를 갖는 세계이므로 그 씨름이 또다시 또렷하게 의식을 파고들었다.

성 베네딕트는 내규의 서문에서 이렇게 말한다. "그러므로 내 말은 진정한 왕이신 주 그리스도의 군사로 섬기기 위해 자기의지의 충동을 거부하고 순종이라는 강력하고 훌륭한 무기를 선택하는 여러분들을 향한 것이다."[9]

여기에는 모호함이 깃들일 여지가 전혀 없다. 그리스도는 왕이시다. 따라서 내 의지가 아니라 그분의 뜻이 행동의 궁극적인 기준이 되어야 한다. 이것만 가지고도 거북한 느낌이 들기에 충분하다. 그런데 오늘은 묵상에서뿐만 아니라 성례전에서도 그리스도는 순종과 겸손으로 우리의 왕이 되셨음이 눈에 들어오기 시작했다. 주님의 왕관은 가시관이었다. 그분의 보좌는 십자가였다. 병사들은 예수님의 "오른손에 갈대를 들게 하였다. 그리고 그분 앞에 무릎을 꿇고, '유대인의 왕 만세!' 하고 말하면서 그를 희롱하였다. 또 그들은 그에게 침을 뱉고, 갈대를 빼앗아서, 머리를 쳤다"(마 27:29-30, 표준새번역). 십자가에 못 박은 뒤에는 "신 포도주를 들이대면서, 말하였다. '네가 유대인의 왕이라면, 너나 구원하여 보아라.' 예수의 머리 위에는 '이는 유대인의 왕이다' 이렇게 쓴 죄 패가 붙어 있었다"(눅 23:36-38, 표준새번역).

왕이신 그리스도축일에 담긴 가장 신비로운 요소는 십자가에서 죽기까지 순종하신 분이 순종을 가르치시고, "내 원대로 마시옵고 아버지의 원대로 되기를 원하나이다"(눅 22:42)라고 하늘 아버지께 기도하신 분이 포기를 요구하시며, 인류를 위해 수치를 당하신 분이 모욕을 견디라고 도전하신다는 점이다. 그리스도는 자신을 비워 우리처럼 되심으로써 왕이 되셨다.

인간의 고통을 넉넉히 이해하시는 분께 순종해야 한다. "댁이 뭔데 나더러 이렇게 해라, 저렇게 판단해라, 이만저만하게 행동하라고 말하는 거요?"라고 말하고, 생각하고, 느낄 때가 얼마나 많은가! 예수님께 그렇게 말씀드리면 주님은 이렇게 대답하신다. "'근본 하나님의 본체시나 하나님과 동등됨을 취할 것으로 여기지 아니하시고 오히려 자기를 비워 종의 형체를 가지사 사람들과 같이'(빌 2:6-7) 된 바로 그다." 그리스도의 권위는 겸손과 순종에 토대를 둔 권위이며 누구도 겪어보지 못했고 앞으로도 겪어볼 수 없을 만큼 깊고, 포괄적이고, 넓게 인간의 한계를 체험하심으로써 갖게 된 권위다.

이러한 사실로 미루어 예수님의 나라는 "이 세상에 속한 것이"(요 18:36) 아님을 확실하게 알 수 있다. 권력이 아니라 겸손에 근거하고 있으며 혁명의 결과가 아니라 순종에 뒤따르는 자연스러운 열매다. 십자가에 매달린 채, "당신의 나라에 임하실 때에 나를 기억하소서"(눅 23:42)라고 기도했던 죄인을 받아들이셨던 왕국도 그런 곳이었다.

성 베네딕트는 수도사들에게 그곳에 들어갈 준비를 시키고 싶어 했으므로, 순종과 겸손을 그 길로 제시했던 것이다. 예수님이 직접 가셨던 바로 그 길이다.

그러나 이 세상에서 겸손과 순종은 권력 및 조작과 결코 완전하게 분리될 수 없는 게 안타깝지만 현실이다. 하나님은 우리와 마찬가지로 죄에 물들어 있으며 권위를 그리스도의 왕국보다 세속적인 나라, 심지어 교회라고 불리는 곳에까지 휘두르려는 이들 가운데서 주님의 뜻을 찾으라고 도전하신다. 그러나 예수님은 빌라도와 헤롯, 조롱하는 병사들, 그리고 상황을 이해하지 못한 채 넋 놓고 바라보는 군중들에게 자신을 내어맡기셔서 하나님의 뜻이 이뤄지게 하셨다. 거기에 비하면 내게 요구하시는 건 얼마나 사소한 일들인가! 기껏해야 똑같이 그리스도를 사랑하고 때로는 나보다 주님의 고통을 더 나눠 가진 이들에게 순종하라는 게 아닌가!

권위를 받아들이거나 행사할 일이 있다면, 순종을 요구하는 대상의 고통을 나누는 걸 바탕으로 한 권위가 되어야 한다. 최소한 이 한 가지만큼은 오늘 마음에 새겨야 한다.

11월 25일, 월요일

세계 곳곳에서 굶주리고 있는 이들이 점점 깊이 내 의식을 파고든다. 여러 해 동안 그런 소식을 듣고 읽었지만 이제는 그 주제에 사로잡히다시피 했다. 기아가 70년대의 가장 큰 과제이며, 걱정거리고, 문제이고, 도전이라는 데는 의문의 여지가 없다. 60년대 초에는 민권운동이 집중적인 주목을 받았고, 60년대 말에는 베트남전쟁이 초미의 관심사였다. 이제는 배고픔, 굶주림, 기아, 죽음이 그 자리를 대신하고 있다. 사안이 너무나 거대하고 압도적이어서 거기에 함축된 의미를 단번에 파악하기가 불가능할 지경이다.

수백만에 이르는 이들이 죽음을 눈앞에 두고 있다. 식량부족으로 날마다 수천 명씩 목숨을 잃는다. 일주일에 세 번씩 대략 1만 5천 덩어리의 빵을 오븐에서 구워내고 예년에 비해 훨씬 많은 밀과 옥수수를 거둬들인 수도원에 앉아서 이런 생각을 하고 있으려니 한층 더 기가 막힌다.

11월 28일, 목요일

추수감사절은 대단히 미국적인 날이다. 한편으로는 미국인들이 제대로 즐길 줄 아는 날이라는 생각이 든다. 이날은 가족의 날이고, 손님을 대접하는 날이고, 감사의 날이다. 어버이날이나 크리스마스와 달리 상업화되지 않은 날이다. 가족과 함께 이곳에 머물고 싶은 마음이 굴뚝같아지는 날이다. 약간은 우울한 날이기도 하다. 트라피스트 수도원에서는 전통적인 방식으로 추수감사절을 기념하지 않기 때문이다.

추수감사절에 사용하도록 수도원에 헌물한 포도주가 왕이신 그리스도축일을 기리는 데 쓰이는 건 의미심장한 일이다. 저녁밥상에도 크랜베리 소스 말고는(칠면조도 없는!) 추수감사절을 떠올리게 하는 음식을 찾아볼 수 없다.

어째서 수도사들은 온 나라가 함께 즐기는 절기에 관심을 두지 않는지 이만저만 궁금한 게 아니었다. 무엇보다도 추수감사절은 국가적인 의미와 신앙적인 의미가 한데 어우러진 날이므로 당연히 떠들썩한 잔치가 벌어질 줄 알았다. 비록 앤서니 수도사가 새로 거둬들인 곡식과 햇과일로 제단을 멋지게 장식하고, 마르셀루스 신부가 저녁식사 때 베토벤 교향곡 6번을 틀어놓았으며, 미사에 '추수감사절'이란 표현이 덧붙기는 했지만, 누가 보더라도 수도사들이 오순절이나 성모승천일, 또는 만성절만큼 성대하게 기념하지 않다는 것만큼은 분명하다. 추수감사절을 기념하기 시작한 게 가톨릭 교인이 아니라 청교도들이라는 게 마땅치 않은 것일까? 어쩌면 역사적으로나 특성상 추수감사절은 개신교 축제에 가까운지도 모른다. 또는 그저 가족들 없이 축제를 즐기는 게 힘들어서일 수도 있다.

그렇지만 추수감사절은 무엇보다 북아메리카의 축제다. 미국은 풍요로우며 필요를 채우고도 남을 만큼 거둬들이고 있다. 이런 것들이 모두 거저 받은 선물임을 감안하면 도와달라고 울부짖는 이들과 그 은혜를 나누고 싶은 마음이 더 간절해진다. 추수한 열매를 축복할 때는 최소한 축복으로 받은 열매를 나누어야 한다는 의식을 가져야 한다. 그렇지 않으면 축복은 저주가 될 것이다.

11월 30일, 토요일

오늘 저녁기도로 대강절 기간이 시작됐다. 크리스마스까지 네 주가 남았음을 상징하는 촛불 네 개가 달린 커다란 초록색 화환이 성가대석 중앙에 내걸렸다. 지나치리만치 수수한 예배당에 세워진 이 담박한 장식을 보며 가슴이 뭉클했다. 네 주에 걸친 기다림의 시간이 시작됐다. 크리스마스를 기다리고, 수도원에서 보내는 마지막 날을 기다리고, 네덜란드를 방문할 날을 기다리고, 뉴헤이븐으로 돌아갈 날을 기다리는 기간이다. 이렇게 기대되는 주간들이 남았다는 건 좋은 일이다. 아울러 이처럼 소소한 기대들을 통해 주님이 돌아오셔서 언약을 이루실 위대한 날을 더 깊이 의식하게 해주는 것 역시 좋은 일이다.

대강절을 기다리는 마음은 하나님의 성육신 사건에 뿌리를 두고 있다. 과거에 일어난 일을 종종 들여다볼수록 장차 닥칠 일들과도 더 자주 접촉하게 된다. 복음은 지난날 벌어진 역사뿐만 아니라 앞으로 생길 사건들에 대해서도 주의를 환기시킨다. 그리스도가 세상에 처음 오신 사건을 묵상하면, 재림의 증거들을 볼 수 있다. 묵상으로 옛 사적을 되짚어보는 과정을 통해 기대감을 품고 미래를 내다볼 수 있다. 성찰의 망원경으로 미래를 조망할 수 있다. 그리스도의 탄생에 관한 기억을 보존함으로써 하나님나라의 성취를 향해 전진할 수 있다. 옛 선지자들은 이스라엘의 미래를 이야기할 때마다 어김없이 하나님이 지난날 일으키신 위대한 역사들을 상기시켰다. 참으로 놀라운 일이다. 여호와께서 행하신 엄청난 일들을 경외감 가득한 눈으로 돌아보았기에 자신 있게 미래를 내다볼 수 있었던 것이다.

역사의식이 실종되다시피 한 이 시대에 이러한 사실들은 대단히 중요한 의미를 갖는다. 헌법을 제정하고 나라의 기초를 놓았던 초기 지도자들의 영감이 기억 속에 남아 있었기에 미국인들은 워터게이트 사건의 트라우마가 지배하는 상황에서 국가를 강건하게 하고, 민족적인 자존감을 회복할 수 있었다. 최초의 약속과 영감에 단단히 뿌리박지 않았더라면 나라 전체가 흔들리고 방향을 잃어버릴 위기에 처했을 것이다. 국가뿐만 아니라 교회도 마찬가지다. 진보는 공동의 기억을 새롭게 하는 일과 밀접한 관련이 있는 듯하다. 교회와 교단를 갱신하려는 노력들을 보면 한결같이 초대교회의 목적을 새롭게 평가하는 한편, 단순히 되풀이하려는 의도에서가 아니라 진정한 회복에 필요한 영감의 원천을 찾아내기 위해 과거를 연구하는 데서 비롯되었다. 같은 맥락에서 조지 산타야나 George Santayana는 이렇게 말한다. "과거를 잊는 이들은 똑같은 역사를 반복할 수밖에 없다."

대강절이 시의적절하게 역사하셨던 하나님의 손길을 한층 깊이 기억하며 또한 나를 자유롭게 하셔서 '이미 오셨고 장차 오실 그분'이 시간을 완성하실 날을 용기를 가지고 고대하는 기회가 되기를 기도한다.

7

12월
—
미리 누리는 기쁨

사랑이 넘치며 서로 격려하는 공동체 안에 있는 이들에게
대강절과 크리스마스란 순수한 기쁨 그 자체인 것처럼 보인다.
하지만 외로운 순간들을 망각해선 안 된다.
외로움이란 걸핏하면 다시 고개를 들이밀게 마련이기 때문이다.
기뻐하면서도 외로움을 잊지 않을 수 있다면,
장차 고독한 환경에 빠진다 해도 기쁨을 기억해낼 수 있으며
거기서 힘을 얻어 외로움과 맞서는 한편,
같은 처지에 있는 이들을 도울 수 있을 것이다.

12월 1일, 주일.

대강절 첫 주일. 날씨는 화창하다. 성례전은 끊임없이 커다란 기대감을 갖게 한다. 아름다운 라틴어 교독문이 깊고 깊은 중심에서 쉴 새 없이 솟아나와 나도 모르게 입으로 흥얼거리게 된다. "너 하늘아 네 이슬을 내리고 구름은 의로우신 분을 내려보낼지어다*Rorate coeli desuper et nubes pluant justum*"라고 노래하고, "땅을 열어 구세주를 낳을지어다*Aperiatur terra et germinet Salvatorem*"라고 받는다. 간절히 요청하는 멜로디가 머리에서 떠나지 않고 울리고, 거룩한 이슬이 온 땅을 덮는 게 보인다.

참으로 하나님의 은혜는 황량한 대지를 적시는 부드러운 아침이슬, 또는 보슬비와도 같다. 이보다 더 온화한 이미지가 또 있을까! 점점 더 아침이슬에 민감해지고 보슬비에 심령을 열어서 가장 내밀한 자아의 대지가 구세주를 낳게 하는 게 내 소명이다.

12월 2일, 월요일

오늘, 폭설이 내리면서 풍경이 완전히 달라졌다. 바람이 얼마나 거세던지 밖에서 일하는 게 아예 불가능했다. 새 예배당의 지붕은 여전히 마무리되지 않은 상태인데 눈까지 내리는 바람에 높고 미끄러운 데서 작업하기가 무척 어려워졌다. 다들 세상이 온통 겨울풍경으로 변하기 전에 단 한 주간만이라도 좋은 날씨가 계속되기를 바랐지만, 이렇게 눈이 쏟아질 거라고는 아무도 예상하지 못했을 것이다. 존 유드 원장은 캘리포니아에서 수련회를 이끌고 오늘 저녁 늦게야 돌아왔다. 비행기가 로체스터에 내리지 못하고 시러큐스에 착륙한 탓에 수도원에 도착하는 시간이 한참 늦어졌다.

12월 3일, 화요일

"풀은 마르고 꽃은 시드나 우리 하나님의 말씀은 영원히 서리라"(사 40:8). 하나님 말씀은 참으로 강력하다. 예수기도뿐만 아니라 성경의 여러 말씀들이 내면의 자아를 다시 형성해줄 수 있다. 예배를 드리면서 감동받은 말씀을 종일 삶에 적용하고, 책을 읽거나 일을 하면서 조금씩 꺼내 천천히 되씹으면 새로운 생명력이 샘솟는다. 가끔 한밤중에 잠이 깨는데, 그때 그 말씀을 암송하면 한 구절 한 구절이 하루 또는 한 주간 동안 쌓인 우울하고 혼란스러운 기분 너머로 솟구치는 날개 노릇을 해준다.

이사야서에 이런 말씀이 있다. "소년이라도 피곤하며 곤비하며 장정이라도 넘어지며 쓰러지되 오직 여호와를 앙망하는 자는 새 힘을 얻으리니 독수리가 날개치며 올라감 같을 것이요 달음박질하여도 곤비하지 아니하겠고 걸어가도 피곤하지 아니하리로다"(40:30-31). 하나님 말씀은 진실로 독수리의 날개와 같다. 주님의 말씀에 시간과 관심을 더 쏟아서 그분을 소망하는 마음이 더 깊어지면 좋겠다.

간혹 국솥을 젓는다든지 하는 소소한 일을 하면서 포켓판 시편을 읽는 수도사들을 본다. 시편 구절을 암송하고 있는 게 아닌가 싶다. 최근에 어느 트라피스트 수녀가 보낸 편지에 150편에 이르는 시편 가운데 절반 이상을 암기한다는 말이 있었다. 언제 어디서든 그 시편 말씀에 기대어 기도할 수 있다니 얼마나 큰 선물인가! 이제야 주님의 말씀이 독수리가 날개 치며 올라감 같이 새 힘을 준다는 게 무슨 뜻인지 알 것 같다.

하나님이 오신다는 말씀은 주님이 직접 모습을 보이실 뿐만 아니라 우리의 존재 전체를 차츰 기대로 바꾸시리라는 사실을 일깨워준다. 기대를 갖는 차원에서 벗어나 기대가 된다면, 존재 그 자체가 '기다름'이 될 것이다.

12월 4일, 수요일

《선심, 초심 Zen Mind, Beginner's Mind》을 편집한 트루디 딕슨 Trudy Dixon 은 선사禪師와 제자 사이의 특별한 관계를 언급하면서 이렇게 적었다. "스승은 누구에게나 내재되어 있는 완전한 자유에 도달한 인물이다. 자아 전체가 온전히 구현된 상태로 존재한다. 의식의 흐름은 여느 사람들처럼 자기중심적인 의식의 패턴을 똑같이 반복하는 게 아니라 눈앞에 실제로 존재하는 환경에 따라 즉흥적이고도 자연스럽게 생겨난다. 그 결과 삶에 낙천성, 활력, 직관, 단순성, 겸손, 평온, 기쁨, 신비한 통찰력, 깊이를 헤아릴 수 없는 연민 등 탁월한 특성들이 나타난다. 현실의 본질을 꿰뚫고 산다는 게 무얼 의미하는지 존재 전체가 증명한다. 특별한 말이나 행동이 없이 그저 만나기만 해도 탁월한 인격의 영향으로 생활방식 전체가 바뀌고도 남는다. 그러나 결국 제자들을 당혹스럽게 하고, 호기심을 불러일으키고, 그 눈을 열어주는 건 스승의 탁월성이 아니라 순전한 평범함이다. 선사는 그저 그 자신일 뿐이므로 제자들의 거울이 된다. 함께 있으면 특별히 칭찬하거나 꾸중하지 않아도 장단점이 저절로 드러난다. 스승의 존재 안에서 제자는 본래의 얼굴을 대하며 기이한 점이 있다 하더라도 그건 우리의 참다운 본성일 따름이다. 진정한 본성을 자유롭게 풀어줄 때 스승과 제자 사이의 경계는 깊은 존재의 흐름 속에 사라지고 새롭게 열린 불심으로 기쁨을 누리게 된다."[1]

사제관계에 관한 이 아름다운 설명은 예수님을 만나서 함께 생활할 당시 사도들이 체험했던 일들을 이해하는 데 큰 도움이 되었다.

12월 5일, 목요일

오늘, 네덜란드에서는 너나없이 선물을 주고받는다. 무척이나 유쾌한 네덜란드의 민속명절, 성 니콜라스의 밤이다. 놀랍고 즐거운 일들이 꼬리를 문다. 어린아이들이 주인공이지만 누구도 관심권 밖으로 밀려나지 않는다. 오늘 밤에는 그 떠들썩한 분위기가 그립다. 사정상 외국에 나가 있는 네덜란드인들은 누구나 그럴 테고, 어디에 있든지 함께 모여 나름대로 성 니콜라스의 밤을 즐길 것이다.

요즘 네덜란드인의 사상과 아주 동떨어진 책을 읽고 있다.

초심에는 '깨쳤다'는 생각이 전혀 없다. 자기중심적인 사고는 광대한 마음의 영역을 제한한다. 성취나 자신에 관한 의식을 완전히 비울 때 비로소 진정한 초심자가 된다. 그러고 나면 그야말로 무엇이든 담을 수 있는 상태가 된다. 초심은 자비다. 마음이 따듯해질 때 한계는 사라진다.[2]

이 말이 좋다. 대강절을 생각할 때도 대단히 중요하다. 개방적이고, 자유로우며, 유연하고, 수용적이다. 언제라도 쓰임받을 수 있는 자세다. 참선하는 이는 어떤 인간과 사물에도 기대를 걸지 않는다. 순류 스즈키Shunryu Suzuki가 제자들에게 했던 말은 그 하나하나가 크리스천들 역시 듣고 깨달아야 할 중요한 가르침이다. 생각을 품지 않는 마음, 그것이 초심이 아니겠는가? '무언가 깨쳤다'는 생각이 없는 마음, 은혜에 활짝 열린 마음이 아니겠는가? 보는 것마다 놀라고 감탄하는 어린아이들의 마음이 아니겠는가? 내일을 위한 걱정으로 가득한 게 아니라 한 순간 한 순간을 의식하고 깨어 있는 마음이 아니겠는가?

스즈키의 글을 읽노라면 아스라이 먼 데서 들려오는 소리가 내면의 가장 깊숙한 곳을 울리는 느낌이 든다. 멀고도 가깝고, 낯설고도 익숙하며, 붓다의 소리이자 크리스천의 소리다. 아기를 보러 처음 달려왔던 이상한 동방박사와도 같다.

"세월이 흐르면 누구나 죽는다. 다들 그게 삶의 끝이라고 생각하는데, 그건 그릇된 판단이다. 그렇다고 해서 죽지 않는다고 생각하면, 그것 역시 잘못이다. 우리는 죽지만 죽지 않는다. 이것이 올바른 깨달음이다"[3]라고 스즈키는 말했다.

멀리서 다가와서 내 중심 가득 울려 퍼지는 음성이다. 떠나셨지만 지금도 함께 계시고, 죽었지만 살아 계시며, 오셨지만 다시 오실 나사렛 사람의 말씀을 되새기게 한다.

12월 6일, 금요일

　실베스터 수도사가 얼마 전에 찾아와 며칠간 지내다 간 내 제자 밥에게서 엽서를 받았다고 이야기해주었다. 기쁘고 고마운 마음에 낯빛이 환했다. 그날그날 벌어지는 '큰일'은 깊은 감동을 주지 못하는 반면, 조그만 우정의 표시가 얼마나 큰 기쁨을 끌어내며 사람들 사이에 오가는 조그만 걸림돌이 얼마나 큰 서글픔을 빚어내는지 새삼 깨달았다. 인플레이션, 경기침체, 전쟁, 탄압 따위의 거창한 일들은 내 감정을 건드리지 못해도 친구가 보낸 뜻밖의 쪽지 한 장이나 지나가듯 던지는 이웃의 한마디는 하루의 기분을 좌우할 수 있다. 먼 데서 일어난 재난의 파장은 가까운 데서 벌어진 작은 사고만 못하고, 세계대전보다 개인 간의 다툼에 더 흥분하게 마련이다. 멀쩡한 담벼락 안에서 벌어지는 경쟁이 수도원 전체가 불타서 무너져 내리는 사태보다 더 '위험천만'하다.

　하지만 이런 사실을 얼마나 실생활에 적용하고 있는가? 감사카드를 쓰거나, 그저 안부를 묻는 엽서를 보내거나, "어떻게 지냈어?"라는 얘기뿐인 전화를 거는 것보다 더 쉬운 일이 어디에 있겠는가? 하지만 웬만해선 실행에 옮기지 않는다. 누군가 "말씀이 참 좋았습니다", "가르침이 감사합니다", "보내주신 쪽지가 큰 도움이 되었습니다", "여기가 집처럼 편안합니다" 따위의 이야기를 해줄 때마다 속에서 생명이 솟구치고, 해는 더 밝아지며, 풀은 더 푸르러지고, 눈은 예전보다 더 하얘지는 걸 느낀다. 사소하고 때로는 하찮기까지 한 몸짓 하나가 마음을 그토록 바꿔놓을 수 있다는 건 참으로 신비로운 일이다. 마음으로 통하는 길은 늘 고요하고 온유해 보인다. 추수감사절이 지난 뒤에 누군지 모르는 이로부터 글을 읽으면서 가슴 깊이 공감했다는 편지를 받았다. 평생을 통틀어 가장 소중한 순간이었을 것이다.

실베스터 수도사는 기쁨에 빛나는 눈동자로 죽는 날까지 잊을 수 없는 이야기를 내게 들려주었다.

12월 7일, 토요일

올해는 성모 마리아 무염시태축일을 공식적인 일정보다 하루 먼저 지킨다. 대강절의 고요한 아름다움이 이 축일에 한꺼번에 분출되며 윤택하고 환희에 겨운 분위기가 조성되는 것 같다. 마리아 안에 대강절의 미덕이 집중되어 있는 걸 알 수 있다. 온 이스라엘이 기다리던 분이 가장 온전하고 또 가장 순결하게 그 가운데 드러나 있다. 하나님이 거룩한 자비를 베푸시고 언약이 성취되는 걸 보여주시기 위해 남겨놓은 이스라엘 백성 중에 마지막 인물이다. 주님이 주신 약속이 이뤄지리라고 믿었던 신실한 여인이다. 낮고 낮은 여종이며, 순종하는 일꾼이고, 조용한 묵상가이다. 그리고 주님을 받아들일 준비가 가장 잘 되어 있는 사람이었다.

대강절 기간은 이 축일을 축하하기에 다시없이 좋은 시기다. 성모

마리아 무염시태축일은 주님을 받아들일 준비를 갖춘 여인의 아름다움을 기리는 날이다. 왕이 입장할 왕궁, 신랑이 들어올 신방, 위대한 만남이 이뤄질 정원을 감탄하며 바라보는 것과 마찬가지다.

하나님이 아담에게 생기를 불어넣으시기 위해 손을 내미시는 장면이 그려진 시스티나 성당의 천장벽화를 생각한다. 인류는 얼마나 아름답게 창조되었는가! 이제 하나님은 더 아름답게 재창조해주실 분의 손길을 기다리고 있는 인간에게 팔을 내미신다. 이 축일을 기념하는 건 곧 크리스마스라는 위대한 사건을 고대하는 일이기도 하다. 결혼식 전날 밤, 환희와 기대를 가슴 가득 품고 결정적인 순간을 손꼽아 기다리는 아이가 된 느낌이다. 이미 신부의 드레스를 보았다. 식장을 장식한 꽃의 향기를 맡았다. 축가를 들었다. 미심쩍은 구석이라곤 단 한 군데도 없다. 내일이면 그 모든 게 눈앞에서 현실이 될 게 틀림없다. 성취될 준비가 다 갖춰진 것이다.

이 축일은 대강절의 참다운 특성을 부여한다. 대강절은 기본적으로 환희의 절기다. 사순절처럼 속죄의 기간이 아니다. 그러기에는 기대가 너무 크다. 무엇보다 중요한 건 기쁨이다.

12월 8일, 주일

존 유드 원장은 전체모임에서 우리는 그리스도가 낮고 온유한 인간으로 오신 초림뿐만 아니라 인생을 심판하러 오실 재림에 대해서도 소망을 가져야 한다고 했다. 주님의 심판을 기다리는 소망은 참다운 거룩함의 일면이라는 생각과 함께 그런 모습이 너무도 부족하다는 걸 자각했다.

대강절 설교에서 이그니의 게릭은 재림을 열렬히 고대하기란 쉬운 일이 아님을 이해한다고 했다. 그러므로 소망을 품고 심판의 날을 준비할 수 없다면 최소한 두려움으로 대비해야 한다는 것이다. 다소 더디더라도 지속적으로 두려움을 깊게 해서 결국 소망에 이르게 하는 게 크리스천으로 성숙하는 데 중요한 과정임을 이제는 좀 알 것 같다. 하나님을 향한 두려움은 그분의 자비와 대치되는 개념이 아니다. 따라서 주님과 나누는 친밀한 관계를 설명하면서 두려움과 소망, 공의와 자비 같은 말들을 사용할 때는 그 의미를 다시 정의하고 이해할 필요가 있다.

12월 9일, 월요일

12월 1일자 〈뉴욕타임스〉 북리뷰에 1974년에 새로 출간된 책들을 간단히 정리하는 매력적인 글이 실렸다. 기사뿐만 아니라 광고 역시 작가와 독자의 마음을 사로잡는 요소가 무엇인지 인상적으로 보여주고 있었다.

기사가 소개하고, 설명하고, 추천하고, 비판하고 있는 수백 권의 책들 가운데서 본질적으로 신앙문제를 다룬 서적은 몇 권 되지 않았다. 시베리 출판사의 《순례자의 길 The Way of the Pilgrim》이 수많은 독수리 떼에 둘러싸인 외로운 비둘기처럼 끼어 있는 게 보였다. "천으로 장정된 소장 판을 지금 7달러 50센트에 만나보실 수 있습니다"라고 광고하고 있었다. 아이러니하다는 생각이 들었다. 쉬지 않고 기도하는 것 말고는 아무 데도 관심을 두지 않고 그리스도만을 의지하여 세상을 떠도는 가난한 방랑자가 돌연히 값비싼 옷을 걸치고 경쟁이 치열한 미국 출판계에 뛰어든 형국이었다. 하지만 러시아 순례자 외에는 대다수 필자와 그들이 다룬 주제들은 다른 관심사들을 보여주고 있었다. 개인적으로 신간들은 앞을 내다보기보다 주로 뒤를 돌아다보고, 새로 다가올 좋은 날보다 '지나간 호시절'을 이야기한다는 인상을 받았다. 낭만주의가 되살아나서 기승을 부리고 있는 게 분명했다. 잊혔던 이전 세대의 보물들을 상기시키고 세상에 몇 남지 않은 고요한 자리를 찾아내게 돕거나 지난날의 단순한 생활방식을 드러내 보여주는 책이 부지기수였다. 《옛날에는 이렇게 살았다는데 The Way Life Was》, 《시골 아이 Farmboy》, 《추억의 세월들 Times to Remember》, 《누바의 최후 The Last of the Nuba-all》처럼 제목부터가 지금 이곳보다 더 좋은 시절, 더 나은 곳이 있었음을 암시하고 있었다.

나열된 책과 관련기사를 보아도 글을 쓸 용기가 꺾이지는 않는다. 도리어 이 세계에 뛰어들어 소망의 소식을 전해야겠다는 각오가 새로워질 따름이다. 정치·경제적 위기감이 팽배한 시대일수록 대중들은 내향적이고 사색적인 성향을 보이게 마련이다. 때로는 서적들이 집단적인 공상에 빠지게 하거나 가공의 도피처를 만들어내기도 한다. 하지만 위로와 새 힘을 줄 수도 있다. 부디 이런 책을 읽는 독자들이 기억을 통해 기운을 차리고 눈앞의 현실에 당당히 맞서며 힘을 합쳐서 새로운 세계를 개척해가야겠다는 영감과 동기를 얻게 되길 바란다.

12월 10일, 화요일

1941년 12월 10일, 토머스 머튼은 겟세마니 수도원에 들어갔다. 그리고 1968년 12월 10일, 방콕에서 숨을 거두었다. 오늘 아침 미사를 드리며 다 같이 머튼을 위해 기도했다.

지난 몇 주 동안 수도원 생활을 기억할 만한 특별한 주간을 만들어 보려고 했다. 말하자면 수련기간 속의 수련기간인 셈이다. 마음의 봇짐을 꾸리는 기간이 아니라 수도원 체험 속으로 한층 깊이 들어가는 주간으로 삼으려 했던 것이다. 대강절이 큰 도움이 되었다. 대강절이 시작된 후로 이루 말할 수 없는 평안과 고요를 맛보았다. 수도원 생활에 자연스럽게 녹아들었고 이곳 식구들이 무척 편안했다. 몸으로 해야 할 일은 많지 않았으며, 늘 하던 대로 빵 작업장에 나가거나 암석을 다루는 게 전부였다. 수많은 책을 읽겠다거나 새로운 자료와 아이디어를 수집하겠다는 욕구도 잠잠해졌다. 그래서 마음껏 기도하고, 성경말씀을 읽고, 조용하게 살아가는 데 집중할 수 있었다. 다들 새 예배당을 세우느라 분주했으므로 가끔은 큰 도움이 되지 못하는 게 죄스러웠지만 곧 그릇된 죄책감이며 거기에 휘둘려 움직여선 안 된다는 생각이 들었다. 때로는 새로운 책들을 수소문하고 싶은 욕구가 생기지만 그건 중요한 게 아니며 잠시 지나가는 유혹일 따름이라고 본다. 조용히 지내면서 주님이 오시길 기다리는 기대감으로 마음을 가득 채우며 지금 이곳의 생활을 즐기려고 노력한다.

평온, 휴식, 평상심, 잔잔한 기쁨, 온화함. 이들이 현재 내 생활을 묘사하기에 가장 적절한 감정들이다. 이곳을 떠나서 집으로 돌아갈 날이 멀지 않았지만 특별한 거부감도, 실망감도, 걱정도 없다. 눈곱만큼도 없다. 사회·경제적, 또는 정치적인 미래도 전혀 염려스럽지 않다.

오늘 아침 신문을 보니 몇 주 전보다 나아진 게 단 하나도 없는 듯했다. 그럼에도 불구하고 크게 혼란스럽거나 불안하지 않았다. 오후 시간에는 주로 눈을 뒤집어쓰고 있는 매끄러운 돌멩이들을 날랐다. 예배당 내벽을 장식하는 데 쓰일 석재들이다. 더러 지난 6월에 강가에 나가 직접 주운 돌이 눈에 띈다. 기분이 좋았다. 사람들과 돌들에게 친근감을 느꼈다. 말하고 싶으면 말하고 가만히 있고 싶으면 입을 다물었다. 말이 큰 문제가 되는 것 같지는 않았다. 무척 편안하고 평온했으며 그 어떤 소음이나 말, 행동도 그 안온함을 깨뜨리지 못했다. 은혜가 충만했으며 하나님이 가까이 계시는 시간이었다.

12월 11일, 수요일

존 유드 원장과 아주 유익한 만남을 가졌다. 깊은 고요를 느끼며, 불안감은 줄어들고 기도하는 마음이 더 깊어지고, 강박증이 가라앉고 더 자유로워졌다고 했더니 원장은 수도원에 들어올 뜻을 가지고 왔더라면 바로 지금이 수도복을 받을 시점이라고 했다. 그리고 여섯 달 정도 지나면 청원자가 편안한 마음으로 수습기간에 들어갈 수 있다는 일반적인 현상이 확인된 셈이라며 기뻐했다.

원장에게 얼마쯤 충동에서 자유로워진 것 같다고 이야기했다. 보통 편지가 밀려들면 너무 바쁘다고 투정하고, 뚝 끊어지면 관심이 없다고 불평한다. 일거리가 많으면 연구하고 기도할 시간이 모자란다고 투덜거리고 손쓸 게 없으면 기여하는 게 없다는 죄책감을 느낀다. 그런 점에서는 15년 동안 교인들의 고백을 들으면서 "사람들은 대단히 불행하며 도무지 성장할 줄 모른다"[4]는 두 가지 사실을 깨달았다고 한 프랑스의 어느 성직자의 말에 백번 동의한다. 하지만 지난 몇 주간 동안은 내면적으로 일정한 거리를 두고 충동을 지켜보았다. 덕분에 강박적인 감정을 가라앉히고 새로운 차원의 내적인 평화를 맛볼 수 있었다.

존 유드 신부는 그처럼 강박적인 행동이 모든 걸 '의무'와 연관 짓는 존재방식처럼 보일 때가 얼마나 많은지 모른다고 했다. 여기 있어야 한다거나 이러저러하게 생각해야 한다는 식으로 매사를 처리하려 든다는 것이다. 이런 존재방식에는 다양한 단계가 있으며 인성의 여러 측면에 영향을 미친다. 그러나 어느 정도 거리를 두고 그런 증상들을 살피기 시작해서 마침내 "해야 한다" 투의 강박관념이 불러오는 증세라는 진단을 내린다면 서서히 그 근원을 파헤쳐서 다른 방식으로 세상과 관계를 맺을 수 있다.

원장이 지적한 대로, 이만저만해야 한다는 식의 행태는 정체성을 둘러싼 씨름과 밀접한 관련이 있다. 어떻게 말하고, 생각하고, 행동하고, 느껴야 하는가에 끊임없이 신경을 쓰는 한, 환경의 희생자라는 신분에 묶여 자유를 누리지 못한다. 스스로 만들어낸 이미지에 맞추어 살아가자니 특정한 방식으로 행동할 수밖에 없다. 하지만 하나님이 주신 정체성을 받아들이고 그분을 삶의 중심으로 삼는다면 강박에서 벗어나 아무런 제약 없이 움직일 수 있다.

12월 14일, 토요일

어젯밤에는 로체스터에 있는 성 버나드 신학교에서 온 반 토레 신부가 수도사들을 대상으로 강연했다. 도중에 예화를 하나 소개했는데, 예전에 들어본 적이 있는 이야기였음에도 불구하고 갑자기 새삼스러운 감동으로 다가오면서 큰 깨달음과 확신을 주었다. 마르크 샤갈이 예루살렘에 있는 하다샤-히브리 대학병원 회당을 위해 제작한 스테인드글라스 작품을 보고 크게 감동했다고 할 때, 친구들에게 그 아름다움을 고스란히 전하는 방법은 현장에 데리고 들어가는 것뿐이라는 내용이다.

종일 그 이야기가 머리를 떠나지 않았다. 안으로부터 영성을 가르치는 게 중요하다는 점을 확실하게 각인시켜주었기 때문이다. 다음 학기가 되면 다시 가르치는 일로 돌아갈 것이다. 내 임무는 아름다운 창문을 만드는 게 아니라 학생들을 이끌고 회당 안으로 들어가 햇빛을 받아 찬란하게 빛나는 색채의 향연을 보여주는 일이다. 학생들이 입으로는 영성에 관심이 있다고 말하면서도 한사코 바깥에 있기를 고집하는 한, 온갖 논증과 열정적인 설명, 또는 미사여구를 총동원한다 하더라도 내가 목격한 걸 똑같이 경험시킬 수는 없을 것이다. 오직 나를 따라 영성과 직결된 체험 속으로 들어설 때만 실제적인 학습이 가능해진다.

거리를 두고 비판적인 시각으로 바라보지 말고 주관을 유일한 기준으로 삼으라는 뜻이 아니다. 오히려 정반대다. 안으로 들어간다 해도 얼마든지 한 걸음 뒤로 물러나 냉철한 시각으로 바라볼 수 있다. 내부에서 보는 게 반드시 아름답거나, 소중하거나, 훌륭할 필요는 없다. 사실, 바깥보다는 안에 있을 때 좋고 나쁨, 추하고 아름다움, 적절하고 부적절함을 더 잘 구별할 수 있다.

그렇다면 함께 기도해야만 기도에 관해 이야기할 수 있다는 말인가? 나는 그렇게 생각하지 않는다. 유대인이라면 유대인의 신앙과 전통을 모르는 이들보다 샤갈의 그림에 담긴 의미와 아름다움을 더 깊이 이해할 수 있겠지만, 반드시 유대인이 되어야 작품을 즐기고 감상하는 게 가능해지는 건 아니다.

그러나 조금이라도 스테인드글라스의 아름다움을 즐기려면 유대인의 세계인 회당 안으로 들어가야 한다. 마찬가지로 기도의 의미를 깨치려면 기도하는 이들의 세계 안으로 기꺼이 들어가 그 속에서 기도의 권능과 미덕을 찾아야 한다. 이러한 사실은 자연스럽게 한 가지 질문으로 이어진다. "어떻게 다소 불편해할 만한 행동을 강요하지 않고 기도에 익숙하지 않은 이들에게 기도를 소개할 수 있는가?" 하는 문제다.

간혹, 수도원에 얻은 새로운 체험이 너무나 감격스러워서 거기에 완전히 공감하지 못하는 이들을 보면 어떻게 그럴 수가 있는지 도저히 납득하기 어려울 때가 있다. 하지만 잊고 있는 게 있다. 지금 나는 안에서 소리를 지르고 있고 친구들은 밖에서 똑같은 걸 바라보면서 '쟤가 왜 저렇게 흥분하지?'라며 고개를 갸우뚱거리고 있는 것이다.

스테인드글라스 창문이 얼마나 아름다운지 설명하려고 안간힘을 쓰기 전에 먼저 건물 안으로 친구들을 데리고 들어가는 데 시간과 에너지를 쏟는 게 현명하다는 데는 의문의 여지가 전혀 없다. 그렇지 않으면 안달복달하기 좋아하고 교육적인 기본소양이 부족하다는 놀림을 받게 되기 십상이다.

12월 15일, 주일

오늘은 '가우데테gaudete' 주일, 즉 기뻐하는 주일이다. 성찬식 입당송으로 "주 안에서 항상 기뻐하라. 내가 다시 말하노니 기뻐하라. … 주께서 가까우시니라"고 한 사도 바울의 가르침을 노래했다.

존 유드 신부는 강론에서 '미리 누리는 기쁨'이라는 멋진 묵상 주제를 제시했다. 우리는 주님이 오실 줄 알고 있으므로 지금부터 기뻐할 수 있다. 기대감이 기쁨으로 연결되고, 기쁨은 누군가에게 전파하고자 하는 욕구로 이어진다. 진정한 기쁨은 언제나 나누고 싶어지는 법이다. 남들에게 전달하는 한편, 받아가진 선물에 참여하도록 초대하는 것이야말로 기쁨이 가진 기본적인 속성에 속한다.

대강절은 참으로 즐겁게 기다리고 또 즐겁게 베푸는 시기다. 존 유드 신부는 우리 사회 전반에 걸쳐 이런 분위기가 무르익었다고도 했다. 크리스마스를 앞둔 시기에는 이 놀라운 기쁨의 속성이 비단 크리스천들뿐만 아니라 이 사회에 사는 모든 구성원들에게 미치는 것 같다. 서구인이 일본처럼 대강절이나 크리스마스 같은 절기가 보편화되어 있지 않은 나라에 산다면, 즐거운 기대감이 부족하다는 점이 가장 고통스러울지도 모른다.

그러나 대강절은 기쁨의 절기만은 아니다. 외로운 이들이 일 년 중 그 어느 때보다 더 쓸쓸해지는 시기이기도 하다. 해마다 이맘때면 수많은 이들이 자살을 시도하거나 심각한 우울증으로 병원에 입원한다.

소망을 가진 이들은 풍성한 기쁨을 누리고 또한 베풀고 싶어 한다. 소망이 없는 이들은 평소보다 훨씬 울적해지고 절박한 심정으로 고독한 자아 속으로 숨어든다.

사랑이 넘치며 서로 격려하는 공동체 안에 있는 이들에게 대강절과 크리스마스란 순수한 기쁨 그 자체인 것처럼 보인다. 하지만 외로운 순간들을 망각해서는 안 된다. 외로움이란 걸핏하면 다시 고개를 디밀게 마련이기 때문이다. 기뻐하면서도 외로움을 잊지 않을 수 있다면, 장차 고독한 환경에 빠진다 해도 기쁨을 기억해낼 수 있으며 거기서 힘을 얻어 외로움과 맞서는 한편, 같은 처지에 있는 이들을 도울 수 있을 것이다.

1970년에는 너무 쓸쓸해서 아무것도 나누지 못했지만 지금은 한없이 즐거우므로 쉬 베풀 수 있을 듯하다. 언젠가는 설령 외로움이 내 마음을 쏘아댄다 하더라도 지금 맛보고 있는 이 기쁨의 기억이 힘이 돼서 변함없이 베풀 수 있는 날이 오면 좋겠다. 예수님은 가장 외로운 시기에 가장 많이 베푸셨다. 그러한 사실을 마음에 새기면 섬김에 더 깊이 헌신하며 실제로 기쁨을 체감하느냐를 떠나 꾸준히 나누려는 뜻을 세울 수 있다. 그리스도 안에서 더욱 깊이 있는 삶을 살 때 비로소 이 모든 일이 가능해질 것이다.

12월 16일, 월요일

오늘, 존 유드 신부와 면담하면서 수도원 생활이나 미래의 삶에 관해 생각해두었거나, 관찰하거나, 제안하거나, 권면할 게 있으면 무엇이든 서슴지 말고 말해달라고 부탁했다. 사실, 지난 일곱 달 내내 만날 때마다 번번이 내가 분위기와 대화주제를 결정했었다. 혹시라도 꼭 들어야 할 얘긴데 빠뜨린 게 없는지 궁금했다.

원장은 지난 일곱 달 동안 나눌 만한 얘기는 거의 다 나누었으며 특별히 중요한 사안을 빠뜨렸다고는 생각지 않는다고 했다. 하지만 집으로 돌아가서 여러 가지 활동과 관심사에 온 정신을 쏟지 않도록 구체적인 방법을 마련해놓는 게 필수적일 거라고 지적했다. 그렇지 않아도 지나치게 몰입하고, 돌발적인 열정에 휩쓸리며, 너무 많은 청탁을 받아들이고, 값어치가 있는지 없는지 곰곰이 따져보지 않고 무작정 에너지를 투자한다는 얘기를 자주 하던 참이었다. 다채로운 활동을 하면서 꾸준히 기도생활을 유지하고 마음의 순결을 지켜나가려면 한계를 분명히 설정하고 "안 됩니다"라는 말을 더 자주할 방도를 찾아야 했다.

이번 수련 기간 동안 어떻게 소명을 더 분명하게 인식하게 되었는지 정리해보려고 노력했다. 핵심은 내가 성직자이며 크리스천 영성 분야를 연구하고 가르치도록 부름을 받았다는 두 가지 사실인 듯하다. 여섯 살 이후로, 해군 대령 제복에 잠깐 넋을 빼앗겼을 때를 제외하고는 줄곧 사제가 되고 싶어 했다. 성직자가 되기 위한 수업을 받은 뒤에는 이른바 '수덕과 신비신학'에 특별한 매력을 느꼈으며 영성생활에 관한 의문점들을 더 깊이 파헤치는 데 도움이 되지 않는 한 심리학이나 사회학 따위의 분야와 관련된 공부는 보람이 없어 보였다.

늘 심리학에서 신학적인 차원으로, 임상적인 고려에서 영적인 관심사들로 생각이 움직였다. 성격이론, 임상심리학, 종교심리학, 목회심리학, 사역과 영성, 기독교 영성사, 기도와 영성생활 등 그동안 밟았던 과정만 훑어봐도 어떻게 움직여왔는지 한눈에 알 수 있을 것이다.

이제 어디에 강조점을 두어야 할까? 이번 수련은 기왕의 흐름을 확인하고 심화시켰다. 점점 분명해지고 있는 점은 성직자(기능이자 생활방식)와 기도 및 영성생활(특별히 관심을 쏟는 영역) 모두를 더 깊이, 더 철저하게, 더 광범위하게, 그리고 더 학술적인 방식으로 파고들어야 한다는 사실이다. 앞으로 나가야 할 방향을 한마디로 정리하자면 "말은 줄이고, 더 기도하고, 더 연구하며, 더 많은 글을 쓸 것"이 된다.

존 유드 원장은 이런 자기평가를 긍정적으로 확인해주었다. 내가 설정한 방향이 마땅히 가야 할 길인 것 같다고 했다. 그렇게 하면 영성훈련을 계속하기가 한결 쉬워지고 지나치게 광범위한 분야에 얕게 접근하지 않도록 조심할 수 있을 거라는 것이다. 아울러 영성분야에서 학술적인 작업과 장기간에 걸친 저술 작업을 병행하겠다는 생각에도 적극 찬성했다. 강연보다는 글쓰기에, 상담보다는 연구에, 사회생활보다 기도에 더 큰 관심을 기울이는 편이 좋겠다고 힘주어 강조했다.

이런 이야기를 나누다보니 수도원에서 보내는 마지막 주간에 돌입했으며 '마무리 과정'이 정말 시작됐음을 실감할 수 있었다.

12월 17일, 화요일

리처드한테 편지가 왔다. "…진통제 없이 지낸 지 벌써 한 달이 넘었다네. 실제로 통증이 조금씩 꾸준히 사라져가고 있어. 어제는 네 시간 동안 운전을 하기까지 했다니까. 이제는 아픔이 생각나지 않는 단계에 거의 근접한 것 같아. 두통이 여전히 문제지만, 그쪽에도 공을 들이고 있다네. 요 며칠 동안은 글도 쓰고 있어. 나중에는 제법 잘 써 낼 수 있을 거야."

떨 듯이 기뻤다. 고통을 함께 느끼다시피 하면서 집중적으로 간구하고 제임스 수도사에게 특별 기도를 요청하는 한편, 공동체 전체 앞에 리처드를 위해 함께 기도해주길 부탁했던 터라 친구의 편지가 감미로운 음악처럼 들렸다. 지금 다시 돌아봐도 하나님이 우리 간구를 들으시고 리처드를 신속하고도 완전하게 치료해주시리라는 사실을 단 한순간도 의심해본 적이 없었다. 주님이 이처럼 풍성하게 응답해주시니 얼마나 감사하고 기쁜지 모르겠다. 알고 보면 놀랄 일이 아니지만 그럼에도 불구하고 너무도 놀라웠다.

편지를 받은 뒤로부터 리처드는 내 생각과 기도에서 큰 비중을 차지했다. 제임스 수사와 공동체 전체에 기도제목을 내놓고 계속해서 기도해달라고 요청했다. 몸과 정신과 영혼을 모두 아우르는 전인격적인 치유가 얼마나 힘든지 잘 안다. 하지만 다른 한편으로는 지금이 바로 리처드의 '때'라는 점, 그리고 고통을 떨쳐버리고 도움의 손길을 내밀어줄 동료와 하나님께 자신을 열어 보일 힘이 있다는 것도 알고 있다. 그걸 아는 것만으로도 여기서 지내는 마지막 며칠이 유난히 즐겁게 느껴진다.

오후에 세 시간에 걸쳐 신나게 암석을 옮겼다. 날이 포근하다. 진창도 그다지 싫지 않다.

12월 19일, 목요일

대강절 마지막 주간 동안은 성례전 전체가 마치 주님이 오신다는 사실에 대한 감격을 더 이상 감추지 못하고 기대에 찬 기쁨을 마음껏 쏟아내는 것 같은 분위기다. 저녁기도 시간에 부르는 O-안티폰(O antiphons, 12월 17일부터 7일간 부르는 성가. 일곱 곡 모두 감탄을 의미하는 'O'로 시작해서 이런 이름이 생겼다-옮긴이)들은 흥분을 거리낌 없이 표출한다.

오, 지극히 높으신 분의 입에서 나오는 지혜시여, 오, 아도나이, 이스라엘 집안의 지도자시여, 오, 뭇 민족들의 깃발로 서신 이새의 뿌리시여, 오, 다윗의 열쇠요 이스라엘 집안의 홀이시여, 오, 동쪽하늘, 그 영원한 빛의 광채시여, 오, 뭇 백성들의 왕, 그들이 간절히 기다리는 분이시여, 오, 임마누엘, 온 세상이 고대하는 구세주시여, 우리에게 오소서, 오, 주님, 우리 하나님이여.

12월 17일부터 24일까지, 저녁마다 새로운 'O-안티폰'을 부르며 기다림과 환영, 기대와 목격, 소망과 영접, 미래와 현재가 자기 백성을 찾아오신 주님을 찬양하는 하나의 노래 속에 서서히 어우러진다.
　기다리는 시간은 배우는 기간이기도 하다는 생각이 불현듯 떠올랐다. 오래 기다릴수록 기다리는 그분에 대해 더 많은 이야기를 듣게 된다. 대강절 주간을 하루하루 보내면서 장차 오실 분의 아름다움과 광채에 대해 더 많이 들어 알게 된다. 예배시간에 읽는 성경본문은 하나같이 예수님이 태어나기 전에 일어났던 사건들과 주님을 영접할 준비를 갖추고 있던 사람들에 관한 사연을 들려준다. 복음서만이 아니다. 이사야서를 읽으면서 꼬리에 꼬리를 물고 예언들을 통해 더 강렬하고 깊은 소망을 품게 된다. 그 밖에도 성가와 교훈, 해설과 안티폰들이 모두 오실 주님을 위해 제각기 무대를 완성시켜간다.
　모든 게 눈이 번쩍 뜨이도록 아름답다. 하지만 이렇게 기대만 잔뜩 부풀리다가 결국 바람 빠진 풍선 꼴이 되는 건 아닐까? 그렇게 생각하지 않는다. 대강절은 무언가 굉장한 일이 벌어지려 한다는 기대감이 손에 땀을 쥐고 초조하게 기다리는 긴장감으로 연결되게 하지 않는다. 오히려 내면의 평온과 기쁨이 점점 자라가다 결국 기다리고 있는 분이 이미 오셔서 고요한 마음에 말씀하고 계신다는 사실을 깨닫게 할 뿐이다. 아기가 뱃속에서 자라는 걸 온몸으로 느껴온 산모는 출산하는 날이 닥쳐도 놀라지 않으며, 도리어 기다리는 사이에 익숙해진 아기를 반가이 맞아들이듯, 나 역시 서서히, 그리고 꾸준히 내 삶에 예수님을 낳으며 고대하는 동안 깊이 알게 된 친숙한 분으로 영접할 수 있다.

이 마지막 주간은 하루하루가 정말 행복하다.

브라이언 수사가 작업 중에 다쳐서 한동안 꼼짝 못하게 됐다. 석재를 가득 실은 포클레인의 삽이 오른발 엄지 위로 떨어졌다. 발가락은 으깨지다시피 했고 발톱은 아예 빠져버렸다. 지금은 잔뜩 부어오른 발가락을 시트 바깥으로 내밀고 침대에 누워 있다. 의사는 일주일 동안은 침대에서 지내야 하며 두 주간은 목발을 짚어야 한다고 했다. 하지만 정작 환자는 '쓸데없는 짓'이라고 깎아내렸다. 이처럼 별일 아닌 듯 굴어서 어려운 상황을 이겨나가는 게 브라이언 수사의 특기다. 실제로 고통이 사라진 듯 책을 읽거나, 편지를 쓰거나, 손님을 맞는다. 첫날 치료를 받으면서도 의연한 자세를 잃지 않았다. 아침기도 시간에 패트 수도사가 '발가락을 다친 브라이언 형제'를 위해 기도했다.

12월 21일, 토요일

가외의 빵, 그리고 가외의 암석. 클리블랜드에 새로 마련한 '저장 공간'을 다 채워달라는 거래처의 요구에 따라 오늘 아침에 빵을 가외로 만 덩어리나 더 구웠다. 판매를 대행하는 업체 측에서는 한정된 지역에만 '수도사의 빵'을 공급하다보니 가격이 인상될 때마다 수요가 줄어든다면서 유통망을 더 넓혀야 한다고 주장했다. 거기에 맞추느라 모든 기계를 종일 돌렸던 것이다.

오후에는 강으로 나가서 커다란 암석들을 더 주워 모았다. 지난 유월에는 고요하고 잔잔하기만 하던 강물이 지금은 급류로 변해 있었다. 장화에 구멍이 나서 얼음처럼 차가운 물이 거침없이 스며들어 발을 적셨다. 삽차의 높다란 자리에 앉아 일하는 덕에 젖을 염려가 없는 패트릭 형제와 장화를 바꿔 신은 뒤에야 존 유드 신부를 도와 물에 잠긴 암석을 끌어내서 어렵잖게 삽 위에 실을 수 있었다.

세 시부터 방을 치웠다. 먼지가 뭉게구름처럼 피어오르는 걸 보니 3주 동안이나 청소를 잊고 살았다는 게 실감이 났다. 본격적인 청소 분위기로 돌입해서 당장 요긴하지 않은 옷가지들은 모조리 세탁실로 옮겼으며, 샤워를 하고, 빗질을 할 만큼 다시 자란 머리칼을 잘 빗어 넘기고, 깨끗한 수도복으로 갈아입은 다음, 한결 깔끔해진 모습으로 저녁기도에 참석했다. 촛불 네 개가 화환 위에서 밝게 타오르고 있었다. 대강절 마지막 주간의 첫 번째 저녁기도였다.

12월 22일, 주일

오늘 아침 전체모임에서 존 유드 신부가 그간 수도원에서 지내면서 느낀 점을 공동체 식구들에게 이야기해달라고 했다. 일주일 전에 부탁받은 일이었다. '형제들'과 고맙고 즐거운 마음을 나눌 수 있어서 행복했다.

그럼에도 불구하고 깊은, 더러 광범위하기까지 한 경험과 감정을 단 몇 분 안에 표현하기란 쉬운 노릇이 아니었다. 결국 주님과 세상, 형제들, 성인들에 관해서 조금씩 이야기하다 말았다. 주요한 내용을 정리해보자면 이렇다.

어린 시절, 어머니는 간단한 기도를 가르쳐주었다. "사랑하는 예수님, 모든 걸 주께 바칩니다." 짧기는 했지만 도무지 뜻을 알 수 없었다. 사실은 "예수님, 우리 나눠 가집시다. 이만큼은 주님 가지시고 나머지는 내게 주세요"라고 기도하는 편이 내 삶과 훨씬 가까웠다. 온전히 주님 한 분만 섬기기로 헌신한다는 건 이루기 어려운 목표다. 하지만 그것이 거룩함의 표지다. 내 삶은 늘 일종의 타협이었다. "그렇다. 나는 분명히 성직자다. 혹시라도 성직자로서 환영받지 못할 때는 심리학자라는 점을 내세우는 것도 괜찮겠다. 그러면 다들 좋아해줄지도 모른다." 주업에서 만족을 얻지 못하면 취미를 통해서 대리만족을 얻으려 하는 식의 마음가짐이다. 지난 일곱 달은 내게 주님의 사랑이 얼마나 절실한지 잘 드러내 보여주었다. 온전히, 그리고 조건 없이 그분께 헌신하지 않는 한, 절대로 기쁨을 누릴 수 없을 것이다. 한 마음, 한 뜻을 갖는 것이야말로 내 목표이자 소망이다. 그래야만 마음이 갈라지면서 생긴 온갖 고통과 혼란 역시 가벼이 떨쳐버릴 수 있다. 주님이 중심에 들어오시도록 열어드리는 순간, 삶은 더 단순해지고 일관성이 생기며 집중력을 갖게 된다.

   수도원 생활은 나를 그리스도와 더욱 친밀하게 이끌었을 뿐만 아니라 세상과도 한층 가까워지게 해주었다. 사실, 세상에서 동떨어져 지낸 덕분에 한결 연민을 가지고 바라볼 수 있었다. 뉴헤이븐에서 일할 당시에는 즉각적으로 대처해야 할 눈앞의 필요들을 채우는 데 급급해서 그날그날 염려해야 할 일들로 세계가 좁아들고 더 큰 문제들을 바라보는 시각을 잃어버린 채 살았다. 이곳 수도원에서는 지역, 주, 국가, 대륙의 한계를 가벼이 뛰어넘어 온 세상의 아픔과 고통을 마치 내 일처럼 절실하게 의식하고 기도나 편지, 선물, 또는 글로 적절히 반응할 수 있었다. 뿐만 아니라 수련기간을 거치면서 가족과 친구들과도 더 가까워졌다. 특히 하나님과 나누는 교제가 나날이 깊어져가면서 기도 가운데 남들을 위한 자리가 꾸준히 넓어지는 걸 경험했다. 다른 이들을 위해 드리는 기도의 능력을 실감했으며 고난당하는 친구를 마음의 중심에 계신 하나님의 임재 앞에 내려놓는다는 게 무얼 의미하는지 온몸으로 깨달았다.

하지만 공동체 형제들의 도움이 없었더라면 이런 역사를 체험하기는 사실상 불가능했을 것이다. 여기에 머물면서 공동체의식을 새롭게 정립할 수 있었다. 공동체에 받아들여지고, 실수해도 매서운 비판을 당하지 않으며, 훌륭한 일을 해도 유난히 칭찬받지 않고, 지속적으로 인정받기 위해 몸부림치지 않고, 성공이나 실패와 상관없이 한 차원 높은 사랑을 받는 경험이 쌓이면서 자신은 물론이고 하나님과 무척 깊게 접촉할 수 있었다.

주님은 삶이라는 바퀴의 축과도 같다. 그분께 더 가까이 다가설수록 인생과 인생 사이도 더 긴밀해지게 마련이다. 공동체의 토대는 기본적으로 서로에 대한 생각이나 느낌, 감정 따위가 아니라 한뜻으로 하나님을 추구하는 마음이다. 언제나 변함없이 마음과 생각을 지켜서 주님을 바라볼 때, 우리는 온전히 '하나'가 될 것이다. 수도원에 머무는 동안, 배경도 다르고 성격도 딴판인 이들이 여럿 모여서 평화롭게 어울려 지낼 수 있다는 걸 두 눈으로 확인했고 또 직접 경험했다. 그럴 수 있었던 건 서로에게 매력을 느껴서가 아니라 너나없이 주님이요 아버지이신 하나님께 끌렸기 때문이다.

형제들과 가까이 지내면서 성인들과도 영적인 교감을 나누게 되었다. 예전에는 성인이라면 의식의 뒷전으로 밀려나기 일쑤였다. 지난 몇 달간, 성인들은 하나님께 나아가는 길의 안내자 자격으로 다시 관심의 전면에 나서게 되었다. 수많은 성인들과 깊은 영성을 가졌던 위대한 인물들의 삶에 관한 책을 읽었으며 한 사람 한 사람이 실제로 영적인 식구가 되어 그때그때 적절한 이야기를 들려주고 아이디어와 충고, 위로와 용기, 그리고 힘을 주는 것 같았다. 힘겨운 씨름을 벌일 때 힘을 보태줄 본보기를 찾지 못한다면, 하나님을 향해 한결같은 마음과 생각을 지키기가 여간 어렵지 않을 것이다. 성인이라는 존재가 없으면, 깊은 영감을 줄 능력이 부족한 이들에게 기대기 쉬우며, 잠시 기운을 북돋아줄지라도 지속적인 버팀목이 돼줄 수 없는 이들을 좇아 삽시간에 엉뚱한 길에 빠지게 된다.

 삶으로, 또는 성취해낸 일들을 통해 진실한 상담가가 돼줄 수 있는 역사 속의 영적인 거장들과의 관계를 회복할 수 있어서 한없이 행복하다.

 짧막한 발언이 끝난 뒤에 몇 마디 말과 질문이 오갔다. 따듯하고 호의적인 분위기였다. 존 유드 원장은 비록 특별한 서약이나 공식적인 유대는 없을지라도 내가 진정한 공동체의 일원이 된 느낌이라면서 지난 몇 달에 걸쳐 맺은 관계가 앞으로도 변함없이 성장해가길 바란다고 했다. 얼마나 기쁘던지!

12월 24일, 화요일

여기저기 이별을 고하는 날이었다. 여러 수도사들이 따로 불러서 잘 가라며 축복을 빌어주었다. 앤서니 수사가 사진을 몇 장 찍었다. 처음엔 새벽 3시에 식당에 카메라를 들고 나타나서 아침을 먹고 있는 모습을 찍었다. 4시 14분에 존 유드 신부와 함께 뜨거운 철판 작업을 하러 빵 작업장에 갔더니 앤서니 수사가 커다란 램프를 들고 기다리고 있었다. 그러곤 재미있는 사진을 몇 장 찍었다. 시어도어 수도사와 오븐에서 몇 장, 원장과 냉각실 선반에서 몇 장, 그리고 뜨거운 팬을 다루는 장면 몇 장을 필름에 담았다. 미사를 드리는 장면에 이어 예배당과 도서실 사진을 몇 장 더 찍는 것으로 '수도원의 일상' 촬영을 모두 마무리했다.

그러는 사이에도 온종일 준비 작업이 이어졌다. 베네딕트 수사는 예배당을 치우느라 분주했다. 제임스와 조셉 수사는 크리스마스트리 두 개를 장식하는 일로 눈코 뜰 새 없이 바빴다. 그레고리 수사는 전구를 잔뜩 들고 커다란 다윗의 별 주위를 맴돌았다. 앤서니 수사는 제단 아래쪽에다 크리스마스와 관련된 장면을 최대한 예술적으로 표현하는 일에 골몰했다. 나는 나대로 저녁기도 전까지 이삿짐을 다 꾸리기 위해 상자, 책, 옷가지 따위를 들고 잰걸음으로 오르락내리락했다.

다들 들뜬 분위기였다. 평소의 진지하던 기색은 썩 줄어들고 어린 아이 같은 표정들이었다. 6시 15분, 성탄절 찬양을 시작으로 저녁기도를 드렸다. 지금은 모든 게 조용하다. 앞으로 몇 시간은 그런 고요가 계속 이어질 것이다. 완전히 말짱한 정신으로 성탄 전야의 찬송을 부르고 구세주를 절박하게 갈구하는 이 고통스러운 세상에 하나님을 반가이 맞아들이자면 조금 자두는 게 좋겠다. 주님의 빛이 우리의 어둠을 밝혀주시길! 기쁨과 감사로 그 빛을 받아들일 수 있기를!

12월 25일, 수요일

이 거룩한 밤을 어떻게 묘사해야 할까? 더없이 즐거운 잔치에 떠오르는 수많은 감정과 상념들을 어떻게 표현해야 할까? 4주에 걸쳐 기대해온 역사가 이뤄지는 밤이다. 가장 은밀한 생명의 신비, 즉 이 고통스러운 세상에 하나님이 태어나신 역사를 기억하는 밤이다. 냉혹하고, 얽매이고, 증오로 가득한 땅에 긍휼과 자유, 평화의 씨앗이 뿌려지는 밤이다. 다가올 새 세상을 소망하는 밤이다. 이 모든 일이 이뤄지고 그 밖에 더 많은 역사가, 더 많은 일들이 성취되는 밤이다. 개인적으로는 은총과 은혜가 흘러넘쳤던 수련기간을 마치고 새로운 생활을 시작하는 밤이기도 하다. 침묵의 세계를 벗어나 온갖 소음이 가득한 세상으로, 외부와 차단된 수도원을 떠나서 울타리도 경계도 없이 툭 터진 정원으로 나서야 한다. 여러 모로 볼 때, 마치 작고 연약한 아기를 받아 품에 안은 채, 따듯하고 친밀한 수도원을 떠나 장차 나타날 빛을 기다리고 있는 세상으로 나갈 수밖에 없는 처지가 된 느낌이다.

오늘은 평화의 노래가 가득 울려 퍼지는 밤의 아름다움뿐만 아니라 두 대륙 사이에 넓게 펼쳐진 대양도 체험하게 되는 날이다. 오늘, 아기의 작고 연약함과 세상의 광막함이 한꺼번에 내 심령에 들어왔다. 나는 잘 알고 있다. 아기가 없으면 살 이유가 없으며, 인간의 고통이 점점 커지고 있음을 의식하지 못하면 그 아기가 준 소명을 완수하지 못하게 될 것이다.

수도사들은 환하게 미소 지으며 나를 끌어안았다. 밤은 부드럽고도 고요했다. 자정을 맞아 다 같이 '글로리아'를 부를 때 울려 퍼지던 잔잔한 종소리가 아직도 귓가에 쟁쟁하다. 이제는 모든 게 차분하고 조용하다. 바깥에 늘어선 나뭇가지들은 그새 내린 흰 눈을 소복이 뒤집어썼다. 평화의 밤, 그 거룩한 밤의 놀랍도록 아름다운 순간의 정취를 만끽하라는 배려인지 바람마저 잦아들었다.

이런 밤을 어떻게 설명해야 할까? 모든 게 아주 작으면서 몹시 크며, 지극히 가까우면서 대단히 멀고, 한없이 분명하면서도 무한히 모호하다. 앤서니 수도사가 제단 아래에 연출해놓은 크리스마스 풍경을 생각하고 또 생각한다. 어쩌면 거기서 본 여물통이야말로 여태껏 보았던 것들 가운데 가장 의미 있는 '구유'인지도 모른다. 나무를 깎아 만든 세 인물은 인도에서 온 조각품이다. 가난한 남자, 가난한 여인, 그리고 그 사이에 누운 조그만 아기의 모습이다. 작품은 소박하고 단순해서 차라리 원시적인 형태에 가깝다. 눈도, 귀도, 입도 없고 보이느니 얼굴의 윤곽뿐이다. 크기 역시 한 주먹감도 안 된다. 너무 작아서 쉬 눈에 들어오지 않을 정도다. 하지만 한 줄기 빛이 세 인물을 비추면서 예배당 벽에 커다란 그림자를 만들어낸다. 모든 메시지가 여기에 들었다. 마리아와 요셉, 아기의 조그만 실재 위에 떨어진 빛줄기가 우리네 인생과 세상이라는 벽 위에다 소망이 넘치는 커다란 그림자를 투영하고 있다. 그처럼 친근한 장면을 바라보노라면 어느새 그 셋이 내뿜는 위엄과 영광이 눈에 들어온다. 비할 데 없이 인간적인 사건을 목격하면서 내 존재의 지평선 위로 떠오르는 하나님의 장엄함을 보는 것이다. 세 사람의 온유함에 깊이 감동하는 사이에 이 세상에 나타나신 하나님 사랑의 위대함이 거대한 파도처럼 덮쳐온다. 어둠을 가르는 한 줄기 광선이 없었더라면 이런 장면을 볼 수 없었을 것이다. 소박하기 이를 데 없는 세 사람을 그냥 지나쳐서 어둠 속으로 계속 걸어 들어갔을 게 뻔하다. 하지만 한 줌의 빛이 모든 걸 바꿔놓았다.

그 광선 덕분에 조그만 인물상 셋뿐만 아니라 저만치 떨어진 커다란 그림자도 볼 수 있었다. 빛은 만물을 새롭게 하며 이 거룩한 밤에 일어난 자그마한 사건에 담긴 위대한 속성을 여실히 드러낸다. 이 빛을 마음에 생생하게 간직해서 세상이라는 벽에 드러나는 약속의 그림자를 지켜보고 또한 가리켜 보여줄 능력을 갖추게 되길 간절히 기도한다. 오순절에 시작된 사건이 마무리되는 크리스마스 아침에 내가 할 수 있는 말은 오직 한 마디뿐이다.

"이곳에 머물도록 하신 하나님, 참 감사합니다."

맺는 글

다시 세상 속의 나와 마주하며

　제네시 일기의 마지막 장을 쓴 뒤로 벌써 반년이 넘는 세월이 흘렀다. 수도원에서 보낸 일곱 달 동안 쓴 글들을 여기저기 읽으면서 갖가지 아름다운 추억이 담긴 날들로 돌아가기도 했지만 현재 내 마음과 정신이 어떤 상태인지 직시하기도 했다. 그동안 줄곧 품어온 가장 크고도 은밀한 환상은 아마도 트라피스트 수도원에서 일곱 달을 보낸 뒤에 내가 완전히 달라져서 훨씬 일관되고, 신령하며, 의로우며, 긍휼히 여기며, 온유하고, 유쾌하며, 이해의 폭이 넓은 인간이 되었으리라는 게 아닐까 싶다. 얼마쯤은 불안이 고요로, 긴장이 평안한 생활방식으로, 그리고 불투명하고 모순적인 마음가짐이 하나님을 향한 한결같은 헌신으로 변하리라고 기대했던 것도 사실이다.
　그런 성과나 열매, 또는 성취는 전혀 나타나지 않았다. "뜻을 이뤄서 문제들이 해결됐느냐?"고 묻는다면 잠시의 망설임도 없이 "뜻을 이루지 못했고 문제들도 해결되지 않았다"고 대답할 수밖에 없다. 개인적으로는 한 해, 두 해, 또는 평생을 트라피스트 수도사로 보낸다 하더라도 '뜻을 이루기' 어려우리라고 본다. 수도원은 문제를 해결하기 위해서가 아니라 그걸 고스란히 껴안은 채 주님을 찬양할 목적으로 세워진 기관이요 조직이기 때문이다. 예나 지금이나 줄곧 이러한 사실을 알고 있었지만 분주한 옛 생활로 돌아갈 수밖에 없었으며 그걸 믿기에는 불안정하기 짝이 없는 자아와 직면해야 했다.

세상에 복귀한 나를 반가이 맞아준 이들은 달라진, 좀 더 나아진 내 모습을 기대했다. 나 역시 그들을 실망시키고 싶지 않았다. 하지만 수도원을 빙자해서 '성공적으로' 성인 흉내를 내려하다가는 예수님이 설명하신 귀신 지핀 사람처럼 되기 십상이라는 점을 잘 알고 덤볐어야 했다. "더러운 귀신이 사람에게서 나갔을 때에 물 없는 곳으로 다니며 쉬기를 구하되 쉴 곳을 얻지 못하고 이에 이르되 내가 나온 내 집으로 돌아가리라 하고 와 보니 그 집이 비고 청소되고 수리되었거늘 이에 가서 저보다 더 악한 귀신 일곱을 데리고 들어가서 거하니 그 사람의 나중 형편이 전보다 더욱 심하게 되느니라"(마 12:43-45). 옛 귀신과 새 귀신들이 내 심령에 들어올 때마다 예수님이 하신 이 말씀이 자주 떠오른다. 수도원에서 보낸 일곱 달이 장차 다가올 세월들을 순결하게 살아내기에 충분할 만큼 마음을 정결하게 씻어주었다고 생각할 짬도 없었다. 돌아온 뒤로 다시 성가신 방문자들에게 시달리게 되기까지 고작 몇 주밖에 걸리지 않았다. 과장이 아니라, 복귀한 지 얼마 안 돼서 비할 데 없이 굴욕스러운 일들을 겪었다. 하지만 그런 경험들을 통해서 스스로 자신의 퇴마사가 될 수는 없다는 걸 새삼 확인했으며, 내 삶에 의미 있는 변화가 일어난다면 그건 '영적인' 미용체조 때문이 아니라 하나님이 조건 없이 베풀어주신 은혜 덕분임을 절감했다. 일곱 달 수도원 생활에 감동하신 이는 오직 하나님 한 분뿐이며 그러한 사실을 지체 없이 내게 알려주셨다.

그렇다면 나는 무엇하러 수도원에 갔던 것일까? '가야 한다'는 내면의 욕구가 있었으며 거기에 대해 긍정적인 응답을 받았던 까닭이다. 왜 거기에 머물렀을까? 거기가 곧 내가 있어야 할 자리라는 걸 알았고 아무도 다른 방도를 일러주지 않았던 탓이다. 어째서 꼭 거기여야만 했을까? 그건 아직도 수수께끼다. 어쩌면 삶의 주기를 다 마치기 전까지는 전모를 파악할 수 없을지도 모른다. 그럼에도 불구하고 지금 하고 있거나 계획 중인 모든 일들 가운데 끊임없이 떠오르는 지극히 소중한 기억을 갖게 되었다는 것만큼은 분명히 말할 수 있다. 홀로 있는 가운데 슬쩍 엿보았던 하나님의 영광스러움, 내 어둠을 꿰뚫고 다가온 빛줄기, 침묵 속에 말씀하시던 부드러운 음성, 끝없이 고요한 시간에 나를 어루만지던 부드러운 바람 따위를 떠올리지 않고는 더 이상 살아갈 수가 없다.

그러나 이러한 기억은 지난날의 윤택했던 경험들을 떠올리게 하는 데서 그치지 않는다. 현재 벌어지고 있는 사건들을 바라보는 새로운 관점을 제시하며 앞으로 다가올 날들에 관해 올바른 결정을 내리도록

맺는 글

앞장서서 인도해준다. 온갖 충동과 환상, 비현실성이 난무하는 가운데서도 이 기억은 언제나 헛된 꿈을 몰아내고 정확한 방향을 가리켜 보인다. 다볼 산에서 예수님이 눈부신 빛 속에 계신 장면을 목격할 당시, 베드로와 야고보와 요한은 눈을 뜰 수 없을 만큼 졸음이 쏟아지는 상태였다. 하지만 훗날 고되고 어려운 일을 겪게 됐을 때 그 기억은 소망의 원천이 되었다.

  내게는 다볼 산 체험이 평생을 통틀어 단 한 번뿐일지도 모른다. 하지만 그 경험을 통해 얻게 된 새 힘은 음침한 골짜기를 지나고, 겟세마네 동산에 오르며, 삶의 어둔 밤을 지나는 동안 의지가 되고도 남을 것이다. 제네시 수도원에서 보낸 일곱 달은 "지금은 거울로 보는 것 같이 희미하나 그때에는 얼굴과 얼굴을 대하여"(고전 13:12) 보게 된다는 사실을 끊임없이 일깨워주기에 충분하다.

1장 6월, 낙원에 들어선 이방인

1. Robert M. Pirsig, *Zen and the Art of Motorcycle Maintenance*(New York : Wm. Morrow, 1974), Chap. 17, pp. 211-212.
2. 같은 책, Chap. 24, p. 286.
3. Larry Collins and Dominique Lapiere, *Or I'll Dress You in Mourning*(New York : Simon and Schuster, 1968), p. 104.
4. Henry D. Thoreau, *Walden, and Other Writings*, The Modern Library(New York : Random House, 1950), p. 290.

2장 7월, 그대는 이미 하나님의 영광

1. New York Review of Books, May 30, 1974, p. 42.
2. 같은 책.
3. 같은 책, p. 38.
4. 시편은 모두 *A New Translation from the Hebrew Arranged for Singing to the Psalmody of Joseph Gelineau*(New York : Paulist Press, 1968)에서 가져왔음.
5. Dorothée de Gaza, *Oeuvres Spirituelles* in Sources Chrétiennes, No. 92(Paris :

Editions du Cerf, 1963), Par. 13, p. 145.
6. 같은 책, Par. 66, p. 259.
7. Georges Gorree, *Charles de Foucauld*(Lyon : Editions du Chalet, 1957), Introduction.
8. De Gaza, op. cit., Par. 1, p. 307.
9. 같은 책, Par. 94, p. 319.
10. *The Sands of Tamanrasset*(New York : Hawthorn, 1961), pp. 95-96.
11. De Gaza, op. cit., No. 5, p. 527.
12. 같은 책, Par. 1, p. 307.
13. Diadoque de Photicé, *Oeuvres Spirituelles* in Sources Chrétiennes, No. 5 bis(Paris : Editions du Cerf, 1955), pp. 97-98.
14. 성 버나드의 "On Conversion," trans. and notes by Watkin Williams(London, 1938), p. 12(Anchin Manuscript).
15. 같은 책, p. 14.
16. *The Last of the Fathers*(New York : Harcourt, Brace, 1954), p. 52.
17. *The Cistercian Heritage*, trans. Elizabeth Livingstone(Westminster, Md. : Newman Press, 1958), pp. 72-74.
18. *U. S. News and World Report*, 1974년 7월 29일자, p. 41.

3장　8월, 조그만 십자가 표시 아래

1. Robert Jay Lifton and Eric Olson, *Living and Dying*(New York and Washington : Praeger, 1974), p. 116.
2. Thomas Merton, *Disputed Questions*(New York : Farrar, Straus & Cudahy, 1960), pp. 3-67.
3. Pasternak, *Doctor Zhivago*(New York : Pantheon, 1958), p. 335.
4. Murray Hoyt, *The World of Bees*(New York : Coward McCann, 1965), pp. 25-26.
5. *Conjectures of a Guilty Bystander*(New York : Doubleday, 1966), pp. 140-142.
6. Abraham Joshua Heschel, *A Passion for Truth*(New York : Farrar, Straus & Giroux, 1973), pp. xiv-xv.

4장 🌿 9월, 세상을 위한 기도

1. Theophan the Recluse in Igoumen Chariton, *The Art of Prayer*, ed. by T. Ware(London : Faber and Faber, 1966), p. 125.
2. 같은 책, p. 131.
3. Heschel, op. cit., p. 87.
4. *The Rule of St. Benedict*, intro. and new trans. by Basilius Steidle, Eng. trans. Urban Schnitzhofer(Canon City, Colo. : Holy Cross Abbey, 1967), p. 112.
5. Elie Wiesel, *Souls on Fire*, Portraits and legends of Hasidic Masters(New York : Random House, 1972), p. 235.
6. 같은 책, p. 240.
7. Heschel, op. cit., p. 131.
8. 같은 책, p. 265.
9. 같은 책, p. 269.
10. 같은 책, p. 271.
11. 같은 책, p. 303.
12. 같은 책, p. 298.
13. 같은 책, p. 201.

5장 🌿 10월, 날로 담대한 우정

1. Gilbert K. Chesterton, *St. Francis of Assisi*(New York : Doubleday Image Books, 1957), p. 101.
2. 같은 책, pp. 74-75.
3. 같은 책, pp. 96-97.
4. *Good News for Modern Man* ; The New Testament in Today's English(New York : American Bible Society, 1966), p. 361.
5. 같은 책.
6. J. B. Phillips, *The New Testament in Modern English*(London and Glasgow : Collins), p. 172.

6장 11월, 당신의 나라가 임할 때 나를 기억하소서

1. Brother Lawrence, *The Practice of the Presence of God*(Mount Vernon, N.Y. : Peter Pauper Press, 1973), p. 48.
2. 같은 책, p. 43.
3. Evelyn Underhill, *The Mystics of the Church*(New York : Schocken Books, 1964), p. 43.
4. 같은 책, p. 44.
5. Bernard of Clairvaux, *On the Song of Songs* I, Cistercian Fathers Series, Number Four(Spencer, Mass. Cistercian Publications, 1971), p. 111.
6. *Penguin Book of Latin Verse*, intro. and ed. Frederick Brittain(Baltimore, Md. : 1962), p. xxxi.
7. *The Exemplar : Life and Writings of Blessed Henry Suso, O. P.*, Volume Two, intro. and notes N. Heller, Eng. trans. M. Ann Edwards, O. P.(Dubuque, Iowa, Priory Press, 1962), pp. 26-27.
8. Frederic Joseph Kelly, S.J., *Man Before God : Thomas Merton on Social Responsibility*(New York : Doubleday, 1974). Dennis Q. McInerny, *Thomas Merton : The Man & His Work*, Cistercian Studies Series, No. 27(Washington : Consortium, 1974) ; Pro. Patrick Hart(ed.), *Thomas Merton -Monk : A Monastic Tribute*(New York : Sheed, 1974).
9. *Rule of St. Benedict*, op. cit., p. 57. 본래의 번역을 수정.

7장 12월, 미리 누리는 기쁨

1. Shunryu Suzuki, *Zen Mind, Beginner's Mind*, ed. Trudy Dixon(New York and Tokyo : Weatherill, 1970), p. 18.
2. 같은 책, p. 22.
3. 같은 책, on "Posture," P. 25.
4. William Sloane Coffin과의 인터뷰에서, *Yale Alumni Magazine*, December 1974, p. 17.

수도원 체험은 '은혜롭게' 늙어간다는 것,
그리고 신세계를 정복하고 지배하려는 욕구를 누르고
하나님의 선물에 감사함으로 반응하는 마음가짐을 더 키운다는 것이
무엇을 의미하는지 새롭게 이해할 수 있도록
눈을 열어주었다.
수도원은 나이 먹는 연습을 하기에 아주 적합한 장소다.